國立中正大學歷史研究所・臺灣研究論叢

臺灣經驗(一)——歷史經濟篇

—————————— 宋光宇編

東大圖書公司

國家圖書館出版品預行編目資料

臺灣經驗(一):歷史經濟篇／宋光宇編.－－初版二
刷.－－臺北市:東大發行:三民總經銷,2006
　　面;　　公分.－－(國立中正大學歷史研究所臺灣
　　研究論叢)

ISBN　957-19-1568-8　(平裝)

1.經濟地理－臺灣

552.2832　　　　　　　　　　　　　　82007555

© 臺 灣 經 驗(一)
—— 歷史經濟篇

主　編　宋光宇
發行人　劉仲文
著作財
產權人　東大圖書股份有限公司
總經銷　三民書局股份有限公司
印刷所　東大圖書股份有限公司
　　　　地址／臺北市復興北路386號
　　　　電話／(02)25006600
　　　　郵撥／0107175-0
門市部　復北店／臺北市復興北路386號
　　　　重南店／臺北市重慶南路一段61號
初版一刷　1993年10月
初版二刷　2006年10月
編　號　E 540210
基本定價　伍元柒角捌分
行政院新聞局登記證局版臺業字第○一九七號

有著作權·不准侵害

ISBN　957-19-1568-8　(平裝)

序: 臺灣研究的幾個特點

許 倬 雲

臺灣研究有其自己作的主體的意義，也有其在大格局中的意義：

臺灣研究的第一個特點是以整個中國文化作大背景，而發展出臺灣本地的特色。其特點是以臺灣這一個小珠子來看四週圍許多的珠子，四週圍區域的特點都可以反射到中央這顆珠子來，臺灣的歷史也就是以這許多發展形態的重新演過或修正，來發展其特色。例如以土地制度來說，在五千年中國出現過的現象，在臺灣也出現。土地制度本身可以歸納為「人多地少」、「地多人少」兩個原則，如以土地本身作為「所有權」的形態而言，在「人」、「地」分配的比例上的變遷，可以發展出不同的形式；臺灣的土地制度，就是從「人少地多」，慢慢演變成「人多地少」，在這長程的變化中，不同的條件，架構為不同的形態；中華民族的開拓與開展過程，臺灣有其具體而微的再現，反應了整個過程。

第二個特點，是從清末，經過日治時代到今天，中國走入了現代的世界與文化。臺灣有中國最早的現代都市設計 —— 臺北市，格局與舊長安城的規劃是不一樣的，臺北市是針對今日的條件而設計的今日都市，其道路、房子的格局、樣式，都是先規劃好的；而臺灣也是亞洲最早農業革命的地區。不論綠色革命正負評估，日本治臺期間為了農業的發展，對化學肥料、現代水利設備、育種、選種等農業推廣，不遺餘力，而這種有意識、有理性的推廣現代的農業革命，臺灣是引導了整個東方世界。

　　第三個特點是近四十年來，臺灣與大陸分離的情況下，走出了自己的路。這與中國過去走的道路不一樣，也與另一批中國人走的不一樣，這條路走的很艱辛，但也走過了。過去以為臺灣是與大陸平行，或是大陸的延伸，而今臺灣是以其獨特的形象和發展動力，更以與大陸不同的方式和態度的臺灣模式，進入了現代的世界體系。

　　此外，本人對臺灣研究提出幾點幾個觀望的角度：

　　一、臺灣遠古以來不僅是亞洲東方大陸地盤的中點，亦是海洋南北通道之據點。近來考古的發現，卑南、十三行遺址，都說明臺灣具有海陸雙重的特性。而有此特性的族羣，除了其文化有自己獨特的特質，以及文化滙同的交流外，臺灣更以自己的情況，不僅為東亞、東北亞研究的重心，更是以環太平洋地帶為著眼研究的範圍。

　　二、世界化的經濟體系中，有一重要的海上管道，是由非洲到印度、到東南亞、到中國大陸、到日本的區域經濟連繫。在此一地區，我們可以研究臺灣在鄭成功時期，及其政權結束以後，當年大批船隊的去向？因為船隊是鄭成功時期維持臺灣經濟獨立的勢力，而滿清入臺後，大批船隊散到那裏去了？建立了什麼據點？這一部分的研究可以說是重建一個很龐大的國際經濟綱中的一環。若能結合東南亞考古、民族、傳說的研究，不僅可以找到線索，明瞭當時的經濟情況，對於此一區域的經濟的全貌，也有相當的貢獻。臺灣在鄭成功時代的經濟研究的重點，不全是以大陸與臺灣政權的對抗，或是忠於明朝與外族的對抗，作為主題，這一段臺灣史，也可以從不同的角度做研究，可以看到新的問題，更能了解事實。

　　三、日據時代的發展，也有很多需要研究。日據時代臺灣有很獨特發展，在此我們不能一筆勾銷，只把日本人作為佔有者、統治者，而抹殺了中國、日本文化與民俗在臺灣的結合。換言之，我們對此時期的研究，不能只著眼於殖民地的剝削、壓制或是本地同胞對日人的反抗為主

旨，因為這中間日本人與本地同胞共同構架的文化，不少我們值得注意與珍惜的成績。此外，我們更要避免，不能單單研究對日據時代的每一點，來突顯今天對中國大陸政權的不滿，或是以日據時代留下的痕跡與影響，來突顯臺灣是完全孤立於中國之外，而且與中國不一樣的東西。日據時代是一個中、日文化交流結合的年代，不是那一種文化可以單獨變成主流的。

四、戰後的發展：1945年以後，我們曾經歷一段民窮財盡、經濟崩潰的悲慘時候，其中還有令人傷心的二二八事件，而且1945年後，為防止中共之侵略，也有過極權政治下之壓治和恐怖政權，這五十年來有悲有喜，重補這一段，我們要以心平氣和、公正的立場，多方面的去探討，不要片面強調政府的領導功能，或片面抹殺新移民的功勞；以本地同胞携手合作的外省人的努力、以及大批本省同胞努力的成績，作為這一時期對臺灣發展的過程與特色，當可有多一份的瞭解。

五、四、五十年來，臺灣在思想方面的重整，也經過了一條坎坷的路途，其中對中國文化的回顧與展望、檢討與反省 —— 中國文化究竟遭遇到什麼困難，才會有今日的痛苦，來做為殷鑒；同時，臺灣與世界長期的接觸，引進世界各地的文化，其深度、廣度、豐富度，遠不是當年上海、廣州……或五四時代所可以比擬的，也不是1945至1949年之間可以比擬的。這種接受外來的思想，在世界史上，是相當少見的，而由於臺灣不是任何一個國家的殖民地，所以進入的東西，百無禁忌，這一個特點，給思想界百花齊放的空間，甚至將不同時代的外面發展的文化，同時引進臺灣造成了新的辯論，濃縮成平面的對抗，以此作一新的嘗試與新的整合。

以上的幾個層面，應該在不預設立場與結論下做研究，否則將淪為教條與束縛，不是學術研究的態度。

臺灣地小人才多，相對於廣土眾民的中國、以及更廣大的東南亞，

而且整齊集中。由於連繫的方便，彼此的接觸與辯論，可以重建許多理論；舉例言，經濟的發展，是否與强大的中產階級有關，而强大的中產階級，是否與民主化有關？在過去的研究，經濟的發展一定要配合中產階級，而且迅速的發展經濟，更要有强大的領導，甚至堅强的規劃，但臺灣的發展，卻沒有規劃，例如中小企業如「螞蟻雄兵」，無孔不入，也有其强處。以前以為富了，才可以談民主，而近期的看法是富了也不一定對民主有好的幫助，因為金錢與權力互相轉價時，是否對民主的推行有正面意義呢？

　　理論可以研究，但不可以全盤移植，例如工業化的過程，中南美洲的模式，若套在臺灣身上，也很多需要修正。理論是可以研究的，但套用理論是沒用的，日本、香港、韓國……深圳等，每一個皆有其自己的模式，而且每一個擺在一起研究，或與臺灣對比，當可建構更多新的社會發展與經濟發展的互因，以新的假設，印證於學術研究，更可以田野調查的縝密與細緻，探究出更多的真象。

　　我們研究臺灣史，不要只局限於三、五個主題來當作是焦點的工作，臺灣雖小，但學術研究的天地很大，深盼此會有一個完美的開始，而不是終結，這只是第一屆，將來會有各種不同的主題在此討論，也期望不只在嘉義的中正大學，而是在各處都有同樣的討論會。謝謝各位!

導　言

宋　光　宇

「臺灣經驗」是目前大家都能朗朗上口的名詞。它的含義究竟爲何？卻是沒有人仔細的研究過。國立中正大學歷史研究所標榜以「臺灣史」爲它的發展重點之一，於是在創所的第一年，就召集各方學者，齊聚一堂，共同商討什麼是「臺灣經驗」。經過兩天七場的研究討論，與會的學者大體上可以接受一個較爲寬廣的定義，那就是說：

所謂「臺灣經驗」，從廣義的角度來說，應該是指從民國三十九年（1950）起，持續四十多年，在中華民國臺灣地區，由於在經濟方面呈現快速的成長和繁榮，導致在社會、文化方面發生一連串多元的連鎖反應，達到均富的理想，並且導致政治結構的重組和政治權力的重新分配。

至於狹義的定義，就是單指經濟發展而言。這次學術討論會就是讓不同學科的學者從自己所熟悉的研究領域出發，探討各自的「臺灣經驗」。因此，涵蓋面相當廣泛，從基本的理論架構到區域性的實證研究，雜然並陳，但都能圍繞在同一個主題旁邊。

研討會上所發表的論文，大略可以區分成兩大部分。第一部分有五篇文章是在討論「臺灣經驗」的歷史背景。其中三篇更爲整個研討會的「歷史文化論」奠下理論基礎。其它的文章則是分別從不同的研究領域來探討什麼是臺灣經驗。因此，這份論文集就分作兩冊。有一冊專門探

討歷史文化背景，作異時限的分析；另一册則是作同時限各學門並進的討論。兩册之間並沒有絕對的相互關連。讀者可以依照自己的興趣選讀其中的一册。當然，最好是兩册都讀，才能窺得堂奧。

對於「臺灣經驗」的研究，並不是始自這次研討會。在幾年前，就已經有外國學者注意到臺灣的經濟、社會、政治、以及其它方面的發展情形，當時用的稱呼是「臺灣奇蹟」(Taiwan miracle)。研究方向都是側重在同時限的社會、政治、與經濟層面的分析。但是，我們知道，任何社會的發展都與它本身的歷史文化有密切的關係。一個講求「今朝有酒今朝醉」的民族是不可能有高度的經濟發展。今天，我們探討臺灣的經濟成就，倘若忽略了它的歷史文化背景，也是不能全面的瞭解它的真正涵義。

第一册的前三篇文章是要爲「臺灣經驗」找尋歷史、經濟方面的根由。

宋光宇的〈重利與顯親：有關「臺灣經驗」各家理論的檢討和歷史文化論的提出〉一文，明確的指出，今天所謂的「臺灣經驗」，在歷史淵源上，是十七世紀以來閩南「重利經商」風氣的發揚光大；在心理動機上，是秉承傳統中國人對自己家族的一份天職——爲人子孫者要能繼述父祖的志業、維繫家門於不墜、最好能更進一步的以自己的功業來提升家族的名望和社會地位，完成「揚名顯親」的使命。

在檢討相關各家理論時，宋光宇把「臺灣經驗」和「中國可不可以現代化」這個命題作等量齊觀。在檢視「中國可不可以現代化」這個命題的各種答案時，則清楚的看到，答案的內容實際上是隨著中國國勢的強弱而有所變化。

在二十世紀初期，中國淪爲世界列強的「次殖民地」時，西方的學者認定中國是絕對不能走上「現代化」這一條路。舉凡中國的家庭制度、語言文字、儒家思想、宗教、行政體系、科舉考試……等文化項目，都

被視爲阻礙中國現代化的因素。

到了 1960 年代，國際學者們比較中國跟日本的現代化過程，問：「日本在歷史上深受中國文化的影響，爲什麼日本可以現代化，而中國卻辦不到？」從而有「日本能而中國不能」的論點。歸因於兩國的社會、文化上的差異。例如，日本是由一個子女來繼承全部的財產，而中國則實行諸子均分財產的辦法，所以，日本可以長久保持龐大的資本，而中國卻不能長久累積資本。

一直要到1980年代，臺灣、南韓、香港、新加坡等「亞洲四小龍」崛起，學術界才有人警覺到，原來現代化這件事中國人也能辦到。一時各種理論雜沓而來。大體上，可以分成兩類。一類是借用歐美現成的理論，硬套在亞洲四小龍的身上。最常用的理論是從巴西、阿根廷等國發展出來的「依賴理論」。也有人指出，亞洲四小龍曾經淪陷爲日本的殖民地，在那時候奠下日後工業發展的基礎。因而有「日本殖民地」理論。

另一類的學者則是企圖從四小龍本身的歷史文化裏面去找尋能夠促成他們經濟發展的文化因素。這方面的學者包括 H. Kahn、S. H. Alatas 、Peter Berger 、費景漢、余英時等人。他們認爲日本及亞洲四小龍的經濟發展和社會現代化，儒家文化發揮了不可磨滅的功能。這些學者的研究多半偏重哲學或社會學的探討，忽略了與臺灣經驗有直接關連的歷史事實。

宋光宇用十九世紀下半期臺北大稻埕的長期外貿順差爲例，指出在日本佔領臺灣之前，臺灣已經從事國際貿易，享有鉅大的厚利。他並且追溯這種外貿現象的源起至十七、十八世紀閩南商人的重利經商風氣。

同時，他也試著把韋伯（Max Weber）的《新教倫理與資本主義精神》的基本命題約化成：「人如何憑著自己的事功來榮耀上帝，從而證明自己將可獲得最後審判時的救贖。」並提出一項可資對應的新命題：

「中國人如何憑著自己的功業來榮耀祖先，進而獲得在家族中永恆不朽的地位。」宋光宇指出，傳統的「揚名顯親」概念，是隱藏在每一個中國人心中的「天命」，實是促成每個人奮發向上的原動力。他指出，「重利經商風氣」和「對自己家族的一份天職」兩者共同構成創造今天「臺灣經驗」的歷史文化基礎。

林滿紅的〈臺灣資本與兩岸經貿關係（1895-1945）——臺商拓展外貿經驗之一重要篇章〉一文，則是很清楚的告訴讀者，造成今天臺灣經驗的直接源頭是清代和日據時代的臺灣商人。文中指出，在日據時代，由於原有的大陸資本衰退、英美資本式微、以及日本資本並未取得絕對的優勢，以致臺灣商人有絕佳的機會乘勢崛起，縱橫於臺海兩岸。這些商人的子弟大多能克紹箕裘，成為民國四十年以後，臺灣經濟發展的重要骨幹。

林滿紅也指出，臺商在日據時期海峽兩岸的經貿關係中，累積了很豐富的外貿經驗。他們也藉此機會建立起與大陸、日本、以及本身的人際關係。拓展直接貿易與投資；用股票來募集資金；以開博展會、迎神賽會、廣告等活動來促銷商品，帶動地方繁榮；領悟到公司有在經營者家族之外的生命；在對外的經貿活動中，對於政治認同、文化認同等問題，能夠做相當靈活的處理，都是光復以後臺灣外貿發展上不可忽略的一頁歷史背景。

中央銀行謝森中總裁則以「臺灣經驗」見證人的身分，在閉幕演講中，講述他的經驗和看法。他個人認為，這四十年來的發展是「迷迷糊糊的走過來的，並不是事先有縝密的設計。」事後分析起來，造就今天臺灣經驗的原因大致是中國人的固有的勤儉美德；傳統的儒家倫理；社會安定、政治安定、教育普及；美國的援助；後來者的優勢；循序發展與整合策略之正確導向；土地改革成功的特殊案例等項。

謝森中也指出，臺灣的經濟發展過於快速，在社會、文化方面產生

許多失調現象，諸如：工業技術升級的速度跟不上經濟成長的速度；忽略了環境保護工作，以致社會大衆付出可觀的社會成本；土地問題失控，快速致富的心態和好逸惡勞的惡習，正逐漸成爲經濟發展上的隱憂。

宋、林、謝三人的文章，基本上，已經勾勒出本次學術討論會所要揭櫫的「歷史文化論」的理論基礎。

柯志明提出兩篇互有關連的文章，〈殖民經濟發展與階級支配結構──日據臺灣米糖相剋體制的危機與重構（1925-1942）〉和〈「米糖相剋」問題與臺灣農民〉，是從「階級衝突」的角度來談日據時代米、糖兩項產業的農民組織結構。他指出，糖業是完全由日資企業所控制，本地原有的糖廠難逃被兼併的命運；而米業，特別是米的加工業，卻由於利潤低，日本總督府消極對待，原有的土壟間碾米業反而結合商業、金融等功能，有力的抗拒日本資金。在日據後期，稻作面積擴大，米農收入增加，使得蔗農改種稻米，或者向日資糖廠要求較高的蔗價，以致日本人控制蔗農的辦法在 1920 年以後逐漸瓦解。

第二冊則是分成「思想」、「宗教與社會」、和「區域研究」三大部分。蔣年豐的〈戰後臺灣經驗中的存在主義〉、熊自健的〈戰後臺灣的自由主義與海耶克思想：以殷海光、夏道平、周德偉爲例〉、和彭小妍的〈臺灣七十年代鄉土文學論戰〉三篇文章構成「臺灣經驗」中有關思想以及政治發展局勢的一頁。

蔣年豐指出，在民國四十年代，撤退到臺灣的國民政府藉著「戒嚴令」的實施，建立嚴厲肅殺的政治格局。到了民國五十年代，政權逐漸穩固，社會也趨於安定。因而這時候的臺灣從官方到民間，都逐漸擺脫戰亂、飢餓、流亡的心態，開始認眞的從事建設和生產。這時候，官方開始著手進行第三期的四年經濟建設計畫，由於受教育的人口增加，人口往都市集中，在民國五十年代末，臺灣就已經完成以勞力密集、工資

低廉、 由農業社會轉型爲初級工業社會的準備。 臺灣內部雖然日趨穩定，但是由於堅持「漢賊不兩立」原則，使得它在國際上逐漸走向孤立的處境。 在這樣情況下， 臺灣的文學先是有民國四十年代以「反共抗俄」爲主流的戰鬥文學；在五十年代，則是以西洋思潮爲主流的現代文學。標榜虛無、空虛的存在主義，在民國五、六十年代，盛行一時。一直要到民國59年的「保衞釣魚臺（羣島）運動」，這種局勢才有新的轉向。

國民政府並不領情參加保釣活動者所表現出來的大中國情操，甚至懷疑他們要求統一的情感有與中共掛勾的意圖，部分島內保釣人士深受挫折之餘， 不得不從虛懸的民族主義回到現實社會。 於是他們結社組團，上山下海，到農村、工廠、礦坑實地去調查瞭解，親身體驗中下階層民生的艱苦。 於是有「鄉土文學」「報導文學」的產生。這種現實化「糾正了虛無縹緲的民族情結，把注意力從仇外的愛國迷思轉換成對社會、現實、人民、生活的擁抱熱情。擁抱現實、社會參與的呼聲，不但團結了知識分子，也把知識分子的言行與農工等民衆的權力和利益結合在一起。這種現實化，成爲臺灣社會最重要的蛻變之一。」作者更進一步的指出，「就是這種力量滙聚成向萬年國會、軍事戒嚴統治挑戰的洪流，並迸發出建立民主法治社會的呼聲。這些力量結合成前仆後繼的政治反對運動的勢力，並逼使官方做某種程度的回應，而有所革新。」

熊自健的文章， 〈戰後臺灣的自由主義者與海耶克思想〉，強調殷海光、 夏道平、 周德偉三人在民國五十年代極力闡揚海耶克的自由主義，其目的是在「抵抗共產主義」。作者說：「戰後臺灣的自由主義者之所以特別青睞海耶克思想，是因爲海耶克提供給他們一整套反共的理論和一整套自由的理論。這是流亡於臺灣的自由主義者，在飽嘗中共的威脅與法西斯的陰影下，感到最迫切需要的思想武裝，以此來抵擋馬克思主義的氾濫，並引導臺灣當局肯定自由、民主、法治的價值，而走出法

西斯的陰影。」

　　可是海耶克的自由主義在戰後的臺灣並未能成為顯學，原因很多：政府不重視它；沒能正式在學術殿堂上講授；作品只譯出一部分，導致研讀海耶克思想時，缺乏相關資料而不能深入探究，甚至於讀不懂海耶克的著作；海耶克學說所批判的福利國家、西方成熟的資本主義、社會主義等問題，在當時的臺灣尚未出現，以致使它有英雄無用武之地。

　　彭小妍的〈臺灣七十年代鄉土文學論戰〉一文，基本上，是承續蔣年豐那篇文章，講述繼「存在主義」而興的「鄉土文學」，主要是發生在民國五十七年的一場論戰。指出這一時期的論戰主要的論點包括：本省籍與外省籍的劃分；民族主義與西化的對立；標榜「民族精神」和「現實主義」等理念；「殖民經濟」和「文化附庸」等。論戰期間雙方互扣帽子，結果使得一場文學討論變成意識型態的對抗。

　　這三篇文章提供我們另外一種的「臺灣經驗」，從思想層面來探討臺灣四十年來的一些變化情形。而它們的具體表現就是近十幾年來的「臺灣中心意識」的形成與發展。在政治上形成一股風暴。但是我們迄今仍沒能平心靜氣的探討過這個課題，以待未來之有心人作這方面的研究。

　　李明輝的〈牟宗三思想中的儒家與康德〉則關心傳統儒家在這四十年臺灣這塊土地上，是如何生生不息的發展。李明輝這篇文章，企圖透過康德的思想來瞭解牟宗三所講的新儒學究竟是什麼。他指出，牟宗三在第一個階段藉用康德哲學來建立一個完整的思想架構，以便為儒家的「內聖」之學定位，並且疏解其「外王」問題。此處所說的「外王」是指民主與科學，稱之為「新外王」。表示此處需要對傳統的儒家思想格局有所突破。在第二個階段，由於牟宗三對於康德的著作做了深入的研究，特別強調要透過康德哲學來會通中西哲學。李明輝認為，牟宗三在融會貫通康德哲學與儒家思想所獲得的成就，為本土文化與西方文化相互適應方面，做了絕佳的典範。

　　至於「宗教與社會」部分，一共收錄了三篇文章，主題各不相同。李豐楙的〈臺灣中部「客仔師」與客家移民社會〉一文，是在檢視臺灣各本方志中，對於客家人聚落中的巫師，「客仔師」，作史料分析。康豹的〈戰後王爺信仰的演變〉一文，則是以屏東的東隆宮和臺北的三王府爲例，來說明臺灣的經濟發展並不一定都爲神壇寺廟帶來正面的影響。東隆宮的發展情形是典型因經濟發展而受益的例子，而臺北的三王府的際遇卻正好相反，由於地價上升，屋主要拆屋改建大樓，而導致三王府流離失所，主事者爲找房子而頭痛不已。

　　宋光宇〈試論四十年來臺灣宗教的發展〉是綜合討論戰後臺灣及幾大教大派的發展情形。他指出，四十年來主要的發展趨勢有二：其一，是西洋教派先盛後衰，交界點是在 1965 年前後。以後隨著經濟的發展，而有下降的趨勢。教徒人數一直未能突破一百萬人的關卡。其二，本土教派則是跟隨經濟發展的腳步一起勃興。時間上，大致相差三年。寺廟總數的增加總是落在經濟起飛三年之後，每當經濟停滯時，寺廟的發展剛好到達鼎峰。三年後，在寺廟增加的曲線上出現平原時，經濟卽開始上升。國民所得增加愈快，寺廟的增加也相對的增快。宋光宇指出，這種現象正顯示本土宗教對於工商社會可以作良好的適應，而外來的基督教、天主教，由於教義的隔閡和各宗派本身在西方社會的發展經驗不同，對中華文化和臺灣社會有不同程度的適應不良的現象出現。

　　第三部分是「區域研究」。主要是以東勢、高雄、和嘉南大圳爲研究對象。溫振華探討了乾隆年間漢人如何越過土牛紅線，入侵大甲溪中游原屬山胞居住的地方從事開墾。他認爲早先的「私墾」和「軍工採料」是引發這波開墾浪潮的主要原因。在組織類型上，以漢人用個人身分向山胞承租土地的案例爲最多；也有數人合夥者。若是二、三十股共同承墾，則是先分成幾大股，各大股再招若干小股。這種方式說明了臺灣鄉村的基本特質。

　　戴寶村研究〈高雄港的建設與發展〉，指出臺灣的港口市鎮由早先的各河口自成港口的分散狀態，逐漸集中到基隆和高雄南北兩港。兩港的港埠建設和南北縱貫鐵路與公路的開通，改變了舊有的市場體系，和東西向的商品流通導向。在這種情況下，舊有的港口逐漸沒落，新式港口因而興起。1920 年南北兩港的局面就確立了。

　　溫振華以日據中期高雄地區的戶籍資料，細緻的考察了那時候高雄地區的人口移動情形。

　　黃俊傑則以女詩人黃金川的《金川詩草》為中心，檢視日據時代臺灣詩人的故國情懷，以及黃女士對社會的關懷。在結論中，他指出，《金川詩草》具體而微的展現臺灣文化作為中原文化之延續這個層面，在社會關懷方面，也展現某種寫實主義的取向。

　　古偉瀛在考察嘉南大圳七十年來的人事變化時指出，在日據時代，日籍職員的教育時間平均比華籍職員多三年，以致日籍職員可以擔任較高的職位。華籍職員的工作年限要比日籍職員多出一倍。戰後的任職時間又比戰前高。這跟外在的大環境有關係。結果是造成這個機構人口結構的老化。他在另一篇文章檢視了嘉南平原百年來的水災出現頻率。

　　另外，沈清松的〈從文化觀點看臺灣經驗〉一文，係以經濟建設和文化建設做對比，發現文化建設甚為不足，因此不從文化建設方面討論臺灣經驗，轉而從「生活世界」來談臺灣地區的文化構成。

　　所謂文化建設，是指政府對社會及物質條件從事行政等技術性控制導引而成的文化狀態，猶如經濟建設那樣。生活世界則為民眾生活之具體實踐。此一區分乃延續胡賽爾、哈伯馬斯等人之研究。沈清松藉用「生活世界」的觀念，從系統、歷史、體驗三方面來論析臺灣的文化構成。他把臺灣看成是「前現代」、「現代」、「後現代」三者並陳的社會，價值信仰體系日益世俗功利化，缺乏秩序與美感。但是，這種文化將來可以通過兩岸交流，在「現代化」及「中國特色」兩點號召下，傳播至

中國大陸上。

　　綜合以上兩册各篇論文，我們可以說是對「臺灣經驗」有了初步的認識。這個經驗有它甜美溫馨的一面，也有苦澀痛心的一面。我們探討臺灣經驗不能只看一個方面，那樣會使我們的觀念有所偏頗。坊間流傳的那些哭哭啼啼的臺灣研究，就是犯了這個毛病。這次研討會與會的學者試著呈現給讀者一個全方位的研究觀點和成果，以扭正不良的風氣。

　　這次臺灣經驗研討會是由中正大學歷史研究所毛漢光所長與黃俊傑教授共同策劃，分頭接洽各方學者撰寫文章，來共襄盛舉。黃俊傑教授原本任職臺大歷史系，爲幫助中正歷史所的新設，而同意借調一年，並全力策劃這次研究討論會，倍極辛勞。毛所長獨具慧眼，以嘉義是臺灣早期開發的地區之一，中正歷史所新設在這塊土地上，自有其特殊的意義，環顧臺灣各歷史系所，無有以臺灣史爲發展重心者。毛所長毅然放下隋唐史專家的身段，爲臺灣史研究的發展作爲馬前卒，這份豪情，更是難能可貴。在出書的前夕，謹記數言，以誌這段因緣。

臺灣經驗(一)

歷史經濟篇

目　次

重利與顯親：有關「臺灣經驗」各家理論的檢討和歷史文化論的提出

宋　光　宇

　　所謂「臺灣經驗」，從廣義的角度來說，應該是指從 1950 年起，持續四十年以上，在中華民國臺灣地區，由於在經濟方面表現出快速成長和繁榮，導致在社會、文化方面發生一連串多元化連鎖反應，達到均富的理想，並導致政治結構的重建和政治權力的重新分配。

　　這項經驗的原動力是在於經濟發展，先是發展農業，然後再發展工業，隨後再擴張貿易網絡，遍及全球；在短短的二、三十年中，把臺灣建設成一個可以比擬歐美資本主義工業化社會的現代社會。因此，狹義的「臺灣經驗」是指從 1950 年到目前爲止，臺灣在經濟方面的傑出表現。一般學者討論「臺灣經驗」時，多半注重在經濟方面的特殊表現。本文爲方便起見，把討論的焦點也放在狹義的層面上，檢討各家理論的優劣得失，並提出新的看法。

　　有關「臺灣經驗」的討論，基本上，是承襲二十世紀初歐洲人探討「爲什麼歐洲會發展出資本主義社會」這個命題而來。學者在討論這個命題時是以歐美爲討論的中心。從這個中心出發，去探討中國能不能夠也發展出類似歐美資本主義社會的現代社會來。這種想法在不同的時代，隨著中國國勢的變化，而有不同的假設命題和解釋。

　　在十九世紀末、二十世紀初期，歐美國家掌握天下的霸權，亞洲國家成爲他們侵略的對象。當時的歐洲學者，如韋伯(Max Weber 1864-

1920)，就會問為什麼資本主義社會只出現在歐洲？其它的古文明，如中國、印度、巴勒斯坦等，為什麼發展不出同樣的文明？

從二次大戰結束到 70 年代，研究東亞的學者們看到「日本強，中國弱」這個事實，不禁問道：「為什麼日本能而中國卻不能？」在此同時，南美洲的阿根廷、巴西等國在美國的影響下，呈現出經濟快速成長的現象。學者們為了解釋這個現象，以馬克思主義為根底，發展出所謂的「依賴理論」和「世界政治經濟理論」。

到了 80 年代，臺灣、南韓、香港、新加坡等所謂「亞洲四小龍」崛起，學者們大量套用「依賴理論」來解釋亞洲四小龍為什麼會發展出資本主義式的工業化社會。1985年之後才開始有學者依照韋伯所立下的模式，從歷史文化方面來探討箇中原因，但是成績有限。

本文一方面要檢討直接套用「依賴理論」或「世界政治經濟理論」的不足之處，另一方面也要指出目前利用歷史文化模式所得之研究成績的偏差之點，然後試著從本土的角度來看所謂的「臺灣經驗」，建立起屬於中國社會的歷史文化理論。

我們首先要回顧臺灣漢人社會在過去一、兩百年裏是否曾經有過類似今天的「經濟奇蹟」。答案是「有過類似的經驗」。而後再追溯那個經驗的歷史根源到十七、十八世紀的明末清初。從這幾次經驗中，我們再歸納出一些共同特徵 —— 新產品或新技術的引進、國際與國內貿易網路的開展、女工的興起、加工出口、商業團體的崛起等，是四百年來東南沿海地區共同享有的歷史文化因素。今天的「臺灣經驗」實導源於這個文化傳統，並以「集大成」的姿態出現。

壹　有關「臺灣經驗」的各家理論

一、古典的「中國不能」理論

本章所要討論的，是屬於比較「古典」的一些作品。這些作品的基本論點都認定中國社會已經是「病入膏肓，無藥可救」。因為這些作者認為中國社會有很大、很重的「墮性」，不會自動自發的發展出像西歐那樣積極進取、充滿活力的資本主義社會。當中國社會在二十世紀不得不面對西洋現代工業文明的挑釁時，才顢頇地表現出「受一下刺激，才會動一下」的態勢。這種負面的論調，在二十世紀初期，以韋伯 (Max Weber) 作為代表，1960、70 年代則以巴倫 (Paul A. Baran)、賴世和(Edwin O. Reischauer)、費正清 (John King Fairbank)、克列格 (Albert M. Craig)、莫德 (Frnces V. Moulder) 等人為代表。

1. 韋伯的「中國不能」理論

在十九世紀末、二十世紀初社會學逐漸開始成形之際，歐洲的學者就已經偏好從社會及其歷史文化的角度，來探討某些社會現象。例如，社會學的奠基者之一，法國的涂爾幹 (Emile Durkheim 1851-1917) 就從歷史及社會文化的角度，去探討諸如「社會分工」(1893)「自殺」(1897)「宗教」(1912) 等現象。德國的韋伯也是從這個角度去探討「為什麼西歐會出現資本主義，而其它的古文明卻辦不到?」

韋伯所處的時代正是工業革命以雷霆萬鈞之勢橫掃歐美的時候。工業革命狂潮徹底改變了歐洲人的生活方式，把西歐社會推到現代世界在權勢、財富、和聲望等方面的頂峰。英、德、法、意等國憑著強權在世界各地建立起他們的殖民地。歐洲人更出現了所謂的「白種人的優越感」。在這種情勢下，有識之士很自然地會去考慮，是什麼樣的原因促成這場巨變；

在工業革命冷酷無情又無孔不入的影響之下，人類社會的命運將會怎樣？

馬克思主義是重要的解題方法之一。它不僅解釋了這場工業革命的起源，同時也指出它的發展和衰敗的法則。韋伯的立論則是對於理性的中產階級所發展出來的資本主義的興起，以及它對社會、經濟、和政治等方面的衝擊，有無比深遠的影響。韋伯跟馬克思最大的不同點，是韋伯強調心靈意識（卽唯心論），而馬克思則採取唯物論的立場，側重經濟因素。

韋伯在《新教倫理與資本主義精神》（1958：91）一書中指出，在十六、十七世紀，正當大規模的理性資本主義逐漸形成的時候，西歐社會就已經流行一股強烈的新教倫理，而這套倫理促成了日後的資本主義精神。這種精神，或云「心靈境界」，導致資本主義經濟的種種特徵。這些特徵包括以下幾點：（Weber 1947：278-279；Parsons 1961：503-507）

第一、資本主義的企業是以「獲利」作爲唯一的目標。利潤是企業能否成功，或者能否生存下去的唯一判別標準。

第二、追求利潤是要仰賴理性、持續、和道德上的驅策。

第三、基層勞工是一羣合法的、自由受雇的受薪階級，跟擁有生產工具的技藝工匠有所不同。

第四、這些自由勞工在行政部門的管轄之下組織起來，成爲最有效率的組織，以執行非關個人的種種功能。

第五、運用各種現代科技，例如各種新式的生產技術、交換與分配的技術、以及應付市場競爭的訂定價位策略。

伴隨這些資本主義經濟特徵的文化項目，是一套價值觀念和行爲，形成所謂的「資本主義精神」。這種精神包括以下各項：（Weber 1958：54-67；Bendix 1962：51-55）

第一、將本求利是唯一的目標，而不是其它的目的，更不是一種罪惡。

第二、 追求利潤的手段是不受任何的限制， 既不受生活標準的限制，也不受傳統「知足常樂」信念的約束。

第三、賺錢方法是沒有任何神聖特性，因而可以隨時更換或是加以改進。

第四、努力工作是一種義務，也是道德上的責任。

第五、重視訓練和控制，以及在經濟獲利方面所作各種持續的、理性的、正直的工作。

在資本主義興起前夕的各種基督新教教義中，韋伯選擇了喀爾文教派的教義，作為可以導致產生資本主義精神的文化條件。喀爾文教派的教義是以「命運前定論」為基礎。這套理論是說這個世界萬事萬物的次序，以及每一個人所能得到的恩寵，都是由全能的主（或云「神」、「上帝」）所安排決定的，人是不能憑藉他的信仰或意志去改變這個決定。再者，上帝是處於絕對強勢的地位，超越所有人類的懇求和理解。人在上帝面前顯得孤單渺小。（Bendix 1962：59）在這種情況下，人只能是上帝的馴服的工具， 忠實地去執行上帝的意旨， 在「天職」的召喚（calling）下，要在人世間建立上帝的王國。

這些喀爾文派的教義意味著，實際的生活跟資本主義經濟的特質和資本主義精神密切相關。排斥任何人神之間的神祕玄想，特別強調為了要在人世間為神服務，就會表現得實實在在做事、禁欲、和注重今生今世。根據這一派的教義，人們在「天職」的召喚下不停的工作，對個人來說，就是真理的一項訊息 —— 相信自己已經是上帝所選定的選民了。接下去，克竟事功就被解釋成為上帝的恩寵和得到救贖的表徵，而財富就成為「忠實執行上帝所交付之任務的酬勞。」（Bendix 1962：62）

在《新教倫理》一書中，韋伯試圖證明新教倫理是促成現代資本主義產生的唯一因素。首先，韋伯證明在資本主義企業，以及受過有關科學、技術、和商業等方面訓練的人員中，新教徒所佔的人數，要比天主

教徒多得多。第二，韋伯分析證明新教倫理跟資本主義精神之間的緊密關係。他以時間的先後次序來說明，先有新教倫理，而後才有資本主義精神和實際的資本主義結構。第三，韋伯再從新教的著作中，探索「無限貪得」宗教情操是如何形成的。(Yang 1961：xviii) 寫到這裏，韋伯碰到另一個重要的問題：「爲什麼現代中產階級資本主義只出現在現代的西方社會？爲什麼別的古文明社會產生不了這樣子的資本主義？」於是韋伯又去研究儒家和道家，佛教和印度教，以及古代的猶太教，看看這些古文明的社會與宗教是否也具備可以導致類似西方中產階級資本主義出現的可能。結果是證明唯有新教倫理可以直接促成現代資本主義社會的出現。

這一系列比較研究，由美國的社會學家帕森斯(Talcott Parsons)英譯成三卷《世界宗教的經濟倫理》。其中，有關中國部分的儒教和道教再由 Hans H. Gerth 編成《中國的宗教》(*The Religion of China*, 1961)，並由華裔社會學家楊慶堃作導言。

韋伯花了相當大的篇幅來討論外在的社會（物質）條件。他以西方社會形成資本主義的條件 —— 城市和 guilds（相當於明清時代的「會館」或「行郊」）和貨幣制度 —— 爲基準，來看中國社會。在韋伯的眼光中，貨幣可以擴張經濟交易的範圍，有利於財富的獲得與累積，並且提供一個可以衡量物品和服務的價位的標準，如此才能使商人可以算得出是賺是賠。韋伯認爲中國自古以來就沒有這樣有效的貨幣制度，以致妨礙了大規模理性資本主義的出現。他同時也指出，十八世紀白銀的流入，使中國有可能發展資本主義，但是結果並沒有發生。

在西方，城市是導致資本主義出現的溫床；然而在中國，城市並沒有發揮同樣的功能。因爲中國的城市缺乏在政治上和軍事上的自主權，也沒有法人組織，而這些卻是西方社會發展中產階級資本主義企業不可或缺的條件。韋伯強調 guilds 的重要性，不過他也指出，缺乏法律的

保障使得中國的「行郊」不能夠發展出像西方那樣的 guilds 來。(Weber 1961：13, 15, 16, 20)

　　韋伯在討論中國官僚體系的時候指出，中國的官吏是透過科舉考試，以致官員地位既非與生俱來，也不具備上帝恩賜的神聖性。這個條件是有利於官僚體系的理性化。但是，流官制度和迴避本籍的辦法，使得官僚系統不能跟地方利益結合在一起，以免危害到中央的權力。這套辦法削弱了行政統治和地方人士之間的聯繫，中央的權威也妨礙到地方行政制度的理性化。(Weber 1961：48-50) 賦稅定額辦法使得官吏可以有公私不分、上下其手的機會。(Weber 1961：48, 56-62, 64-75) 儒家所說「君子不器」的觀念，使得官員不能專業化。爲官者都只是「通才」，把專業工作放給手下的師爺和幕僚去做。(Yang 1961：xxii) 再加上帝國的幅員廣大，又沒有良好的交通設施，中央對地方的控制大爲削弱。這種情形在經濟活動上所顯示的意義就是，在地方上正正式式的社會政治力量薄弱，資本主義企業所賴以發展的法治基礎也就不發達。(Yang 1961：xxii)

　　韋伯也不欣賞中國的家族親屬制度。他認爲，中國家族最重要的獲利辦法，就是讓家中子弟去考科舉功名，出任官職，然後去斂聚財產。這個樣子的投資辦法是產生不了理性的資本主義經濟。家族的力量是如此龐大，以致產生不了獨立性和個人主義。(Weber 1961：86-97) 再加上族長講話有「一言九鼎」的力量，村莊的自治力量強大，正式的行政力量侷限在縣城裏面等條件，使得在廣袤土地上自由往來貿易的法律保障和秩序蕩然不存。家族保護個人，對外來者予以歧視待遇，更是阻礙了現代企業必需的職業訓練和自由招募工人的條件。(Weber 1961：97)

　　雖然韋伯挑了中國社會一大堆妨礙資本主義經濟出現的毛病，不過也指出某些有利的因素，諸如：沒有與生俱來的身分地位、可以自由的

遷徙、可以自由選擇職業、沒有強制性的學校教育和服兵役義務、沒有對放高利貸和貿易的限制等等。「純從經濟的觀點來看，〔中國〕是可以產生純正的工業化資本主義。」（Weber 1961：100）至於中國之所以不能產生資本主義，是因為缺乏像新教倫理那樣的「精神力量」。

韋伯認為是由於儒家和道家的思想，妨礙了資本主義在中國這塊土地上出現。他指出，儒家和道家的核心是「道」。在此觀念指引下，宇宙和人類社會的基礎是永恆不變的和諧、安靜、和均衡。儒家所重的是人對終極的宇宙和社會秩序要能做理性的判斷。「儒家理性主義是指對世界做理性的調適，而基督新教徒是要理性的征服這個世界。」（Weber 1961：248）這一點差異，使得韋伯認定儒家和道家是無法推動社會經濟次序的改變，當然也就產生不了類似西歐那樣的資本主義經濟了。

楊慶堃在《中國的宗教》這本書的導言部分，曾總結韋伯論中國社會與宗教的三個步驟： 第一步， 先點出在中國社會的「物質」基礎方面， 包含有利的和不利的因素在內。因此， 社會結構條件並不能決定中國為什麼無法發展出理性的資本主義經濟；第二步，再論到作為中國社會最終價值標準的儒家思想，是相當保守的，只追求如何去適應這個既存的世界，而不鼓勵去試著改變它；第三步則以道家來陪襯，由於道家（事實上是指道教）含有太多的巫術成分，以致無法改變儒家的傳統觀念。 （Yang 1961：xxxvi）

韋伯並不懂中文，他的研究完全依靠二手資料。那時候，西洋人對中國社會與文化的研究相當稀少，而且還充滿了偏見和誤解。韋伯憑藉這種扭曲了的資料來推論中國社會文化，當然就會有所偏差。更何況那時的中國的確是積弱不振。一直要到最近三十年，學術界對中國社會與文化的研究累積了相當多的認識；而且臺灣、香港、新加坡等華人社會在世界經濟體系中逐漸展露頭角，學者們才會再回過頭去，依照韋伯所提示的辦法，重新檢視中國社會與文化的優缺點，於是乎就會看到，以

前韋伯認為是有礙於現代經濟發展的某些因素，事實上是發揮了正面積極的功效。家族制度就是很好的例子。西方社會著重個人，以致韋伯的命題可以概括的說：「如何用事功來證明自己已經得到上帝的青睞，從而證明自己已經得到救贖 (salvation)？」

中國社會側重家族，個人所追求的是如何建立一番事業，以維護，甚至提升整個家族在社會上的地位，從而在自己家族中享有永恆不朽的地位。因此，當我們若要套用韋伯式的命題，則應該是說：「中國人如何憑藉事功來建立自己在家族裏永恆不朽的地位？」

在韋伯的命題中，有一個大家通常不會去注意的地方，那就是喀爾文教派的「命運前定論」對於信徒的心理所產生的莫大壓力。在這股強大的心理壓力下，個人必需努力求取在事業功業上的傑出表現，來證明自己確實能夠在最後審判時，能夠得到救贖，達到永生的境地。對中國人來說，可以有相同心理壓力的條件，就是個人對家族的一分責任。一個理想中的賢孝子孫就是要能振興衰敗不振的家族，或是維繫家族於不墜；否則就會被看成是罪大惡極的「敗家子」、「不孝子孫」。自宋代以降，無論是家訓、聖諭、或是善書，都一再強調這一點。再者，近代人類學對臺灣農村社會的研究也顯示，曾經替家族建立一番基業，留有財產給後世子孫的祖宗，才有子孫每年按時祭祀。否則就歸入「列祖列宗」這個共用神位之中，不再享有個別的祭祀。唯有從這個角度去討論中華文化中的「經濟倫理」，我們才有可能建立起一套可以跟韋伯之說相匹比的理論，並且糾正韋伯對於中國社會的錯誤認識。這種見解是學者們對於中國社會有了較深入的研究與瞭解之後才有的。

2.「日本能，中國不能」說法

在1960年代，環顧東亞各國，只有日本一個國家算得上是達到工業化國家的地步。那時的中國大陸正關起門來鬧文化大革命，處於一種自

我封閉、與世隔絕的狀態。臺灣的經濟實力還微不足道，香港、新加坡、南韓也都處在剛剛要起步的階段。學者們面對這樣的局勢，當然要問：「為什麼日本可以接受西方資本主義式的工業化，而中國卻辦不到？」

對於這個問題的答案大致依循當時世界上盛行一時的「依賴理論」和「傳統社會理論」兩個模式進行。

到了 1960 年代，由於南美洲的巴西和阿根廷、中美洲的墨西哥等國，表現出快速地工業化的現象。一時之間，解釋這種工業化現象的理論大量出現，主要可分成兩大類型：一種是從馬克思主義衍生出來的「世界政治經濟理論」（強調「核心國家」和「邊陲國家」的兩極對抗）和「依賴理論」；另一種是承襲韋伯、涂爾幹的歷史文化觀點而來的「傳統社會理論」。

採行世界經濟理論模式找尋「何以日本能而中國不能」的學者，可以巴倫 (Paul A. Baran) 作為代表。在他的大作《成長的政治經濟》(*The Political Economy of Growth,* 1957) 一書中，巴倫認為：日本之所以能夠工業化，是因為在第三世界中，日本是唯一躲過淪為西方列強殖民地這一刼的國家。為什麼日本得以逃過這一刼呢？

巴倫認為有兩點理由：第一、在十九世紀時，資本主義國家的商人出現在東亞之後，是先從印度下手，依序佔領東南亞和中國。當他們的勢力抵達日本時，已經是強弩之末；而且那時的歐洲人正忙著在歐洲以外的地區相互爭戰，也就不能全力對付日本。第二、在1850年以後，歐洲各國在東亞展開激烈的競爭，互不相讓，以致使日本漁翁得利，沒有成為任何一個列強的殖民地，而中國卻淪於英國人之手。

巴倫指出，正因為日本不曾淪為殖民地，使得他得以建立一個以資本主義為主的政府，來推動工業化。國家經濟的盈餘是控制在國家和資本家的手上，用來大力發展工業。再者，沒有大批西方的商人、冒險

家、和傳教士湧入，日本也就不曾發生極端排外的情緒和大規模反抗西洋一切事物的情事。這種憎恨西洋的情緒是有害於工業化的發展。中國就發生過巫術性的反抗運動: 1900年的義和團事件。

　　巴倫知道中日兩國在社會結構上的差異情形，可是他有意忽略這種差異。他的論點是屬於單線進化論式的，認為無論是西方或非西方在工業化發生之前的社會都是「封建社會」，都要歷經一系列的轉換程序，走向「資本主義社會」。這些轉換程序包括: 增加農產品的輸出、加深階級對立、最貧窮的農人轉換成基層工人、市鎮成長、出現商人和工匠、富商和富農開始累積資本等。世界各地封建社會的結構並不完全相同。日本的封建社會不同於中國、印度、或其它地方的封建社會。無論如何，日本之所以與眾不同，並不是由於他特殊的社會結構，而是由於他在十九世紀時能夠置身於資本主義列強的勢力之外。

　　巴倫的理論有相當多的缺點: 第一、中國並不是英國一個國家的殖民地，而是處於國際列強瓜分的局面。國父孫中山先生稱這種局面為「次殖民地」。第二、中國跟日本都曾經受列強之壓迫而開闢「通商口岸」，允許歐洲人居住在通商口岸的租界裏；關稅也掌握在外國人的手中，有利於歐美貨物的大量傾銷；領事裁判權也使得外國人可以規避本國法律的制裁。第三、文化論者指出，中日兩國在社會文化方面的差異相當大，怎能輕率的用「封建」一辭來概括中日兩國的舊社會。更何況社會制度分歧多變，我們又如何相信中日兩國在與世界各地交往時，他們的社會結構不發生任何變化?

　　既然世界經濟理論模式流於空疏，那麼傳統社會理論模式又說些什麼呢? 傳統社會理論模式注重各個社會本身的特殊文化和它對外來衝擊的獨特反應。

　　所謂「傳統社會理論」是說，那些非工業化國家所以能夠達到工業化地步，是因為那個社會具有促進工業化的社會文化條件；其不能發

展，則解釋為那個社會裏的社會文化條件不利於工業化發展。試詳釋之如下。

對於那些可以達到工業化標準的非西方國家來說，西方工業國家對他們提供了一些可以刺激經濟發展的誘因。譬如說： 提供一些有關經濟發展的先決條件，像是從西方傳入資本和技術、為傳統貨物創造出新的市場、建立各種有關經濟發展的基層結構 —— 例如修築鐵路、建設各種公共設施、建立銀行體系等；或者出現如埃森斯塔 （S. N. Eisen-stadt） 所說的「現代化精英」（modernizing elite），大力模倣工業先進國家的企業家和政治家。(Eisenstadt 1966:55ff) 羅斯陶 （W. W. Rostow） 也曾指出，會出現 「能夠應付變局的民族主義」（ reactive nationalism ），在先進國家的強大壓迫下，當地的政治和軍事上的精英分子會採取必需要的步驟來改變傳統的社會，以致使得「改革」成為一種常規。(Rostow 1962:314-316)

至於那些不能發展現代化工業的國家，則是由於他們都忽略了這些先決條件。換句話說，就是這些社會不能夠對來自西方國家的「刺激」作充分的反應。這是因為這些國家很傳統、很不注重或不鼓勵有任何的改變或創新。這些國家的社會結構，例如： 種姓制度、家族制度、行會制度、或者地域觀念等，都能限制住人們自由選擇職業、運用人力、與社會地位的流動，以致妨礙了經濟的成長；或者是手握大權又貪污腐敗的官吏因向人民攤派重稅、施展巧取豪奪的本領，甚至政出多門、朝令夕改，阻礙了社會上正常的生意買賣。(Moulder 1977:3)

這一派學者所主張的傳統社會理論，所討論的是第三世界國家由於不能對西方工業國家所帶來的「刺激」，做全面的開放反應，以致不能有良好的工業發展。另外，也有一派學者特別注重東亞各國本身的特殊文化條件。賴世和和費正清曾經指出：

對於在過去一個世紀中，東亞各國在面對西方國家所作的反應，
無論是在速度或是本質方面，都有極大的差異。……這種差異實
導因於東亞傳統社會的複雜分歧。唯有這種理由才能解釋為什麼
基本相同的一種刺激，會有不同的反應。小小的日本可以在很短
的期間內成為世界強權之一，而龐大的中國却沉淪為世界的頭痛
問題。(Reischauer and Fairbank 1958:670)

賴世和、費正清、和克列格對於「日本能而中國不能」的論點有相
當令人驚訝的說法。他們說：日本是由於在開始時受到比較溫和的衝
擊，所以能有比較大的反應；中國是受到比較嚴重的衝擊，以致反應也
就比較小。他們說：

跟中國的經驗比起來，日本在十九世紀中葉初次接觸到西洋時所
受到的衝擊，是相當溫和的。沒有戰爭、沒有走私、沒有喪失領
土。……日本的反應是要比中國來得大、來得快。……這是一個
令人驚訝的矛盾論點──日本因受比中國小的衝擊卻有比中國大
的反應。是什麼樣的原因造成這種矛盾現象？答案很清楚，十九
世紀的日本，儘管它的文化有很大一部分是源自中國，實際上是
一個完全不同的國家，所以有能力對來自西方的衝擊作不同的反
應。(Reischauer, Fairbank, and Craig 1965:12)

賴、費、克等文化論者，把日本得以發展工業化歸因於：島國、封
建社會的忠誠和報恩的觀念、宗敎、追求目標、實用思想、統治階層的
軍人特質、國土小、社會結構的多元化、相當進步的傳統經濟、以及傳
統階級結構的崩解。(Reischauer, Fairbank, and Craig 1965)

另外，如貝拉 (R. Bellah) 這位專門從社會文化角度來探討日本

工業化的原因的學者指出：儒家思想對日本的經濟發展有重大的影響。
(Bellah 1957, 1985)他以《孟子‧滕文公》上所說：「民之為道也，有恆
產者有恆心，無恆產者無恆心。」來證明儒家思想並不妨礙經濟的發展。
更指出王陽明的「心學」、「士」的身分地位、傳統儒家的「忠孝」觀念等
都對日本的近代工業文明有正面積極的作用。(Bellah 1985:108-117)

　　莫德 (Frances V. Moulder) 則提出另外一種解釋。她指出，當
十九世紀西洋人來到日本的時候，日本社會已經是具備有利的社會制度
和價值觀念，可以促進現代資本主義式工業經濟的成長。而中國的社會
就是缺少這些條件，以致阻礙了工業化的腳步。她認為：日本之所以能
夠發展，並不是由於它擁有獨特的傳統社會，而是因為它在十九世紀的
世界經濟體系內，擁有一個獨立自主的地位。中國之所以不能發展，則
是因為中國在十九、二十世紀時，深深地涉入西方列強的經濟體制之
中，失去自主地位，以致於無法自拔。(Moulder 1977:1-5)

　　簡單的瀏覽了 1960 年代幾種有關「日本能而中國不能」的理論，
我們不難看出，那個時代的大陸和臺灣在世界經濟的舞臺上都是微不
足道，學者們一向是就現象論現象，當然只能七嘴八舌的分析日本是
怎樣成功的，而中國又是怎麼會不能發展。等到臺灣、香港、新加
坡、與南韓，所謂「東亞四小龍」，在 70 年代末期和 80 年代，展現
無比經濟活力時，學者們的討論焦點自然而然的轉換成為「為什麼中
國人也能發展出現代化的工業文明？」前述兩種理論模式都先後派上用
場。

二、依賴理論在「臺灣經驗」上的運用 *

　　二次大戰之後，南美洲國家（尤其是巴西、阿根廷）在美國的大力
扶植下，迅速走上工業化途徑，成為現今我們所熟知的，新興工業化國
家的濫觴。但是，好景不常。到了 1970 年代以後，巴西、阿根廷等國

家莫不債臺高築，積欠美國與歐洲各國天文數字的巨額債務。於是，就有人來仔細的分析箇中道理，其中以「依賴理論」最具影響。從1960年代末期開始，這套理論席捲美國的學術界。重要的代表人物有法蘭克 (A. G. Frank, 1967)、Samir Amin (1976)、I. Wallerstein (1974)、F. H. Cardoso and E. Faletto (1979)、Peter Evans (1979)。

這派學者經研究後認為: 巴西、阿根廷等南美洲國家的經濟條件是自然資源豐富、人力充沛，但缺乏資金和技術; 相對的，歐美國家大多急需各種資源和半成品，人工也不夠，所多的則是資金和技術。於是，雙方一拍即合。歐美國家向南美國家投入大筆資金和技術，運用當地豐沛廉價勞力，將自然資源做成半成品，銷回歐美。造成巴西、阿根廷等南美國家有「工業欣欣向榮」的假象。

南美國家一方面長期低價賣出自然資源，賺取微薄的勞力工錢; 另一方面這些國家的人們無論在工業上或日常生活上，對歐美國家的依靠是日益加深，以致形成長年累月的低價輸出原料或半成品，高價輸入各種機器設備和民生用品的局面，終至入不敷出而債臺高築，根本無法擺脫歐美工業國家的控制，變相淪為附庸。換而言之，歐美資本主義國家是處於「核心國家」的地位，而南美的巴西、阿根廷等國是處於「邊陲國家」的地位。邊陲國家向核心國家輸出寶貴的自然資源和人力資源，所換得的只是曇花一現般的經濟繁榮，當盛況一旦過去，這些邊陲國家就陷入債臺高築的困境。

Cardoso (1979) 和 Evans (1979) 等認為，某些第三世界國家，如巴西、南韓、臺灣等，仍然有機會到達現代化的地步。但是這種工業化並不代表這些社會就有可能成為先進國家。因為它們在技術、市場資訊與運作等方面，要依賴那些先進國家。換句話說，像臺灣、南韓這樣的發展工商業，雖不同於其它的第三世界國家，甚至還可以輸出一些資

本和技術給比較落後的第三世界國家，可是在高科技和市場資訊方面，還是得依靠先進國家。單就世界政治經濟體系來說，臺灣、南韓可以放在介乎「核心國家」與「邊陲國家」中間的「牛先進、牛邊陲」地帶。我們要問：爲什麼臺灣可以不蹈巴西、阿根廷等國的覆轍，反而跳脫原先「邊陲國家」的地位，進入「牛邊陲國家」的地位？Cardoso 和 Evans 並沒有回答這個問題。

陳玉璽的博士論文《依賴發展與它的社會政治後果：臺灣的個案研究》(Dependent Development and Its Socio-political Consequences: A Case Study of Taiwan, 1981) 是應用依賴理論來解釋臺灣經驗的典型，強調「依賴」這一方面。他認爲臺灣與資本主義核心國家之間的關係並非對等，而是有上下之分。他指出，在第二次世界大戰之後，臺灣是仰賴「新的依賴關係」，才有今天的局面。這種新的依賴關係包括以下三種：

第一、核心國家對邊陲國家的統制關係，由美援總署代理，並開始爲私人企業舖路。

第二、邊陲國家對核心國家的「內化關係」，亦卽核心國家在邊陲國家建立起與其合作的機構，是由美援運用委員會、農復會、以及一些技術官僚代理，並由此發展出各項經濟建設計畫、設立加工出口區等措施。

第三、補償性的整合關係，則是透過以上兩方面的種種關聯和十九點改革計畫，將臺灣開放給私人資本與跨國公司，並且由於臺灣的外貿經濟集中在美國市場，使得「臺灣的工業生產與勞動力，被整合成美國經濟的一部分。」(陳1981:151)

乍看之下這種論點似乎有道理，但是仔細推敲之後，就會發現其中有不少可議之處。最大的問題是1960年代是美國國力的頂峰，美國市場是對全世界開放，接受美援的國家有一百多，爲什麼只有臺灣、南韓等

少數第三世界國家在美國的幫助下，得以成功的發展經濟，而其它大多數第三世界國家仍然處於低度開發的階段？面對這樣的問題，依賴理論就有詞窮之慨。很顯然，除了外來的因素之外，臺灣社會本身應該具備某些獨到的社會文化條件，才得以致之。

　　陳玉璽還指出，臺灣的經濟發展完全受制於資本主義國家，雖然經濟是發展了，相對的也付出了相當大的代價，那就是農業的萎縮和農村人口的外流。可是臺灣並沒有出現像拉丁美洲那種強化威權式政體的現象，反而建立一個可以削弱執政黨威權式統治的社會經濟基礎。（陳1981:271）可是他並沒有詳細的探討為什麼會有這種現象出現。

　　高棣民（Thomas Gold 1981, 1986）對臺灣的研究也是套用依賴理論。他與陳玉璽不同的地方，是高棣民著重研究國家、本地資本、與外地資本之間的三邊關係，而陳玉璽著重在依賴關係與政治結果。

　　高棣民的研究問題是：為什麼臺灣的發展經驗會是如此的不同於其它第三世界國家？他的辦法是把臺灣經驗和巴西經驗等量齊觀，然後從國家、本地資本和外來資本三方面入手，探討這三邊條件是如何運作。高棣民指出，臺灣跟巴西一樣，有一個「古典依賴時期」—— 日本殖民時代。這一時期的經濟與社會發展，為往後的依賴發展奠下基礎。然後，他一一探討本地資本、外來資本、和國家三者之間的互動關係。

　　本地資本家的崛起，可以追溯到日據時代的五大家族：林本源家族、顏雲年家族、陳中和家族、辜顯榮家族、以及林獻堂家族。他們在土地改革之後，成功的轉變成為企業家。在1950年代進口替代時期，紡織業和食品加工業也在國家的保護之下，形成資本家。到了1960年代出口業盛行之後，國家又幫助這些原已稍具規模的企業與外資合作，發展塑膠、電子等工業。這些企業集團大部分受惠於進口替代時期的保護政策，它們的產品主要在國內市場。六〇年代以加工外銷為主的私人企業尚在中小型階段。

外資可分成僑資、日資、和美資三部分。僑資通常不是為了全球性的擴張，而是投資在與本地資本競爭的項目，如紡織、食品加工等業。日資通常是將日本淘汰或不能用的機器與技術拿來臺灣生產，其產品在本地市場出售。美資則通常是為了全球性擴張，或是為保護其本國內的市場而來。美方跨國公司的投資主要在利用臺灣的廉價勞力，降低成本，以有利於美國國內的市場競爭。總括來說，除了僑資以外，日資和美資所投資的項目與本地資本並不衝突，反而有分工的現象（王振寰 1988:126）。高棟民認為，這種現象可能是由於跨國公司在臺灣的歷史不長，本地仍未形成代理人，國家因此仍有能力駕馭它們。

在高棟民的理論中，「國家」一直居於主導的地位。第一點，日本殖民政府所遺留下來的大量財產與企業，由國民政府所接收。第二點，運用大量的美援來重建本地的基本建設與人力資源。換言之，在六○年代之前，臺灣一方面以國營企業為主，另一方面由美方資助，積極的為「投資環境」作準備。事實上，國民政府所推動的幾個經濟建設計畫與後來的十大建設都是有意要創造良好的投資環境。這些投資使得國營企業在臺灣顯得無比龐大。（王振寰 1988:126）高棟民認為，國營企業是國民黨的一個生命支柱，它控制住臺灣工業的命根，加上對銀行金融體系的壟斷，國營企業不只具有經濟上的意義，更具有政治上的涵義。（Gold, 1981:267）因此，國家的角色在臺灣的發展史上是全面的。它有自己的財力基礎（雖然背後有一隻隱形的美國手），一方面扶植本地資本家，另一方面，由於本地資本形成率高，國家與外資的合作，並非為了資本，而是為了技術和市場，所以受外資控制的機率也就小了些。

高棟民的論點著重在「國家」這一點上。純就理論的技術層次來說，高是很成功的運用伊凡斯(Peter Evans 1979)的三邊聯合模型。這篇論文也很成功的證明新古典學派經濟學家的「神話」——臺灣的成功是由於自由放任的經濟政策——是錯的。（王振寰 1988:127）但是，

這篇論文有一個隱藏的缺點，那就是完全忽略了「人民」的重要性。（王振寰用「社會」一詞來替代「人民」）照高棣民的說法，國營企業和少數財團是那樣的重要，那麼國營企業和少數的財團在臺灣整個生產事業的比例，應該像南韓那樣高達百分之八、九十以上才對，而不是他所說的百分之三十。在臺灣生長的人都知道，臺灣經濟的真正生命力是在中小企業，絕非大企業。研究臺灣的經濟發展不該只看經濟結構的最上層，而是要做全面的省察。再者，高棣民所舉的五大家族中，至少林本源家族、陳中和家族、和林獻堂家族在清代就已經很有勢力了。辜顯榮家族在日據初期開始發跡。顏雲年家族則晚至日據時代後期因九份、金瓜石的採金業鼎盛而崛起。這五大家族的形成時間先後有別，不能混為一談。

　　綜合說來，用「依賴理論」來解釋臺灣的經濟發展，只是在套公式而已，把臺灣經驗的資料套到西方現成的理論架構中去，成為西方理論的一個註腳。它所探討的內容也相當有限，頂多觸及到臺灣經驗的某一面，並沒有涵蓋全部。因此，我們需要從歷史、社會、文化的角度，進行探索，以彌補缺陷。

三、東亞儒家文化圈理論

　　到了1985年,才開始有中國學者從歷史文化的角度,探索造成現代臺灣經濟奇蹟中的文化因素。這方面的開路先鋒是美國耶魯大學的費景漢教授和余英時教授。1985年11月，費景漢在「美國中國研究學會」的年會上，發表了〈傳統中國文化價值和現代經濟發展之關係〉（Economic Development and Traditional Chinese Cultural Values) 一文。此文是以顧志耐 (Simon Kuznets) 所講的「現代化生長時代」 (epoch of modern economic growth) 的「轉換過程」為理論架構，討論傳統中國文化中的「文化民族主義」「世俗主義」和「理性的

平均主義」對於現代化經濟發展的功用。費教授指出:

> 戰後「東亞四條龍」經濟發展的奇蹟,使人自然想到一個問題:
> 為什麼這些自然資源貧乏的國家,經濟發展會這樣的成功? 一個
> 合理的解釋,是他們極為優秀的人力資源,包括工人、農人、企
> 業家、和政府官員,足以彌補其自然資源的不足。進一步說, 他
> 們地理位置鄰近中國大陸,適足以說明他們優秀的人力資源。也
> 許和「中國傳統文化」大有關聯。因為這四條龍都處於中國文化
> 影響所及的地區。(Fei, 1986:123-124)

　　費教授在這篇文章中, 完全肯定中國傳統文化對於現代化經濟發展
所能發揮的正面作用, 並且對於在此以前那些鄙棄中華傳統文化的態度
大加撻伐。他說:

> 我們現在實在應當重新評估自六十年前「五四運動」以來,一直
> 被中國人自己所「自貶自瀆」的傳統文化。由戰後經濟發展的經
> 驗顯示, 在和平的情況下,中國傳統文化價值,整體而言,並不
> 足以構成現代化經濟發展的阻力。從另一個角度來看,中國大陸
> 在1949年到1978年之間, 橫暴地壓制中國傳統文化,帶來了三十
> 年的經濟停滯。這個事實也支持了本文討論的主題: 中國傳統文
> 化的某些構成成分,可能非常適合現代化經濟生活和經濟發展的
> 要求; 而壓制傳統中國文化, 就會付出經濟發展停滯的代價。
> (Fei 1986:124)

　　費教授在文中, 將有利於經濟發展的一些傳統文化特質,做了提綱
挈領式的說明。(Fei, 1986:133-136) 他指出: 中華文化重視「歷史延

續性」，愼終追遠的祭祖和道統觀念是這方面具體的表現；相信「勤儉」是人活下去的基本條件，使得整個社會充滿了動力，「永遠有前進和向前衝的力量，非常適合現代化快步調的城市經濟生活。」(Fei, 1986: 134）特別注重「理性的平均主義」，每一個人的天賦能力雖然有所不同，可是可以享有公平的競爭機會，科舉制度就是這方面的最佳例證。理性的平均主義所歌頌的道德是一種「堅強」的氣質和要求「獨立」的願望。費教授特別指出，「中國理性平均主義所鼓勵的一些人類行爲，如勤、儉、教育，都可以說是現代經濟發展所不可缺乏的條件。」(Fei 1986:134)

　　費景漢認爲傳統中國文化中的「文化民族主義」、「入世的世俗主義」和「理性的平均主義」三項是造成戰後東亞地區經濟奇蹟的文化因素。在他的結語中再三強調:

> 本文對中國文化的故意高估，雖或許「矯枉過正」，倒也有意對過去受了委屈的中國文化，還它個公道，給它個「文化平反」，安撫它受到的傷痕。我們必須瞭解，在社會政治動盪不安的情況下，不管「傳統文化力量」多麼博大精深，現代化的經濟也是不可能的。兩次世界大戰之間的年代，在內戰外戰連年不斷的情況下，經濟發展不能起飛，實在不足以證明傳統中國文化價值是現代經濟發展的阻力。東亞四條龍的成功經驗，足以證明中國傳統文化，並沒有對不起當代的中國人。問題是「文化自瀆」是不是對得起傳統中國文化?

　　費教授這篇本章是站在中國本位的立場，爲中國傳統文化的現代價值做最強力的辯護，指出中國社會不是不能現代化，是一連串大小內戰妨礙了中國社會的正常運作。費教授的立論也印證了外國學者所提古典

的「中國不能」和「日本能，中國不能」理論是有偏差的。費敎授的文章很短，當然也就不可能詳細的分析箇中細微之處。余英時敎授爲此文作跋時，就指出：「如果他（指費敎授）能把韋伯有關新敎倫理和這學說在東亞的適用性也考慮在內，那麼費敎授的文章可以更豐富、完整、充實。」（Yu 1986:136）因此，余敎授仿照韋伯的硏究方式，寫了〈中國近世宗敎倫理與商人精神〉一文，發表在《知識分子》第二卷第二期（1986年冬季號）。次年，在臺北才有單行本發行。

余敎授在此文的上篇仔細的檢討了佛敎和道敎的入世轉向。佛敎的經濟活動，在印度是主張不勞動，完全以乞討和靠他人布施而過活。但是佛敎傳入中國以後，由於中國是個農業社會，僧衆想要完全不事生產是辦不到的事，就必須要調整原先的經濟行爲，以適應中國的社會環境。從四世紀開始，就有佛敎僧衆自力營生的記載。《弘明集》卷六就記載，東晉時的沙門「或墾殖田圃，或與農夫齊流，或商旅博易，與衆人爭利。」唐朝安史之亂以後，貴族富人的施捨能力大不如從前，佛敎僧侶便不能不設法自食其力了。百丈懷海的淸規和叢林制度便是在這種情況下發展出來的。〈百丈淸規〉的特點就是強調節儉和勤勞，正是禪宗新經濟倫理的兩大支柱。（余英時 1986:8）從〈百丈淸規〉出現以來，「一日不做，一日不食」這句話就成了家喩戶曉的名言。百丈懷海所創立的新宗敎倫理，到了宋代，已經傳布到整個中國社會。（余英時1986:9）

余敎授指出，百丈懷海所訂下的「入世苦行」新宗敎倫理，對於同時代的道敎和儒家都產生相當大的影響。（余英時 1986:9）流行於遼金元及南宋的全眞敎，就是模仿〈百丈淸規〉的修訂本〈禪苑淸規〉而立，強調「鑿井耕田，自食其力；垂慈接物，以期化俗」，完全是採入世修行的態度。其它如眞大敎、太一敎、淨明敎等，也都採取同樣的新宗敎倫理。

余敎授在中篇詳細的討論儒家倫理的新發展。（余英時1986:14-26）

他指出，宋明理學是繼承新禪宗的入世精神而發展出來的，到了明代王陽明學說興起，才使得新儒家（理學）倫理可以直通社會大衆。（余1986:21）新儒家經濟倫理的要旨，大體類似新禪宗和新道教，強調勤勞做事（敬貫動靜），要以天下爲己任。余教授以之與韋伯所說喀爾文教派的「選民前定論」做對比：

　　新儒家並沒有「選民」的觀念，更不承認世界上大多數人是命中註定要永遠沉淪的。但是從另一個角度去看，新儒家也未嘗沒有與喀爾文教派共同之處。這便是他們對社會的使命感。新儒家不是「替上帝行道」，而是「替天行道」；他們要建立的不是「神聖的社羣」，而是「天下有道」的社會；他們自己不是「選民」，而是「天民之先覺」；芸芸衆生也不是永遠沉淪的罪人，而是「後覺」或「未覺」。正是在這種思想的支配下，新儒家才自覺他們必須「自認以天下之重」（朱子語）。（余1986:21）

　　余教授把宋明理學看成是可以跟新教倫理相匹比的一套倫理觀念。這套強調勤儉、替天行道的倫理觀念，在王陽明手中，才完全普及到中下層社會。（余1986:21）余教授認爲，王陽明學說使中國民間信仰不再爲佛道兩教所完全操縱，產生了三教合一的運動。（余1986:21-22）在中下層社會裏，首先承接這套新儒家倫理的人是商人。（余1986:21）因爲在明代，「治生」在士人階層已經成爲一個嚴重的問題。許多讀書人轉而從商，使得明清時代的商人別樹一格。因此，余教授在文章的下篇，專門討論明清時代的商人精神。

　　根據余教授的分析，明清時代的商人受儒學的影響很深，也受三教合一民間信仰的影響。他們重視「勤儉」，強調要「誠信不欺」，把所創立的一種事業當成是具有莊嚴意義和客觀價值的東西，不但可以「及身

享用」，更可以「傳之久遠」。而且，商人的「睦嫺任邮之風」使得他們取代了大部分以前屬於「士大夫」的功能，成爲國家重要的支柱。

費教授和余教授的這兩篇文章，都肯定中國傳統文化中的某些文化要素，對於中國社會的現代化經濟發展，可以發揮積極的正面功能。我們在細讀余教授的大作之後，感到有一些論點尚待仔細推敲。這些疑點如下：

第一、韋伯所說的新教倫理是十九世紀歐洲新教徒奉行不渝的日常生活準則。這些新教徒不是出家的僧侶，只是在家的俗人。余教授所講的新道教和新禪宗，都是出家的僧侶。這兩家在十九世紀的中國社會裏，已經相當衰微不振，如何能發生影響力？而且，出家人自成一個經濟單位，跟俗家人的經濟活動，基本上是兩碼事。爲了印證韋伯的論點，把出家人的一些經濟觀念牽強附會到俗家人的身上，應該多加斟酌。

第二、韋伯命題的根本要點，是在強調「選民前定論」對喀爾文派信徒所產生的心理壓力，迫使這一派的信徒汲汲營營於世俗的事功，以期能證明自己的確是上帝所垂憐的選民。相對於這一點，中國社會中能夠與之相比的，應該是每個人對自己家庭、家族的天生責任，要用事功去提升家庭和家族的社會聲望與地位，並因此而得到在家族中永恆不朽的地位。這一點卻爲余教授所忽略了。

第三、中國的三教合一現象可以上溯到唐代的「三教講論」，而不是新道教、新儒家、新禪宗形成以後的產物。新道教的全眞教以儒家的《孝經》、佛家的《心經》和道家的《清靜經》教導流俗，那不就是典型的「三教合一」嗎？而且，余教授所說三教合一以後所產生的「民間信仰」是個很不清楚的對象。如果說是指各種教派，則這些教派大體上都帶有濃厚的出世思想和救世主再臨的信念，跟經濟發展沒有直接的關係。如果余教授所說的「民間信仰」是指一般俗民大眾的拜拜活動，則這些拜拜活動是相當功利主義的，許願以求佛祖保佑平安發財，還願

以酬謝神明的庇佑。純粹是一種「契約式」的行為，它的背後並沒有像喀爾文教派那樣嚴謹的神學理論。

第四、「勤」和「儉」是很古老的觀念，《論語》、《孟子》、以及晉代的《顏氏家訓》中多有提及。不必等到新禪宗、新道教形成之後，方才成為國人共同擁有的道德理念。

基於以上的一些疑惑，我們認為，要想確切的瞭解「臺灣經驗」中的歷史文化因素唯有從十七世紀以降，中國東南沿海地區實際的社會經濟發展狀況去探索，才有可能找到比較合理的解釋。

同一時期，還有其它海外的華裔學者討論「儒家思想與經濟發展」這個題目。例如，蕭欣義討論在當今世界各文化交互影響下，儒家思想是否能夠調整思想導向，對經濟發展有所貢獻。（蕭欣義 1986）孫中興的〈從新教倫理到儒家倫理〉一文，一方面探討韋伯理論的真諦，一方面也批評學者們在討論「儒家倫理」時，對韋伯學說的誤解和誤用。（孫中興1986）楊君實的〈儒家倫理、韋伯命題和意識形態〉一文，則是從韋伯命題在歷史學和宗教學上所引起的爭論，來探討韋伯的「比較歷史」研究取向所涉及的方法論問題，並分析這個研究取向應用在解釋中國歷史時所遭遇的困難，以及「韋伯命題」作為一個參考點的價值所在。（楊君實 1986）這些文章都不涉及中國社會本身，而是在咬文嚼字的討論什麼才是真正的韋伯論點。在討論「儒家思想和經濟發展」這個大題目時，頂多具有一些陪襯作用。

大陸上的包遵信則是依循五四運動以來的「反儒家」傳統以及馬克思主義，懷疑、甚至全盤否定儒家思想對中國社會的現代化有所貢獻。（包遵信 1987）他的文章只是純粹做文辭上的爭辯，沒有注意實際的社會狀況。

臺灣的陳其南和黃光國兩位教授也曾討論過這方面問題。陳教授在〈明清徽州商人的職業觀和家族主義：兼論韋伯理論與儒家倫理〉

(1987) 一文指出，明清時代的徽州商人就已經發展出一套類似新教倫理的職業觀，這種觀念導源於徽州商人對於家族的一分責任。此文正可彌補一些余教授大作所留下來的一部分缺憾。

黃光國教授在他的《儒家思想與東亞現代化》一書中，首先檢討韋伯對中國人的宗教究竟有多少瞭解。黃教授指出：「韋伯並未對儒家思想作過有系統的分析。他既不瞭解儒家思想的眞義，也沒有看出儒家思想中充沛蓬勃的生命力。」（黃光國 1988:20）然後以八章的篇幅來分析儒家思想。黃光國指出：「儒家思想和東亞現代化不僅涉及到哲學方面的思辯，而且也關乎社會及行爲科學方面的事實。要瞭解儒家和東亞現代化之間的關係，不僅要從哲學分析上建構學理，而且還要用社會及行爲科學的研究方法，搜集實證資料，來支持這種論證。」（黃光國1988: 20）隨後，他舉了一些臺灣的例子來證明他的立論。由於黃教授是位心理學家，能夠有這樣敏銳的觀察和分析，已屬不易，不當再苛責他對歷史知識方面的缺憾。本文的第二部分就是在彌補這個缺憾。

總括說來，在討論「臺灣經驗」的歷史文化條件時，美籍華裔學者率先從文化和哲學的層面，提出正面肯定傳統文化的立論。大陸的學者緊緊抱住馬克思教條和五四運動以來糟踏中華傳統文化的作風，繼續否定傳統文化的生命力。臺灣本地學者對臺灣經驗的感受最深，陳、黃兩人分別從人類學和心理學的立場來討論這個課題。唯獨歷史學家仍在作壁上觀，未曾認眞的參與這方面的討論。其實研究明清社會經濟史及臺灣史的歷史學家們是最有資格在這個課題上發表意見的，因爲在最近四百年來中國東南沿海的歷史中，有相當多的材料，可以證明「臺灣經驗」是這段歷史發展的必然結果。

四、臺灣經濟學家的看法

臺灣既然身爲新興工業化國家的龍頭，當然也應該有它自己的看

法。官方的看法幾乎是透過經濟學家們的文章表達出來。

　　王作榮教授的論點可說是古典的「自由經濟論」加上「唯國家論」。他在《我們如何創造了經濟奇蹟》這本書的〈開場白〉部分，就明白的說：「臺灣的經濟發展最合於正統經濟理論的模型。正統經濟理論強調自由市場的機能，強調國際分工與資源的適當分配。這種理論應用到經濟發展上，便是農工平衡發展，便是勞力密集產業的優先，便是穩定中求進步，而這些正是過去三十年來臺灣經濟發展的基本政策。」（王作榮 1989:4）

　　他的基本論點是說臺灣地區在中華民國政府的正確領導下，配合上人民的勤奮工作，才創造出這個以自由經濟為基礎的經濟奇蹟局面。政府是居於主導的地位，人民是居於配合的地位。同時，王作榮也駁斥了「日本殖民時代奠下基礎」的說法和「依賴美援」的說法。他承認兩者是具有貢獻，但貢獻是有限度的。「在此（日據時代）的五十年中，日本確曾在臺灣從事了若干基本建設，使我們在發展臺灣經濟的過程中，節省了一些時間與金錢，但僅此而已。這不過是在起步時，輕輕推了我們一把，與以後的長程賽跑不能說沒有關係，但關係的輕微讓人感覺不出來。也誠然，我們自1950年至1965年，接受了為數約十五億美金的美援。這對我們經濟的穩定與發展確有重大助力。但能否善用這些美援，達成穩定與發展的目標，關鍵仍在中華民國政府和人民。是中華民國政府與人民有能力運用這筆美援，也願意善用這批美援，才使得這十五億發生效果的。不然，美國直接間接援助落後國家的金額以數百億美元計，收到效果的國家有幾個國家？收到的效果又在那裏？」（王作榮 1988:5）

　　于宗先教授也有相同的意見。他認為臺灣經濟奇蹟的形成來自三大主力：政府把握了正確的基本發展策略、工業界人士掌握住有利的投資機會、勤奮的勞工投入生產行列。（于宗先1990）

施建生教授也強調政府在經濟發展中所發揮的作用。他指出，回顧經濟奇蹟的發展過程，其關鍵主要在於政府能認清當時的處境而確實適應。不好高騖遠，不崇尚空談，能實事求是地推動漸進的發展策略。（施建生1990）

葉萬安則認為：促成臺灣經濟計畫之順利推行，從制度與意識形態層面來說，政府除了作必要的干預，透過計畫執行，引導資源流向外，還相當尊重市場價格機能；另一關鍵是民間部門勤勞努力，並且支持政策。從技術層面看，促成經建計畫成功亦有兩個關鍵，其一，是掌握經濟發展的有利條件，如充沛的勞力、頗具規模的農業基礎，以及有限的基本設施，再利用這些條件進行農地改革、發展勞力密集工業、鼓勵儲蓄、增加投資、創造出投資與生產的有利條件。其二，是適時提供經濟誘因，例如用耕者有其田鼓勵農業增產、用租稅減免、低利融資等方式獎勵出口、投資與儲蓄。（葉萬安1990）

經濟學家們的著眼點是政府的政策和它的角色，對於一般人民的角色與功能則很少提及，只說有勤勞的人民能夠配合政策而已。至於臺灣人民究竟如何勤勞，究竟秉承怎樣的文化傳統而有如此的勤勞，是經濟學家們無法回答的。

今天，我們探討臺灣經驗，一方面是要向世人說明這分成就是如何得來的，另一方面也是要向中國大陸推銷「臺灣經驗」，就不能過分強調臺灣經驗的獨特性。比較合理的辦法就是把臺灣這四十年的經濟發展經驗，放進中國歷史這個大架構中，看看是否也曾經有過類似的經驗。如果有類似的經驗，則「臺灣經驗」在中國歷史過程上，是一個循環出現的現象，那就具有真正的推廣價值了。以下就分別檢視從十七世紀到十九世紀的臺灣和十七、十八世紀的東南沿海一帶可曾有過類似的發展經驗。

貳　新的觀點──中國東南沿海的歷史文化論

在第一部分的討論中，我們可以清楚的看到社會學家和經濟學家們大抵是從「國家」的角度去探討什麼是臺灣經驗。只有費景漢、余英時兩位先生是從「文化」的角度去討論這個問題。只可惜他們所討論的題材泛指整個中華文化，而沒能扣緊直接跟「臺灣經驗」有關的歷史文化因素。在第二部分中，我們試著探索那些與臺灣經驗有直接關聯的歷史文化因素。在這樣的歷史文化背景中，「國家」所扮演的角色就顯得不太重要。一直要到最近四十年，「國家」才有機會發揮如同社會學家、經濟學家們所說的那種主動的角色。我們相信，今天的「臺灣經驗」是由「國家」和「歷史文化」兩方面因素共同促成的。前人已經花費不少的心力在「國家」這個層面上，不需再多費筆墨。現在就讓我們一起來看看，締造「臺灣經驗」的歷史文化背景究竟如何。

五、臺灣的開拓與重利風氣

臺灣的開拓，在基本上，是自十六世紀以來，閩南漢人在東海、南海地區強盛的海上貿易活動的一部分成果。

對於閩南人到海外謀利的動機，傳統的說法是說因為閩南地狹人稠，耕地不敷使用，人們不得已才進行海上活動，來彌補農耕之不足。像明朝萬曆年間的福建巡撫許孚遠在〈疏通海禁疏〉中就說：

> 其地濱於斥鹵，表裏皆山，即思秉耒耜而力耕，常苦無一夫之畝，以是涉風濤而遠販，聊以贍八口之供。（許孚遠1594）

造成耕地少的原因不外是基於兩個主要的原因。其一是山多平原狹

小，可以開闢的田地到了明朝末年，都已經開闢了，這種現象在謝肇淛的《五雜俎》卷四地部就有很好的形容：

> 閩中自高山至平地，截截為田，遠望如梯，真昔人所云：「水無涓滴不為用，山到崔嵬盡力耕」者，可謂無遺地矣，而人尚什五遊食於外。

另一個原因是土地過分集中於豪室富家。《五雜俎》卷四地部記載：

> （閩中）仕宦富室，貪官勢族，有畛喜隰遍於鄰境者。至於連疆之產，羅而取之；無主之業，囑而丐之；寺觀香火之奉，強而寇之。黃雲遍野，玉粒盈廩，十九皆大姓。

這種論點又為大陸學者，如傅衣凌（1956）所承繼，強調閩南人從事海上貿易活動，是被當地的自然和社會環境所「逼出去」的。不過，羅友枝（Evelyn S. Rawski）研究福建和湖南在十八世紀的商業活動時，卻發現閩南人外出，從事遠洋貿易，是因為有利可圖。（Rawski 1972）因而有了「拉出去」的論點。當我們仔細翻看有關清初閩南人開拓臺灣的各種相關史料之後，就可以看出，這段開拓史原本就帶有濃厚的商業氣息。（溫振華 1981）從而印證了羅友枝的論點。以下，我們就蔗糖、米、茶等項分別討論之。

臺灣南部在荷蘭時期就以蔗糖為主要的外銷產品，行銷歐洲和東南亞各地。清廷領臺之後，蔗糖依然是一種主要的經濟作物，由閩南商人運銷長江三角洲和浙閩一帶。康熙末年成書的《臺灣府志》、《鳳山縣志》、和《諸羅縣志》，在〈物產篇〉，都有相同的記載：「糖，煮蔗而成，有黃白二種。又有冰糖，用白糖再煮，如堅冰。比內地較白，而

甜遜之。」這些早期的方志並沒有記載有關糖的製作方法和過程。

　　乾隆年間的重修版和續修版《臺灣府志》就有了較為詳細的記載。乾隆三十九年的《續修臺灣府志》卷十七〈物產・貨幣〉引《赤嵌筆記》和《東寧政事集》中有關糖的產銷情形，讓我們知道十八世紀臺灣製糖業的梗概。

　　通常在五、六月間種植蔗苗，到第二年十二月、正月間，就開始採收，直到初夏。在十月間，蔗農就開始建造糖廊（製糖的工場），募請製糖師傅，開始榨蔗製糖。

　　每一糖廊要牛十八條。十二條牛用來牽磨，日夜不停的榨蔗汁。四條牛負責拉牛車，載運甘蔗到工場。兩條牛負責運送甘蔗葉、甘蔗尾給其它的牛隻當草料。

　　蔗田以四甲為一園。每園現種兩甲，留空兩甲，逐年輪種。一條牛負責搬運四甲或三甲半地的甘蔗。

　　工場的人力配置是：糖師兩人；煮蔗汁的火工兩人；把甘蔗放入石車榨汁的車工兩人；趕牛榨汁的女工（牛婆）兩人；砍蔗、去皮、去尾的「剝蔗」七人；收集蔗尾以飼牛的工人一人；看牛工一人。「工價逐月七十金」，是相當不錯的收入。只可惜《續修臺灣府志》以及其它的方志都沒有記載這是什麼樣工人的收入。

　　煎糖必需要召請有經驗的「糖師」。他必需要「精土脈、精火候、用灰（湯大沸時，撒牡蠣灰止之）、和用油（在將成糖時，灑篁蔴油，恰中其節）。」糖煎成後，放貯在糖槽內，用木棍頻頻攪拌，直到冷透，便是「烏糖」。顏色暗紅而鬆的烏糖，賣到蘇州這種繁華的大都市；若糖的成色不好，潮濕色黑，則賣到上海、寧波、鎮江等次一級的都市去。

　　至於白糖的製作過程，就比較複雜。在蔗汁熬成糖的時候，裝入糖礪內，封存半個月，浸出糖水，名為「頭水」。將頭水再裝入礪內，用泥封之。半個月後，成為「二水」。用同樣的辦法處理二水，成為「三

水」。三水就成白色。曬乾後，用杵舂打成粉末，裝入糖簍。剩下的糖膏可以用來釀酒。每硿可以生產白糖五十餘斤。倘若土質不好，蔗質不佳，或糖師的手藝不佳時，做出來的不是上等白糖，就賣不了好價錢。

乾隆時代的臺灣、鳳山、諸羅三縣，每年可以產糖六十多萬簍，每簍重一百七、八十斤。烏糖每一百斤售價銀八、九錢；白糖每一百斤值銀一兩三、四錢，是臺灣最重要的經濟作物。《赤嵌筆談》云：

> 全臺仰望資生，四方奔走圖息，莫此為甚。糖斤未出，客人先行定買。糖一入手，即便裝載。每簍到蘇（州），船價二錢有零。

十八世紀時，臺灣蔗糖銷售大陸沿海各地，由郊行定下規則，聯合運輸，結果卻是彼此牽延，耗費時日。而且，船隻要先到廈門，再轉運到大陸其它港埠。幾番周折下來，造成「一船所經，兩處護送，八次掛驗，俱不無費，是以船難即行，腳價貴而糖價賤。」的現象。

不論如何，十八世紀的臺灣已經有相當規模的蔗糖工業和一個可以涵蓋大陸沿海港埠在內的貿易網。同樣的情形也出現在臺灣北部的開拓和「米」的產銷事業方面。

臺灣北部（自新竹至臺北）的開拓，據近人的研究（尹章義1980；溫振華1981；莊英章與陳運棟 1982），原本就帶有濃厚的謀利和冒險的企業精神。莊英章和陳運棟指出，清代頭份地區的開拓是透過宗親的關係來聚集勞力和資本，以從事開墾謀利的工作。（莊英章和陳運棟 1981:28）臺北地區的開拓也是以「股份有限公司」（清代稱之為「墾號」或「墾戶」）型式為主。籌設墾戶的主要目的是在生產稻米，銷往福建。

福建地方缺米的情形，在南宋時代就已經出現。據眞德秀於〈申樞密院乞修沿海軍政〉中指出：

　　福（州）、泉（州）、興（化）三郡，全仰廣（東）米以贍軍民。
　　賊船在海，米船不至，軍民便已乏食，糴價翔貴，公私病之。
　　（《真文忠公全集》卷十五，頁四上）

眞德秀又於〈申尙書省乞措置收捕海盜〉中說:

　　福、興（化）、漳、泉四郡，全靠廣米以給民食。

　　從這兩條資料，我們大略知道，在南宋時代，福建本地所產的米糧已經不敷軍需民食之用，必須要從廣東進口食米。在閩廣之間的海上有了海盜，糧船運輸受阻，福建的米價立刻受到影響而告上揚。雖然史載不足，我們無法得知當時每年究竟有多少廣東米糧運往福建，不過，粵米在福建成爲一種商品，卻是不爭的事實。

　　到了明末的隆慶（1567-1572）、萬曆（1573-1620）年間以後，沿海的泉州一帶缺米的情形相當嚴重。何喬遠的《閩書》卷三十八〈風俗志〉就說:「仰粟于外，上吳越而下廣東。」形成這種欠缺米糧的原因除開自然環境不良這項因素之外，還有一項重要的經濟因素，那就是經濟作物發達。這些經濟作物包括甘蔗、茶葉、苧麻、藍靛、煙草、和水果等。清初郭起元在〈論閩省務本節用書〉中說，以福建之地，「力耕之，原足給全閩之食，無如始闢地者多植茶、蠟、麻苧、糖蔗、藍靛、離支（荔枝）、柑橘、青子（橄欖）、荔奴（龍眼）之屬，耗地已三分之一，其物猶足供食用也。今則煙草之植，耗地十分之六七。……如此閩田既去七八，所種秈稻菽麥亦寥寥耳。」廣種經濟作物的結果，必然佔去不少耕地，使得稻作面積減少。

　　十八世紀時，爲了要解決福建當地米糧不足這個問題，閩南人所採取的對應辦法，不外是從事海外貿易、走私運米、和移民拓殖臺灣三

項。

乾隆34年4月至37年4月（1769-1772）出任臺灣海防同知的朱景英在他的《海東札記》一書中，就提到當時臺灣北部私梟運米猖獗的情事：

> 中港而上，皆可泊巨舟，八里坌港尤夥。大率笨港、海豐、三林三港，為油糖所出。鹿仔港以北，則販米粟者私越其間。屢經查禁，近亦稍稍斂跡矣。（朱景英1958: 8）

這種私運米糧到大陸販賣的習氣，在康熙末年就已經存在。王世慶在研究清代臺灣米價變動情形時曾指出：

> 康熙四十一年至康熙末年，疊際凶荒，每冬遇飢。且每遇青黃不接、內地米價高昂時，輒有營哨商船偷運臺米出口，資濟內地。
> （王世慶1958）

在這種盛行走私米穀到 福建去銷售的 經濟條件下， 就會有人籌組「墾號」，向官府申請到當時尚是草萊未闢的臺北平原來開墾水田，以生產稻米，運銷福建。

康熙 36 年 (1697)，郁永河到臺北平原時，看到一望無際的大湖面，只遇到少數幾個漢人。康熙47年 (1708) 年，有「陳賴章」墾號，得到官府的許可，在臺北大湖沿岸從事開墾工作。根據尹章義在新莊所發現的〈大佳臘墾荒告示〉，我們得知，在當時的臺北平原從事開墾工作的墾戶不止「陳賴章」一家，還有「陳國起」和「戴天樞」兩家墾戶。這分文件的起頭清清楚楚的寫著：

同立合約戴歧伯、陳逢春、賴永和、陳天章，因請墾上淡水大佳
臘地方荒埔壹所：東至雷厘、秀朗，西至八里坌，干脂外，南至
興直山脚內，北至大浪泵溝，立「陳賴章」名字。

又，請墾淡水港荒埔壹所：東至干脂口，西至長頸溪南，南至
山，北至滬尾，立「陳國起」名字。

又，請墾北路麻少翁社東勢荒埔壹所：東至大山，西至港，南至
大浪泵溝，北至麻少翁溪，立「戴天樞」名字。（尹章義 1981：
53，54，61-62）

接下去說，這三家墾戶都在康熙48年7月得到官府的允許，核發墾
荒執照。鑒於墾荒需要大筆資金，三個墾戶的股東們於是「玆相商，既
已通同請墾，應共合夥招耕，議作五股公業，實爲友五人起見。」這五
股公業，除了前述的戴歧伯、陳逢春、賴永和、陳天章四股外，增加陳
憲伯一股。

由於早期的開墾需要大筆的資金和勞力，再加上土著的騷擾，冒險
性可說是相當大。爲了湊足資金，以合股方式鳩集資金是相當普遍的情
形。不僅墾首以合股的方式進行，佃農也以此方式向墾首承租土地。像
這樣子的「墾戶」，是具有濃厚的謀利精神。（溫振華1981：116）這些墾
戶的「墾首」們往往住在城市中，把他們名下的土地租給佃農去耕作，
或是把墾務交給他們聘請的管理人去經營。他們將收入（主要爲租息）
與支出（開圳水費、供粟、公費）計算後，盈餘部分則按股均分，若有
不足，則依股攤出。溫振華指出，這種合股組織，無疑具有企業精神，
與現代企業組織中的合夥或公司組織有類似之點。（溫振華 1981：118）

當墾戶的股東因本身財力不足或其它的原因是可以轉讓他所持有的
股份。《臺北縣志》卷五〈開闢志〉所收錄的「海山、北投、坑仔口開
墾古契」就是更好的例證。玆抄錄文契的重要部分如下：

立賣契人鄧旋其，緣鄭珍、王謨、賴科、朱焜侯等，于康熙五十二年合墾淡水堡海山庄、內北投、坑仔口三處草地。公議俱立戶名「陳合議」，作四股均分，在諸邑作三處請墾，俱有單示，四至俱載在各墾戶告示單內，明白為界。至雍正二年，鄧旋其憑中承買王、朱二股，歷掌無異。現在年徵供粟四十三石四斗七升零。今因田地之水，無力開圳灌溉，以致失收缺欠，供粟及公費等項無出，旋愿將應分承買王、朱二股，抽出一股，托中引就，招賣與胡宅，出頭承買。三面言議，時價銀三百兩番銀，其銀即日憑中交訖。一股之業，隨即對佃，踏明界址，付契管業。

　　十八世紀時，漢人開拓臺灣西部平原地區，都是沿用這種企業經營的辦法。主要的目的是為了增加稻米的產量，以供應家鄉米糧的不足。（王世慶1958；王業鍵1986；林麗月1987）當移民日漸增加之後，就需要從大陸家鄉輸入日常生活必需品，和上好的建築材料；同時也需要把臺灣的產品銷售到大陸各地去，於是在西部沿海各個港口就有「郊行」的出現，負起運輸貿易的責任。所謂「郊」是指從事與大陸各港口做生意的商號的一種聯合組織，統一規定搬運費率、港口捐費、標準的度量衡、並且處理地方上的公共事務，維持地方上的秩序。這些郊行或依貿易地區的不同，而有「大北」（指到寧波、上海、青島、天津等地作貿易的商號）、「小北」（指到溫州、福州作生意的商號）、「泉郊」（到泉州作生意）、以及「廈郊」（到廈門做生意）之；或者依貨品性質而分「糖郊」、「米郊」、「布郊」、「油郊」等。

　　像這樣的商業型態到了十九世紀下半期，西方列強憑著船堅炮利，強迫清廷開通商口岸之後，有進一步的發展。淡水是通商口岸之一。原有的郊商貿易網跟外國洋行之間形成既合作又競爭的局面。

　　1866 年，英國商人德克（John　Dodd）從廈門到臺北盆地採購樟

腦，意外的發現臺北盆地四周山丘上所種的茶品質不錯，可以外銷倫敦。翌年，德克從福建省泉州府安溪縣引進一批茶枝，分給臺北的茶農去種植，並且貸款給農民，教茶農新的烘焙技術。1868 年，德克在大稻埕設立「寶順洋行」，就試銷一批新法焙製的「烏龍茶」，經廈門、澳門，到倫敦去。由於品質不錯，銷路很好。德克再接再厲的推廣茶園面積，把烏龍茶銷到紐約去。大稻埕的商人本來就組織郊行，設立船隊、經營跟大陸各地的貿易。他們碰到這個賺錢的好機會，莫不紛紛跟進，設立茶園、茶廠，招募男女工人前來工作。在輸出方面，更成立茶郊，以「法主公廟」爲茶郊的辦公處。從1870年起，茶逐漸成爲臺灣全島外銷商品中的要角。(陳慈玉1986，宋光宇1990)

大稻埕始建於清咸豐 3 年(1853年)。三十年後，其聲勢與商況已凌駕在艋舺之上。六十年後，成爲全臺灣最重要的經濟核心。舉凡社會、文化、經貿、商業莫不滙萃於此。

1883 年，臺灣建省，省會設在臺北。首任巡撫劉銘傳爲了獎勵外商，在當時最繁華的大稻埕靠淡水河邊上起建樓房，供外商使用，而名爲「千秋街」(今之千秋里，路名貴德街)。一時之間，六大洋行雲集，圍繞著洋行的 是一百多家 大大小小的本地茶廠茶商，或供應洋行之所需，或自行運銷南洋各地，形成一個規模不算太小的外銷加工出口區。

中國商人有鑑於當時從閩粵各地到南洋打工的人愈來愈多，而他們不喜歡西洋人的重發酵茶，於是就改製發酵程度較輕的茶，名爲「包種茶」，專銷南洋，供華僑飲用。這就是新產品的研究與發展。

臺北茶葉外銷的勃興，在短短七年之內，就改變了淡水港的輸出輸入結構，從早先的入超轉變成爲出超，貿易順差情形呈急劇擴張現象，且持續了十八年之久，直到 1895 年臺灣割讓給日本爲止 (見圖表1)。而茶在整個臺灣每年輸出品總金額中所佔的比重也大幅上升，最高的時候曾佔到總金額的百分之五、六十 (見圖表2)。

表 1 1868年至1895年淡水港進出口情形

年份	輸出金額（兩）	輸入金額（兩）	差 額
1868	510,000	270,000	－ 240,000
1869	490,000	250,000	－ 240,000
1870	560,000	400,000	－ 160,000
1871	700,000	510,000	－ 190,000
1872	720,000	770,000	＋ 50,000
1873	890,000	550,000	－ 340,000
1874	910,000	610,000	－ 300,000
1875	1,020,000	730,000	－ 290,000
1876	1,190,000	1,210,000	＋ 20,000
1877	1,320,000	1,430,000	＋ 110,000
1878	1,300,000	1,670,000	＋ 370,000
1879	1,550,000	2,090,000	＋ 540,000
1880	1,600,000	2,310,000	＋ 710,000
1881	1,730,000	2,410,000	＋ 640,000
1882	1,450,000	2,530,000	＋ 1,080,000
1883	1,200,000	2,340,000	＋ 1,140,000
1884	1,230,000	2,400,000	＋ 1,170,000
1885	1,760,000	2,740,000	＋ 980,000
1886	2,030,000	3,380,000	＋ 1,350,000
1887	2,230,000	3,370,000	＋ 1,140,000
1888	2,610,000	3,060,000	＋ 450,000
1889	2,180,000	3,090,000	＋ 910,000
1890	2,220,000	3,300,000	＋ 1,080,000
1891	2,200,000	3,100,000	＋ 900,000
1892	2,350,000	3,430,000	＋ 1,080,000
1893	3,090,000	4,770,000	＋ 1,680,000
1894	3,420,000	4,880,000	＋ 1,460,000
1895	1,900,000	1,880,000	－ 20,000

資料來源: *Chinese Maritime Publications*, 1860—1945，淡水港部分

表 2 1868至1895年茶葉在清臺灣外銷中的比例

年份	臺 灣 外 銷 總 額 （兩）	淡水茶的外銷額 （兩）	百　分　比
1868	882,752	64,732	7.33%
1869	976,004	89,376	9.16%
1870	1,655,309	177,403	10.27%
1871	1,693,925	301,118	17.78%
1872	1,965,210	582,872	29.66%
1873	1,472,482	353,455	23.97%
1874	1,812,181	477,329	26.34%
1875	1,815,255	620,067	34.16%
1876	2,628,980	1,060,209	40.33%
1877	2,757,717	1,253,232	45.45%
1878	2,788,673	1,502,685	53.89%
1879	4,125,126	1,947,381	47.21%
1880	4,874,355	2,156,373	44.24%
1881	4,160,960	2,231,896	53.64%
1882	4,050,154	2,402,428	59.32%
1883	4,113,833	2,235,179	54.32%
1884	4,165,314	2,330,920	55.96%
1885	3,819,763	2,711,803	70.99%
1886	4,449,825	3,333,052	74.90%
1887	4,562,478	3,286,972	72.04%
1888	4,543,406	2,914,921	64.16%
1889	4,411,069	2,873,075	65.13%
1890	5,255,880	3,083,879	58.67%
1891	4,735,628	2,712,776	57.28%
1892	4,959,830	2,929,435	59.03%
1893	6,336,580	4,050,980	63.93%
1894	7,245,035	4,083,265	56.36%
1895	3,423,792	1,552,798	45.35%
Total	99,683,590	53,319,692	53.49%

資料來源: *Chinese Maritime Publication*, 1860—1895, 淡水港部分

從這個例子，我們可以歸納出以下幾點特徵：

1. 新產品的引進與開發。

   英人德克引進新的茶苗和烘焙技術，發展出「烏龍茶」。本地商人再根據國人的飲茶習慣，改良「烏龍茶」而成「包種茶」。

2. 外資的介入 —— 德克貸款與茶農及洋行的設立。

3. 本地商人的跟進。

4. 國際貿易網路的建立。

   洋行專門運銷烏龍茶到倫敦、紐約去銷售；本國商人則運銷包種茶到南洋各地。

5. 專業區的設立 —— 千秋里一帶製茶廠林立。

6. 女工的介入。

   舉凡撿茶、烘茶、包裝等工作多半由女工擔任。每日工資約五、六十文，對一般家庭的生計大有助益。

7. 長年的貿易順差。

   連續十八年的貿易順差，帶動地方上各行各業的繁榮。再加上西部鐵路幹線於1908年全線通車，大稻埕商人更把他們的批發網路隨著鐵路而擴到中南部，使大稻埕成為二十世紀全臺灣的經濟重心。

這個歷史事實，至少說明高棣民等人所主張「日本殖民時代奠下日後臺灣經濟發展基礎」的說法有偏差之處。在日本人尚未佔領臺灣之前，臺灣的商人就已經活躍於世界貿易的大舞臺上。只要有新產品、新技術、和足夠的資金，臺灣商人就可以進入國際市場，展現驚人的實力。同時，也補充了臺灣經濟學家們的官方說法。光是有政府的正確領導也不足成事，必需要有全民的配合才能克竟其功。即使政府不管，在不妨礙其運作的條件下，民間也能做得很好。

六、十六至十八世紀閩南人的海上貿易

臺北的居民泰半是閩南移民的後裔。艋舺是泉州府的晉江、惠安、南安三縣人士（稱「三邑人」）為主幹；大稻埕是泉州府同安縣人為主，兼有部分漳州人；新店木柵一帶多為泉州府安溪縣人；其它各鄉鎮為漳泉雜居。既然大稻埕的同安人能夠創出前述經濟發展經驗，那麼在閩南過去的歷史上，有沒有類似的經驗呢？答案是「有過類似的經驗」。

漢人對閩南的開拓始於唐代武后時期。唐末五代泉州已經成為一個國際商港，阿拉伯商船停泊於此。宋元時代，泉州依舊繁盛。近代世界經濟體系的形成肇始於歐洲人的地理大發現。 那麼， 要討論中國如何跟這個現代經濟體系發生關係，就要把時間的上限訂到十七世紀西班牙人、葡萄牙人、荷蘭人相繼到東亞來佔領殖民地的時候。

我們可以這麼說，十七世紀時， 西洋人跟閩南人之間的國際貿易，是閩南人國內貿易的延伸。因此先從閩南的國內貿易說起。

在十一世紀的時候，就有一種生長季短的早熟種稻自占城（今之越南）傳入閩南， 使得當地的稻作可以一年收成兩次， 糧食為之充足 。《泉州府志》卷十九〈物產〉記載:

> 占城稻，耐旱，白、赤、斑三種。自種至穫，僅五十餘日。五邑
> 俱有。《湘山野錄》宋真宗以福建田多高仰，聞占城稻耐旱，遣
> 使求其種，得一十石，以遺其民，使蒔之。

當西班牙人於1565年佔領呂宋島以後， 南美洲的甘藷、玉米、馬鈴薯等作物也相繼從呂宋傳入閩南。這些作物抗旱性強，可以在貧瘠土地上生長， 又不怕蟲害，使得原先不毛之地和山坡地都得以開闢成農田。糧食為之增產。（何炳棣1976，吳振強 1983）

　　又有許多經濟作物的傳入，諸如：甘蔗、棉花、靛青、煙草等。甘蔗是相當重要的經濟作物。在宋代時，福建北部地區就已經開始種植甘蔗。到了十六世紀時，閩南各地也已經普遍種植甘蔗。(吳振強 1972)在十六世紀末期，泉州所生產的靛青，據說是全中國最好的貨色。(王世懋1585) 煙草在十七世紀時，也成爲漳泉地區相當普遍的經濟作物。(中國人民大學 1957) 清代政權成立之後，閩南地區的經濟作物繼續推廣。據乾隆時人郭起元在〈論閩南務本節用書〉(1762)一文所載，甘蔗、靛青、水果、和煙草，在福建各地隨處可見，其中以煙草是種植最廣的經濟作物。以漳州所出產的煙草最爲有名。

　　棉花也是一項重要的經濟作物。在清初，閩南婦人可以靠著在家裏紡紗織布和做些針黹女紅，所得的收入足以養家活口。乾隆 27 年 (1762) 的《龍溪縣志》卷十八〈列女〉就記載許多條有關節婦憑紡績而能養家的資料，例如：

　　　　蔡氏，年十八，嫁施日烓。姑病，禱天，願以身代，割股食之。
　　　　姑愈而夫旋亡。矢志撫孤，紡績度日。變簪珥，延師敎子。子
　　　　福，歷歲貢，授廣文。
　　　　黃氏，鄭宗炳妻，年二十一，夫亡，遺孤二歲，又遺腹四月，生
　　　　男。日夜紡績，撫養二孤。事翁姑，以孝聞。
　　　　李氏圍娘，適王夏天。年二十七而寡。紡績奉舅姑。
　　　　張氏，方應時妻。應時辛，孤生未週月，含哀茹苦，篝燈針紉以
　　　　自給。
　　　　周氏起娘，適諸生陳之曦。夫辛，家貧，紡績育孤，以延夫嗣。
　　　　苦守四十年。
　　　　林氏，年十六歸吳應驥。應驥辛，針紉紡績以育孤。

這類資料在其它方志中，多得不勝枚舉。同時，還出現大型的紡織工場，召募男工從事工作。《龍溪縣志》卷十〈風俗〉云:

> 邑工號最樸，近則紗絨之利不脛而走。機杼軋軋之聲相聞，非盡出女手也。

閩南所出產的布匹不僅花色繁多，而且品質甚佳。泉州商人則駕著船到大陸沿海各地去推銷「閩布」和其它物品。十七、十八世紀時的蘇州城裏，外地來的商人雲集。其中的三分之一是「閩商」。蘇州是江南的水運中心。透過大運河及長江便利的水運，長江三角洲與福建地區的產品運銷大陸各地方。

經濟作物既然如此繁盛，國內外貿易以及手工業也就隨之興盛。日人斯波義信 (1960:485-98) 指出，福建地區的商業在宋代就已經相當發達。從那時候起，福建商人的足跡遍及全中國各省，同時也揚帆海外。所謂「閩賈」、「閩商」、「閩船」，在中國各省都有他們的蹤影。(斯波 1960:485) 福建商人由於擅長海上貿易，也因此被稱為「海商」。(斯波 1960:494)

泉州商人控制了海上的國外貿易，而福州和建寧的商人則主導了福建的國內貿易。(斯波 1960:494-498) 在十三、十四世紀裏，泉州是中國最大的對外通商口岸，它的規模超越了歷來以對外貿易著稱的廣州。不過，到了十五世紀，泉州開始沒落。十六世紀時，閩南的對外貿易再度勃興，其中心不再是泉州，而是南移到漳州的月港(海澄)。這種變化使得漳泉兩府的居民或多或少地跟海外貿易沾上一點關係。到了十七、十八世紀，這種趨勢依然不變。(吳振強 1983:12)

根據萬曆《泉州府志》(1763 年成書) 和《八閩通志》(1490 年成書) 的記載，在 1500 年以前，閩南大部分的內陸縣份，如: 南安、永

春、長平、龍巖、長泰、南靖等，幾乎無人知曉海外貿易是怎麼一回事。海外貿易為沿海的少數商人所獨佔。(吳振強 1972, 1983:12) 但是到了1600年以後，海外貿易不再由沿海少數商人所獨佔，內陸居民開始投入海上貿遷活動。明末清初人謝肇淛在他的《五雜俎》卷四中提到，大約在明末萬曆時(即1600年以後)，福建地方有一半以上的人口離鄉背井，到海外去討生活。這種變化跟西班牙人於1572年佔領呂宋島，跟中國人交易日用品和絲綢，有密切的關係。

當西班牙人佔領中南美洲之後不久，就在秘魯和墨西哥境內發現豐富的銀礦。西班牙因而富甲天下，馬德里的生活和物價也隨之上升。及至1572年佔領呂宋以後，為方便起見，就近跟閩南人交易。兩邊物價相差懸殊，對西班牙人來說，中國貨便宜到幾乎不要錢的地步。同時又發現中國的絲綢正是馬德里貴族社會最需要的東西。在航程遙遠、運費不貲的條件下，西班牙人專挑質輕、量多、價高的東西來從事貿易。於是中南美洲的白銀和中國長江三角洲所產的絲綢就成了符合條件的商品。一場絲綢與白銀的交易隨之展開。對中國方面來說，明朝的貨幣是以銀為主，銅錢為輔。但銀礦卻日益枯竭，致使銀價日昂，銅錢日貶的通貨膨脹局面。西班牙人用白銀來交易絲綢正好投其所需。(全漢昇 1948, 1972)

在這場絲對銀的交易過程中，閩南一直扮演居中轉運的角色。長江三角洲所產的絲先經海路運到月港，再由月港轉到馬尼拉，交易西班牙人手上的白銀。這些運往馬尼拉的絲貨，在菲島的輸入華貨總值中佔有最大的比例。例如1588年及以前，菲律賓每年自中國輸入總值二十萬披索 (pesos, 西班牙貨幣單位) 的貨物中，各種食物如麵粉、糖、餅、奶油、香燈、水果、醃豬肉、火腿等，一共只值一萬多披索，其餘絕大部分是絲綢，貨色包括花緞、黑色及帶有彩色的緞子、金銀線織成的浮花錦緞、以及其它絲織品。各種生絲和絲織品的售價，從有的是銀子的

西班牙人來看，可說是價格非常低廉。但對中國商人來說，他們經營絲
貨貿易，經常獲利在百分之一百以上，有時更高達百分之兩百。由於利
潤優厚，中國商人把賺到的白銀運回本國之數量，多到一位西班牙上將
在1638年說:「中國國王（按應作「皇帝」）能夠用來自秘魯的白銀蓋一
座宮殿!」（全漢昇1972）

　　當西班牙人剛抵菲律賓不久的時候，中國商人已經把絲貨運往那裏
出售。初期時所運過去的貨色，並不如運往麻六甲的那麼好、那麼多。
後來，發現西班牙買主有的是銀子，購買力非常之大，才把品質優良的
產品大量運過去銷售。貨樣繁多，生絲方面就有精、有粗、有白色的、
也有彩色的。織品方面有各種天鵝絨、錦、緞、綾、綢，及其它。爲了
要迎合西班牙主顧們的消費習尚，中國商人把西班牙產品的圖樣帶回國
內，讓產地各工場很巧妙的仿製。仿製品的外表看起來跟西班牙南部織
造的不分軒輊。而其中有一種織品，據說白到連雪也沒有它那麼白，品
質之好，爲歐洲製品望塵莫及。

　　由於跟西班牙人交易絲綢利潤豐厚，不但閩南商人積極投入，連長
江三角洲絲產地的浙江、江蘇、安徽絲客也都參與。廣東及福建其它地
區的絲織業，因地利之便，也隨之發達起來。

　　張彬村在〈十六至十八世紀華人在東亞水域的貿易優勢〉（1988:
353-355）一文中指出，十六至十八世紀，正當世界各地廣開大門，讓
歐洲人自由地發展國際貿易時，中國政府卻始終緊閉其門戶。歐洲人或
者根本不能到中國來做買賣；或者卽使可來，也必須受制於中國政府所
指派的官商。對歐洲人來說，中國市場是封閉的。相形之下，中國的海
商從十六世紀下半葉起，就可以自由的進出中國的港埠，去推展他們在
東亞水域的貿易。華商在貿易的成本與效益方面，比起歐洲人來說，當
然是處於絕對有利的地位。跟荷蘭東印度公司相比，中國的「閉關自
守」政策，是在中國創造了一個無形的壟斷公司，由中國海商壟斷中國

市場。

張彬村又指出中國市場在當時東亞國際貿易上所佔的比重是相當可觀的。「在東亞水域裏，中國是最大的生產中心和最大的消費市場。歐洲人來到遠東貿易，必須仰賴中國的生產與消費，才能擴大亞洲內部的區間貿易，以及歐亞之間的洲際貿易。就東亞水域的區間貿易而言，在十六至十八世紀之間，海商基本上是以日本的銀、銅，西班牙人運抵馬尼拉的白銀，以及東南亞的胡椒、蘇木、香料、和藥材等物品，運銷中國市場，而把中國生產的絲、瓷、糖、和其它日用品，運銷東亞各地。葡萄牙人、西班牙人、荷蘭人、英國人都是這種區間貿易的要角，但是最重要的主角當然是中國人。在歐亞洲際貿易方面，歐洲人帶來了白銀，蒐購中國的絲、瓷、糖、和茶葉。十八世紀初，歐洲人飲茶習慣養成時，中國的茶葉，沖茶用的瓷器茶具，以及加入茶水中的蔗糖等物品的消費量更是大幅增加。」（張彬村 1988:354）

在歐洲人來到東亞之前，中國人在這個水域已經隱然形成一個廣大的貿易網。在東南亞各地都已經有華商的蹤跡。1572 年西班牙人佔領馬尼拉時，他們很容易就找到華人來幫忙築城，並船運各種日用品來兜售。1619年荷蘭人佔領雅加達時，他們發現已經有許多華人在那裏經營小買賣，鑄有中國皇帝年號的銅錢是當地市場上的主要通貨。幾乎在東亞水域的各個港口，歐洲人都看到有華人在那兒經營各種買賣，並且是市場上的主要商人。這個散置的貿易網在歐洲人來到遠東之後，隨著海貿幅度的擴大，而變得更大更密。這樣的貿易網爲中國海商奠定一個良好的商業基礎結構。這種情形是歐洲人辦不到的。（張彬村 1988:356-358）

歐洲人到東亞經商通常都採用「壟斷」的策略，以謀取暴利。可是歐洲人在東亞市場很難有效的維持壟斷的局面。十六世紀葡萄牙人從亞洲的壟斷貿易所得到的利潤，和出售「保護」之所得，恆不足以支付派

在亞洲的駐軍、行政人員、船舶、水手等的開銷。十七世紀荷蘭東印度公司在香料羣島實行丁香、豆蔻、胡椒等產品的獨佔生意，結果由於警力開支增加和走私不絕而失敗。東印度公司發現，在那裏的華商總有辦法找到腐敗的公司職員做爲走私的合夥人。（張彬村 1988:361）

張彬村指出，中國的海商貿易完全是小本經營。他們沒有正式的組織，完全是個人照顧各自的買賣。他們在中國各自向船東租借貨艙，親自押貨到海外從事交易。每一艘帆船就這樣搭載了數以百計的中國小商人，彷彿像是個百貨公司一樣，各人照顧自己的櫃臺。帆船一抵達港埠，這些商人就各自散開去尋找各自的買主，化整爲零。回船時又各自辦貨，定期聚合搭船，化零爲整。當時的人形容中國海商的貿易是「萍聚霧散，莫可蹤跡」。（張燮1618; 周凱1839; 吳振強 1983:153-162）

不過在十七世紀時，閩南的海上貿易者曾經組成強大的海上私人武裝艦隊，其領導人先有李旦、顏思齊，後有鄭芝龍、鄭成功父子。其活動的範圍，北起日本長崎，沿著琉球、臺灣、呂宋、婆羅洲、蘇門答臘、馬來亞、暹邏、以迄安南。東海成爲閩南人的內海。南海則與西班牙人、荷蘭人、葡萄牙人所共享。荷蘭人能否跟福建通商，全看鄭氏的臉色而定。在明末，中原板蕩之際，鄭氏私人武力更搖身變爲支持明朝於既倒的唯一力量。鄭氏在實際需要下，從荷蘭人手上把臺灣拿過來。臺灣原本是亞洲陸塊的一部分，先史時代華南的原住居民走到臺灣來。後來地球氣溫轉暖，海面上升，臺灣海峽方始形成。距今四千年到三千年前時，臺灣西部的居民與海峽對岸的居民有密切的往來。因爲考古資料顯示了兩邊文化的相同性。三千年以前，中原鐵器文明快速南伸，閩粵土著文化被這股強大的鐵器文明所吸走，臺灣才與閩粵分開，孤懸海上。及至鄭氏拿下臺灣，臺灣才再度與閩粵緊密相連。

總結十七世紀閩南人海上貿易的經驗，可以得到以下幾點結論：

1.新產品的引進與開發。

棉花、靛青等經濟作物的引入，發展出泉州的紡織業。西班牙絲織圖樣的引進，發展出代客加工的 OEM 做法（也有可能是仿冒）。

2. 外資的介入方面是大筆西班牙白銀的流入。

3. 本地商人佔有海貿優勢地位。

4. 國際貿易網路的建立。中國的絲從長江三角洲輸出，經泉州、馬尼拉、墨西哥的阿卡普魯可（Acapulco）、到西班牙首都馬德里。西班牙的白銀從秘魯出發，經過阿卡普魯可、馬尼拉、以至於泉州、湖州、蘇州、和中國其它地方。

5. 以個人為經營的主體，獨立攬貨，各自銷售，減低成本。

6. 女工的介入。紡織向來是家庭婦女的工作。絲織業鼎盛時，連男人也得加入工作，才能應付所需。

7. 長期的貿易順差。十六、七、八世紀間，每年由美洲運往菲律賓的銀子，最多可達四百萬披索，最少一百萬披索，但以兩、三百萬披索為多。這些銀子結果通通流入中國，使東南沿海和長江三角洲日益富庶。長江三角洲且成為全中國的經濟中心。

自十六至十八世紀的閩南人海貿經驗，跟十九、二十世紀的臺灣人從事國際貿易的經驗相比照，我們不難看出，其中有許多近似之處。例如，十七世紀的閩南商人單身帶貨走天下，跟現代臺灣商人慣用的携帶一隻皮箱闖天下的情形，不是很像嗎？因此，我們有理由相信，十六至十八世紀閩南人的海貿經驗的確是今天臺灣經驗的歷史文化源頭。

看了臺灣和閩南的經濟發展經驗之後，我們不禁要問：「是什麼樣的文化力量促使人們如此做？」這股文化動力應該是人們對自己家族的一份責任，而不是儒釋道三教經典。

七、文化上的動力──揚名顯親

「揚名顯親」觀念源出自《孝經》。《孝經》對於「孝」的看法是把「身體髮膚，受之父母，不敢毀傷。」當成是人們遵行孝道的開始；把「揚名顯親」看成是孝道的終極表現。《孝經》從漢朝以降，一直都是儒家必讀的經典之一，書中所闡揚的「孝道」觀念當然也就成為中國人共同的信念之一種。這種孝道觀念是跟中國社會的基本結構 ── 家族 ── 有著密不可分的關係。

在前面我們曾經約略提到過，中國社會的重心是家族。對中國人來講，人一生下來就確定要與某個「家」發生永久的關係。這種關係並不會因形體的消滅而消失，只是轉化成為牌位上的列祖列宗而已。男人一直是父親家系中的一員。女人的身分地位則建立在她的婚姻關係之上，透過正式的婚姻取得在夫家的正式地位。在這種情況下，人生的最重要責任就是在如何提升，或者是維護整個家族的名聲、社會地位、以及財產。能夠做到這項要求，就被認為是孝子賢孫；若是個人的行為沾污了家族的名聲，折損了家族的產業，甚至危害到家族的生存，就成為罪大惡極的不肖子孫。通常，孝子賢孫是大家都想達成的，而不肖子孫是人人要避免的。

孔邁隆 (Myron Cohen 1976) 在研究臺灣南部的客家村莊 ── 美濃鎮時，發現只有有財產和事業留給後世子孫的祖先，才能享有子孫特別祭祀的權利。一般沒沒無聞之輩，在兩三代之後就歸入列祖列宗的行列，逢年過節才會享受一次祭祀，而他的名字早已被子孫淡忘了。Emily Ahern (1972) 在三峽的研究也有類似的意見。這種實證的例子顯示，凡是對家族有大貢獻者，都可以享受後代子孫的祭祀，否則就會被後代子孫遺忘掉。因此，「如何建立在自己家系上的特定地位？」就成了中國人在人生旅程上的最大挑戰。中國人為了應付這項挑戰，在心理上和文化上形成莫大的壓力。為了要做一名「孝子」，就必須要努

力追求事功。科舉功名是第一選擇，經營致富是第二選擇。這種觀念在明清時代的家訓中表達得很清楚。

　　在明清兩代的家訓中，「祖宗」所扮演的角色有如基督教所說的「上帝」一般，隨時隨地監視著子孫們的一切作爲，獎善懲惡，降禍賜福。在爲數衆多的明清時代的家訓中，把祖宗的角色描寫得生動活潑，能夠公正公平地獎善懲惡者，當推明嘉靖八年（1553）南京禮部侍郎霍韜所寫的《霍渭崖家訓》。在這本家訓中，「家」是一個同居共產的經濟單位。家長代替祖宗來敎化及領導全體家人。在歲首元旦，全體族人在家長的率領下，齊集於祠堂，向祖宗報告這一年的耕作和經商的成績。上功者有賞，連續三年無功者，就要處罰。《霍渭崖家訓・貨殖第三》云：

　　居家生理，食貨為急。聚百口以聯居，仰貲于人，豈可也？冠婚喪祭，義理供需，非貨財不給。敍貨殖第三。

　　凡年終租入，歲費贏餘，別儲一庫。司貨者掌之、會計之，以知家之虛實。

　　凡石灣窰治，佛山炭鐵，登州木植，可以便民同利者，司貨者掌之。年一人司治窰，一人司炭鐵，一人司木植。歲入利市，報于司貨者。司貨者歲終咨稟家長，以知功最。（司窰治者猶兼治田，非謂只司窰治而已。蓋本可以兼末，事末不可廢本也。司木司鐵亦然。）

　　凡弟姪歲報功最，元旦謁祠堂畢，參家長畢，衆兄弟子姪相參拜畢。乃各陳其歲功于堂下。凡歲報功最，設祖考神位（於）中堂，家長側立，衆兄弟以次序立兩廊。以次升堂，各報歲功。報畢，趨兩廊序立。

　　凡歲報功最，以田五畝，銀三十兩，為上最。田三畝，銀十五兩，為中最。田一畝，銀五兩，為下最。報上最，家長舉酒祝于祖

考曰：「某最上，乃慶。」上最者跪，俯伏，興，乃啐酒二爵。家長侑飲一爵，上最者又啐一爵。

凡歲報功最，田過五畝，銀過三十兩者，計其績餘。十賞分之一，為其私，俾益其婚嫁之盒。（如報田十畝，以五畝為正績，餘五畝，賞五分。報銀百兩，以三十兩為正績，餘七十兩，賞七兩。）

凡歲報功最，中最下最無賞無罰。若無一田，無銀一兩，名曰：「無庸」。司貨者執無庸者跪之堂下，告於祖考曰：「某某無庸，請罰。」家長跪告于祖考曰：「請宥之。」無庸者叩謝祖考，乃退。明年又無庸。司貨者執無庸者跪之堂下，告于祖考曰：「某某今年又無庸，請罰。」家長跪告於祖考曰：「請再宥之。」無庸者叩謝祖考，乃退。明年又無庸，司貨者執無庸者跪之堂下，告于祖考曰：「某某三歲無庸，請必罰。」家長乃跪告于祖考曰：「某某三歲無庸，請罪。」乃罰無庸者荊二十。仍令之曰：「爾無庸，不得私蓄僕婢以崇爾私，用圖爾後功。」

明清的家訓大體上都秉持「祖宗能禍福子孫」這個傳統的原則。在這個原則下，祖先的角色就很像韋伯所稱指新教倫理中的上帝。從《霍渭崖家訓》所記述的內容來看，經營山林、礦產、和田地是家族的大事，並沒有像韋伯所說，家族依賴科舉功名去搜刮財產，反而是刻意淡化科舉的重要性。

十八世紀時，家訓成為普遍流傳的家庭教育教材。更有人把歷代有名的家訓編纂起來，公開發售。而今中央研究院歷史語言研究所傅斯年圖書館尚藏有康熙 46 年（1707）石成金所輯的《傳家寶全集》三十二卷，乾隆 7 年（1742）陳宏謀所編的《訓俗遺規》四卷，乾隆10年（1745）張又渠編輯的《課子隨筆抄》六卷等家訓集子。這些家訓集子

共同強調「德行」的重要。這些德行包括勤、儉、忠、孝等項。像是明萬曆二年中進士的呂坤在〈孝睦房訓辭〉就明白的說：

> 傳家兩字曰讀與耕，興家兩字曰勤與儉，安家兩字曰讓與忍，防家兩字曰盜與奸，亡家兩字曰淫與暴。……子孫不患少而患不才，產業不患貧而患難守，門戶不患衰而患無志，交遊不患寡而患從邪。不肖子孫眼底無幾句詩書，胸中無一段道理，神昏如醉，體懈如癱，意縱如狂，行卑如丐，敗祖宗成業，辱父母家聲。是人也，鄉黨為之羞，妻子為之泣，豈可入吾祠，葬吾塋乎？戒石具在，朝夕誦思。（在《課子隨筆抄》卷二，頁18）

明朝人何倫在《何氏家訓》中提到：

> 勤儉為成家之本。男婦各有所司。男子要以治生為急，於農商工賈之間，務執一業。精其器具，薄其利心。為長久之計，逐日所用，亦宜節省。量入為出，以適其宜。……婦人夙興夜寐，黽勉同心。執麻枲，治絲繭，織紝組紃，以供衣服。不事浮華，惟甘雅潔。（在《課子隨筆抄》卷二，頁17）

清康熙年間，安徽桐城張家的《張文瑞公聰訓齋語》也說：

> 況父祖經營多年，田廬別業。身則勞於王事，不獲安享。為子孫者，生而受其福，乃又不思安享，而妄想忘行，寧不大可惜耶？思盡人子之責，報父祖之恩，致鄉里之譽，貽後人之澤，惟有四事，一曰立品、二曰讀書、三曰養身、四曰儉用。（在《訓俗遺規》補編，頁25）

明末清初時人梁顯祖所寫的《梁氏家訓》也清楚的寫著：

> 人家門祚昌盛，皆由修德砥行，世代相替，故能久而勿替。若為
> 祖父者，不能積德行，以貽子孫；為子孫者，復不能積德行，以
> 繼其祖父，未有不立見傾覆者矣。
>
> 子弟何德何能，不過藉祖宗之力掙得基業。居此現成時勢，自反
> 實屬可媿。若不倍加勉勵，積德累行，而公然居之不疑，務求適
> 己；不畏人言，妄自尊大，侮慢寒微；勝己者忌之，不如己者笑
> 之；見人有善則疑之，聞人不善則揚之；或好遊蕩、或縱酒色，
> 敗名喪儉；人於面前不得不尊稱之，背後即以奴隸目之，豈不可
> 羞？（見《課子隨筆抄》卷五，頁39）

石成金的《傳家寶全集》把「賢子孫」、「揚名顯親」、「光前耀後」
等概念做了相當清楚的說明：

> 世人教子讀書，只圖做官，這也不是。從來讀的多，做官的
> 少。也有讀書不做官的，流芳百世。但論子孫賢與不賢，不在做
> 官與不做官。若是子孫資質聰明，可以讀書的，需要請端方嚴正
> 先生，把聖賢道理實實教導他，果然教得子孫知道孝悌忠信，知
> 道禮義廉恥，知道安分循理，知道畏法奉公，這就是「賢子孫」
> 了。至於窮通布命，富貴在天。做官的忠君為國，潔己愛民，上
> 受朝廷的恩榮，下留萬民的歌頌，使人稱道是某人之子、某人之
> 孫，這纔叫做「揚名顯親」。不做官的守義安貧，循規蹈矩，上
> 不干犯王章，下不肯違清議，使人稱道是某人之子、某人之孫，
> 這也就是「光前耀後」。若氣質愚鈍，不能讀書，就教化做正經生
> 理，為農也可，為工也可，為商賈也無不可。但要教他存心好，

教他行好事，教他節儉辛勤，不可奢靡懶惰，教他循禮守法，不
可意大心高，教他義中求利，本分生涯，不可損人利己，明謀詐
騙。至若縱酒行兇，姦淫賭博，興詞好訟，嫁害良人，諸如此
類，尤當禁絕。總之，只要把子孫教得不惹事、不招災，他自然
享有許多安樂快活，這纔是父祖的真心慈愛。(《傳家寶全集》
卷一，頁39-40)

明萬曆四十八年考取進士的袁黃(了凡居士)所撰作的《功過格》，
是一本流傳很廣，為士庶都尊奉的宗教善書。書中〈敦倫格〉中提到：

繼親志、述親事、還親欠、完親節、報親儺，一事十功。反此者，
一事廿過。
讀書成名，顯親揚名，百功。反此，悠忽怠惰者，百過。
立身行道，尊榮父母，三百功。反此，自甘不肖者，三百過。敗
盡祖父基業與德澤，千過。

以上所舉的家訓和善書所展示的內容，基本上，是反映一個事實，
那就是明清兩代中國社會是處於一種流動性高的結構狀態。最常見的模
式是一個家庭或家族，憑著多年的辛勤經營而累積財富，提升他們的社
會地位到一定的程度，而後栽培子弟去考科舉，爭取最高的社會地位和
名聲。這個上升的過程大約需要兩三代人的努力。如何維持這個辛苦得
來的成果，不讓家道中衰，就成了每個家族共同關心的話題。明清時人
把家道衰落的原因，歸之於家族成員道德的敗壞。白雲上的《白公家
訓》把這個問題講得相當透徹：

從來人家子弟登巍科，居高官，眾曰：「祖宗功德之報。」誠哉

是言也。官家子弟又不發達，竟至落魄者，何也？大抵人居了官，權柄到手，紛華眩目，外物奪去天良，軍也不知，民也不顧，只圖佚樂，甚至貪淫敗行，無所不為，辜負君恩，背忘先德。神鑒在茲而不知警，聖人云：「為善必昌，為惡必滅。」報應之速而不知畏，是以余兢兢業業戒吾後人。（在《訓俗遺規》補編，頁34-35）

石成金的《傳家寶全集》也有相同的意見：

世間有一等知教訓而不知道理的人，指望子孫長進，其實與耽誤一般。就如教訓子孫讀書，不是第一等好事，爭奈不知教以孝弟忠信、禮義廉恥的道理，所教導的不過是希圖前程，指望富貴，改換門閭，衣錦還鄉，把子孫成個謀富貴、圖貨利的心，所以後來沒甚好處。試看子孫後來做了官的，不做好事，不愛百姓，往往玷辱家聲，折損陰騭，甚至貪贓枉法，以致家破身亡，遺累父母。這不全是子孫不肖之罪，卻是當初教得差了。（卷一，頁35）

　　韋伯認為中國的家族制度有礙於現代化經濟活動，是因為他只看到中國家族制度的負面，沒有看到這個制度的正面。明清家訓和善書則是強調如何維護家族制度的正面功能，而防止負面功能的發生。韋伯對新教倫理的命題可以約化成：「人如何憑著自己的事功，來榮耀上帝，藉以證明自己是上帝鍾愛的選民，在最後審判時，可以得到救贖。」對明清以及現代臺灣的中國人來說，類似的命題應當是：「人如何憑藉自己的事功，來提升自己家族的社會地位，進而取得在這個家族中永恆不朽的地位。」這就是驅策中國人努力向上的文化動力。這股動力在四十年

來的「臺灣經驗」中被發揮得淋漓盡致。

　　中國社會在科舉制度確立以後，它的社會流動大致形成一個固定的模式：頭一、兩代的人辛辛苦苦的耕田經商，以累積財富；然後才有多餘的財力可以延請西席來教導子弟讀書，求取功名；一旦有子弟考取功名，門前可以樹立旗桿，屋頂可以有挑出的飛簷，以象徵這個家族已經側身於地方士紳之行列。如此情形大致可以維持兩三代，而後由於長期的優渥生活，子孫們早已忘記前幾代祖宗的辛勞經營，生活變得揮霍無度，終致敗盡家產，回復到最初的貧窮境地。過了多少年以後，可能再出現一個賢孝子孫來振興家族，開始另一個家族興衰的循環。在這樣的循環過程中，凡是可以振興家族的人都可以享受到社會上的好名聲；凡是導致家族衰敗的人，則背負了「不肖子孫」的惡名。

　　時至今日，當我們讀當代臺灣一些成功的企業家和傑出的政府官員的傳記時，可以很強烈的感受到，傳統的「揚名顯親」觀念無時無刻不在督促著他們，使之不敢有所鬆懈。例如：新光集團的創辦人吳火獅在他的傳記中曾經說過：

> 也許我從小受父母親對家庭要忠貞的觀念的影響，一直到今天，我最珍惜與看重的，沒有別的，正是我的故鄉和我的家庭。在離鄉背井的歲月中，鄉土正是我努力向上的推動力。有了「根」才能茁壯，沒有鄉土觀念的人，財富與名位又有什麼意義呢？（黃進興1990：22）

　　吳火獅在事業發達之後，非常照顧家族親人和新竹同鄉，以致鄉里人士把「新光」這個名號解釋成「新竹之光」（原意是在紀念吳火獅的日籍老闆小川光定）。換句話說，吳火獅是做到了「揚名顯親」的地步。余英時在〈吳君火獅行誼〉中也曾稱贊吳火獅畢生的行為完全符合儒家的

理念，是實踐中華傳統文化的表率。他說:

> 夫知、仁、勇、強，此儒者之事，而君能用之於貨殖。近二十年
> 來，中華民國以企業雄視東亞，論者或謂其淵源實在儒學，以君
> 之制行校之，蓋不為無因云。（黃進興1990：319）

這種對家鄉、家族的關愛之情，不僅僅出現在成功的大企業家身
上，也爲一般民衆所奉行。臺灣各地的宗祠和具有地方政治、經濟、與
文化中心功能的廟宇，在民國六十年以後，隨著經濟的日益繁榮，而紛
紛重修或改建。其原因當然就是外出工作，稍有成就的本族、本鄉子弟
爲了回饋地方而捐資興建的。這些巍峨美觀的宗祠和廟宇柱壁上所刻的
捐獻者芳名，不就正是象徵著「揚名顯親」這個觀念，在今天的臺灣，
依舊是歷久而彌新。

同時，明清以來的社會流動模式也從原來的一元管道 —— 科舉功
名，轉變成多元管道。獲得博士、碩士學位，當大學教授，在今天臺灣
社會上，是被人稱道的。當醫生，當企業家，當老闆或董事長，當民意
代表，或是受到政府的表揚，也都成爲社會大衆稱讚的對象。在社會成
就多元象徵的情況下，大家都偏好這些頭銜。連帶的，把置產和買轎車
代步也都看成是功成名就、揚名顯親的象徵。這些種種象徵行爲共同推
動臺灣社會向前邁進。

叁　結　語

歐洲人在他們的工業革命之前，有商業革命，擴大市場的需求，帶
動手工業的發展，最後才引發用機器大量生產的工業革命。工業革命則
又加強了對商業的需求，一方面要設法壟斷全球的市場；另一方面要控

制各地的資源。現代的資本主義社會就如此這般的形成了。今天，我們要檢討「臺灣經濟奇蹟」的歷史軌跡，則會發現，中國人自從十七世紀以來，在東南沿海地區，確實有過類似的商業革命。只是這段歷程拖了很長很久，一直到最近在臺灣的四十年，才成功的轉變成跟歐美可堪匹比的現代工商業社會。

從以上各章的分析，我們可以清楚的看到，今天臺灣經濟發展確實是循著一定的歷史軌跡在前進。仔細想想，這四十年來臺灣的發展，不也就是「新產品的引進與開發」、「外資的介入」、「本地商人羣起效仿」、「國際貿易網路的建立」、「女工」、「長期貿易順差」等項，環環相扣。

臺灣能有今日的經濟成就，可說是跟十七世紀（或者更早）以來，中國東南沿海江、浙、閩、粵各省繁盛的工商業與海外貿易活動，一脈相承。清朝政府、日本殖民政府、和現在的國民政府都沒有去摧殘破壞這個傳統，相對的，是推出各種政策措施來強化這個傳統。唯有從這個角度去看經濟學家們所提出的看法，才能凸顯那些政治與經濟政策和措施，在整個中國歷史文化上的意義。

本文旨在拋磚引玉，對於國人常說的「臺灣經驗」做一番純理論上的檢驗，發現現有的各種理論都有它的優點和缺點。於是試著從歷史文化的觀點，另闢蹊徑，提供一條全新的思索途徑。並且提出一些可以從歷史文化的角度去思索和分析的問題，以就教於各方高明人士，敬請惠賜高見，不勝感激之至。

* 關於依賴理論方面的研究可參看王振寰(1988)。

參 考 書 目

Ahern, Emily: *The Cult of the Dead in A Chinese Village*, Stanford: Stanford University Press, 1973.

Amin, Samir: *Unequal Development: An Essay on the Social Formation of Peripheral Capitalism*, New York:

Monthly Review, 1976.

Baran, Paul A.: *The Political Economy of Growth,* New York: Monthly Review, 1957.

Bellah, Robert: *Tokugawa Religion, The Cultural Roots of Modern Japan,* New York: The Free Press, 1985(1957).

Bendix, Reinhard: *Max Weber, An Intellectual Portrait,* New York: Anchor Books, Doubleday & Company, Inc., 1962.

Burger, Peter: *Pyramids of Sacrafice: Political Ethics and Social Change*，蔡啓明譯，蕭新煌校訂:《發展理論的反省──第三世界發展的困境》。臺北，巨流，1981。

Cardoso, Fernando and Enzo Faletto: *Dependence and Development in Latin America,* Berkeley: University of California Press, 1979.

Chen, Yu-hsi (陳玉璽), "Dependent Development and Its Sociopolitical Consequences: A Case Study of Taiwan." Ph. D. dissertation, Hawaii University, 1981.

Cohen, Myron L.: *House United, House Divided: The Chinese Family in Taiwan,* New York: Columbia University Press, 1976.

Cumings, Bruce: "The Origins and Development of the Northeast Asian Political Economy: Industrial Sectors, Product Cycles, and Political Consequences." in Frederic C. Deyo ed., *The Political Economy of the New Asian Industrialism,* 1987:44-83.

Deyo, Frederic C.: *The Political Economy of the New Asian*

Industrialism, Ithaca, New York: Cornell University Press, 1987.

Durkheim, Émile: *De La Division Du Travail,* 1893.

Durkheim, Émile: *La Suicide: Étude De Sociologie,* 1897.

Durkheim, Émile: *Les Formes Élementaires De La Vie Religious,* 1912.

Eisenstadt, S. N.: *Modernization: Protest and Change,* Englewood Cliffs: Prentice-Hall, 1966.

Evans, Peter, *Dependent Development,* Princeton: Princeton University Press, 1979.

Fairbank, John K. & Teng Ssu-yu: *China's Response to the West,* Cambridge, Mass.: Harvard University Press, 1957, 1979.

Fairbank, J. K.: *The United States and China,* Cambridge, Mass.: Harvard University Press, 1948, 1958, 1971, 1972, 1979, 1983.

Fairbank, J. K.: *Chinabound —— a Fifty-year Manoir,* New York: Harper Colophon Books, 1982.

Frank, A. G.: *Capitalism and Underdevelopment in Latin American,* New York: Monthly Review, 1967.

Gold, Thomas B.: "Dependent Development in Taiwan," Ph. D. dissertation, Harvard University, 1981.

Gold, Thomas B.: *State and Society in the Taiwan Miracle,* New York: M. E. Sharpe, Inc., 1986. 中譯本《從國家與社會的角度觀察 —— 臺灣奇蹟》，艾思明譯，臺北，洞察，1977。

Johnson, Chalmers: *Miti and the Japanese Miracle: The Growth of Industrial Policy, 1925—1975*. Stanford, CA.: Stanford University Press, 1982. 中譯本《推動日本經濟的手: 通產省》, 臺北, 天下, 1987。

Moulder, Frances V.: *Japan, China and the Modern World Economy: Toward A Reinterpretation of East Asian Development Ca. 1600 To Ca. 1918*. London, Cambridge: Cambridge University Press, 1977.

Myers, Ramon H.: *The Chinese Peasant Economy*. Cambridge, Mass.: Harvard University Press, 1970.

Ng, Ching-Keong (吳振強): *Trade and Society in Amoy Network,* Singapore: Singapore University Press, 1983.

Parsons, Talcott: *The Structure of Social Action,* 2nd ed., New York: Free Press of Glencoe, 1961.

Rawski, Evelyn Sakakida: *Agricultural Change and the Peasant Economy of South China*. Cambridge, Mass.: Harvard University Press, 1972.

Reischauer, Edwin O. and John King Fairbank: *East Asia: The Great Tradition,* Boston: Houghton Mifflin, 1958.

Reischauer, Fairbank, and Craig, *East Asia: The Modern Transformation,* 1965.

Rostow, W. W.: *The Process of Economic Growth,* New York: Norton, 1962.

Simon, Denis: "Taiwan Technology Transfer and Transnationalism: The Political Management of Dependency," Ph. D. dissertation, University of California,

Berkeley, 1980.

Sung, Kwang-yu: "Religion and Society in Ch'ing and Japanese Colonial Taipei" Ph. D.dissertation, University of Pennsylvania, 1990.

Wallerstein, Immanuel: *The Modern World-System,* New York: Academic Press, 1974.

Wallerstein, Immanuel: "The Rise and Future Demise of the World Capitalist System." *Comparative Studies in Society and History* (September), 15(4): 387–415, 1974.

Wang, Yeh-chien （王業鍵）: "Food Supply in Eighteenth-century Fukien," *Late Imperial China,* 7(2): 80–117, 1986.

Weber, Max: *The Theory of Social and Economic Organization,* tr. by A. M. Henderson and Talcott Parsons, Illinois: Free Press of Glencoe, 1947.

Weber, Max: *The Protestant Ethic and the Spirit of Capitalism,* New York: Charles Scribner's Sons, 1958.

Weber, Max: *Essays In Sociology,* tr. by Hans Gerth and C. Wright Mills, New Jersey: Galaxy Books, Oxford University Press, 1958.

Weber, Max: *The Religion of China, Confucianism and Taoism,* with "introduction" by C. K. Yang, New York: The Macmillion Company, 1964.

于宗先〈中小企業〉《臺灣經驗四十年》336–380，1990。

王世慶〈清代臺灣的米產與外銷〉《臺灣文獻》第四卷第三、四期合

刊, 1958。

王世懋〈閩部疏〉《筆記小說大觀》4(6):4064, 1585。

王作榮《我們如何創造了經濟奇蹟》, 臺北, 時報, 1989。

王作榮〈臺灣發展初期的通貨膨脹與對策〉《臺灣經驗四十年》102-129, 1990。

王振寰〈國家角色、依賴發展與階級關係 —— 從四本有關臺灣經濟發展的研究談起〉《臺灣社會研究季刊》1(1):117-143, 1988。

中國人民大學《明清社會經濟形態的研究》, 1957.

尹章義〈臺北平原拓墾史研究〉《臺北文獻》63 & 64:1-190, 1981。

包遵信〈儒家思想與現代化〉《知識份子》3(2):103-109, 1987。

全漢昇〈明季中國與菲律賓之間的貿易〉《中國經濟史論叢》417-434, 1972。

全漢昇〈明清間美洲白銀的輸入中國〉《中國經濟史論叢》435-450, 1972。

全漢昇〈自明季至清中葉西屬美洲的中國絲貨貿易〉《中國經濟史論叢》451-474, 1972。

余英時《中國近世儒家倫理與商人精神》, 臺北, 聯經, 1986。

何炳棣《中國會館史論》, 臺北, 學生, 1971。

何炳棣〈美洲作物的引進、傳播及其對中國糧食生產的影響〉《大公報在港復刊三十周年紀念文集》673-731, 1976.

宋光宇〈試論明清家訓所蘊含的成就評價與經濟倫理〉《漢學研究》7(1):195-214, 1989。

宋光宇〈霞海城隍祭典與臺北大稻埕商業發展的關係〉《史語所集刊》62(2), 1991。

卓克華〈清代臺灣的行郊研究〉, 中國文化大學史學研究所碩士論文, 1982。

李東華《中國海洋發展 —— 關鍵時地個案研究》，第五章〈個案四：海上交通與古代福建地的發展〉，頁157-179。臺北，大安，1990。

林滿紅〈茶、糖、樟腦業與晚清臺灣經濟社會之變遷〉臺大歷史所碩士論文，1976。

林麗月〈晚明福建的食米不足問題〉《師大歷史學報》15:161-190，1987。

吳聰敏〈美援與臺灣的經濟發展〉《臺灣社會研究季刊》1(1)145-158，1988。

莊英章、陳運棟〈清代頭份的宗族與社會發展史〉《師大歷史學報》10:143-176，1982。

斯波義信〈宋代における福建商人とその社會經濟的背景〉《和田博士古稀紀念東洋史論叢》，東京：講談社，1960。

郭起元〈論閩省務本節用書〉《皇朝經世文編》36，17世紀。

溫振華〈清代臺灣漢人的企業精神〉《師大歷史學報》9:111-139，1981。

施建生〈政府在經濟發展中的功能〉《臺灣經驗四十年》76-100，1990

施添福《清代在臺漢人的祖籍分布和原鄉生活方式》，師大地理研究所叢(15)，1987。

高希均、李誠主編《臺灣經驗四十年》，臺北，天下，1991。

傅衣凌《明清時代商人及商業資本》，北京，人民，1956。

傅衣凌《明清農村社會經濟》北京，三聯，1961。

陳其南〈明清徽州商人的職業觀與家族主義：兼論韋伯倫理與儒家倫理〉《家族與社會：臺灣和中國社會研究的基礎理念》，臺北，聯經，1990:259-309。

孫中興〈從新教倫理到儒家倫理 —— 瞭解、批評和應用韋伯論點〉《知識份子》2(4):46-57，1986。

陸先恆《世界體系與資本主義》，臺北，巨流，1988。

黃光國《儒家思想與東亞現代化》，臺北，巨流，1988。

黃進興《半世紀的奮鬪: 吳火獅先生口述歷史》，臺北，允晨，1990。

葉萬安〈臺灣的計畫經濟〉《臺灣經驗四十年》44-75，1990。

楊君實〈儒家倫理、韋伯命題與意識形態〉《知識份子》2(4)：58-
　　65，1986。

張彬村〈十六至十八世紀華人在東亞水域的貿易優勢〉，收于張炎憲編
　　《中國海洋發展史論文集》第三輯，頁 345-368，臺北，中央研究
　　院三民所，1988。

張　燮〈東西洋考〉1618，臺北，成文，1962年影印。

費景漢〈傳統中國文化價值和現代經濟發展之關係〉《九州學刊》 1
　　(1)：123-136，1986。

蔣碩傑《臺灣經濟發展的啓示 —— 穩定中的成長》，臺北，天下，
　　1985。

戴寶村《清季淡水開港之研究》，師大歷史研究所專刊(11)，1984。

瞿宛文〈出口導向成長與進口依賴 —— 臺灣的經驗，1969-1981〉《臺
　　灣社會研究季刊》2(1)：13-28，1989。

蕭欣義〈儒家思想對於經濟發展能夠貢獻什麼?〉《知識份子》2(4)：
　　15-23，1986。

謝肇淛《五雜俎》《筆記小說大觀》8(8)：3465-3472。

臺灣資本與兩岸經貿關係
(1895-1945)

——臺商拓展外貿經驗之一重要篇章

林　滿　紅

一、研究意義與目的

　　臺灣海峽兩岸的經貿關係，目前正在快速發展中。自從1949年官方關係斷絕，1955年走私亦近絕跡之後（注1），兩岸的經貿關係為之中止，一直到 1979 年北京政府當局採經濟解放臺灣政策、 1987 年底臺灣政府當局准許大陸探親，兩岸關係才開始解凍。1978 至 1988 年間兩岸經過香港的轉口貿易即增加了約57倍，由四千七百萬美元增為二十七億二千萬美元。1990、1991年更分別增為40億、55億。1992年又增為74.1億美元，即1978年之100倍。1993年預估將接近100億。在此過程中，臺灣出口至大陸的貿易遠比大陸進口至臺灣的貿易發展快速。除 1978 年至 1979 年之外，臺灣一直保持順差。此順差佔臺灣總貿易順差的比例， 約四分之

注1　隨著大陸的淪陷，1949 年 5 月 20 日政府宣布臺灣進入動員戡亂時期，在
　　臺灣地區戒嚴令的規定下，臺灣對大陸的貿易由此封鎖約三十多年。見
　　唐曼珍、王宇編：《臺灣事典》（南開大學出版社，1989），頁 223。
　　1949至1955 年間走私很多，而後接近絕跡的情形見馮曉、陳家璟、張
　　孝先＜福建海上走私活動的歷史回顧＞，收於《福建文史資料》第十輯
　　——閩海關史料專輯，福州：中國人民政治協商會議福建省委員會文史
　　資料研究委員會編，1985，頁73-74。《工商時報》，民國82年 3 月19日。

一，1991年1-8月更高達 27.66%。反之，對臺貿易逆差佔1989年大陸對外貿易逆差的比例多達三分之一。目前，大陸已是臺灣第五大貿易對象，而臺灣則是大陸第三、四大貿易對象（注2）。臺灣對大陸的投資亦與日俱增，1979年至1987年間，臺商對大陸的投資僅一億多美元，1988年則投資了四億美元。1992年5月至1992年12月，臺灣民衆滙到大陸地區的金額卽達3億多美元。此外，1988年臺灣地區人民前往大陸探親、旅遊所滙入大陸的金額，則有14.4億美元（注3）。

在此急遽變化的時刻，回顧兩岸經貿關係在歷史時期的發展，可供古今對照思考。在做此回顧時，以1895年以前歷史之研究較多，日據一段相對極少。較完整之整理爲《臺灣省通志稿》及以之爲基礎之《臺灣省通志》。卽如最近大陸黃福才教授寫《臺灣商業史》，其論日據時期兩岸貿易部分，亦以《臺灣省通志》爲主要根據（注4）。《臺灣省通志稿》和《臺灣省通志》以日據時期統計資料爲基礎的研究及其它一些零星資料爲此段歷史留下兩個基本印象：

1. 兩岸貿易佔臺灣整體對外貿易比重在日據時期顯著下跌

1895 年以前，中國大陸是臺灣的重要貿易對象。日本佔領臺灣之後，卽利用種種制度，使臺灣對外貿易轉而以日本爲主要對象（注5）。其

注2　Chung Chin, "Trade Across the Straits," (tran. by Merisa Lin), *Free China Review* Vol. 41 No. 1, Los Angeles: Kwang Hwa Publishing, Jan. 1991, pp. 38-45;《工商時報》民國80年11月2日第二版，今年1至8月臺海兩岸轉口貿易統計，資料來源：國貿局臺海兩岸轉口貿易概況；經濟部貿易局：＜兩岸間接貿易與依存關係及利弊分析研究報告＞，全國經濟會議討論議題（民國81.1.23）。

注3　張榮豐：《臺海兩岸經貿關係》，臺北：張榮發基金會國家政策研究資料中心，1990，頁9-10；《工商時報》，民國82年3月19日。

注4　黃福才：《臺灣商業史》，江西：江西人民出版社，1990年8月一版，頁230-241。

注5　日據以前兩岸商貿關係參見林滿紅：＜光復以前臺灣對外貿易之演變＞（以下簡稱「光復文」），收入《臺灣文獻》第36卷第3，4期，臺北，民國74年12月31日，頁53-66。

中除了大量津貼日商從事臺日貿易之外，最重要的是關稅的改訂。1895年以前的日本，一如中國，受列強值百抽五的進口稅率束縛。1895年甲午戰勝之後，透過外交努力，將進口稅率倍增。如此中國大陸與其它國家產品進口到臺灣時，要比日本產品承受較高的稅率。臺灣的米、糖和茶等大宗出口品，出口到日本以外地區要徵課出口到日本無需支付之輸出稅（注6）。由於這些制度安排，臺灣成為日本所需米、糖之供應地，而日本紡織品及其它工業產品則逐漸取代大陸手工業產品供應臺灣日常所需。加上日據以後之兩岸貿易，除與日本佔領以後的東北、上海、廈門等大陸地區之貿易以外，是由國內貿易轉為國際貿易（注7）。大陸上的中國政府對臺灣亦頒布新的稅則（注8）。兩岸的貿易關係自然受到影響。

　　在大陸佔日據時期臺灣對外貿易比重方面，日本佔領臺灣以後，到1902年的頭七年，兩岸之間密切的貿易關係尚少變動，1902年以後則急轉直下。以兩岸貿易值除以臺日貿易值，1902年為80％，至1914年僅為9.1％。1915至1929年間，因第一次世界大戰期間歐美各國退出中國市場，日本產品透過臺灣乘機湧入，故以上比例維持在10.3％左右。但在1930至1937年間，因世界經濟恐慌的發生，及大陸對日貨的排拒，以上比例猛跌為2.9％，1937年抗戰發生，兩岸貿易除日本佔領區以外，更是完全中斷（圖1）（注9）。如將1902至1937年間的貿易額加以統計，兩岸貿易平均為臺、日貿易之7.4％（注10）。同時期，臺灣對日本以外地區之貿易為兩岸貿易之四倍，臺、日貿易又為臺灣對日本以外地區貿易之四倍（圖2）。可見臺灣三百年來原以大陸為主要貿易對象，有時亦擴

注6　周憲文，《臺灣經濟史》，臺北：開明書店，1980，頁624。
注7　感謝戴寶村教授之此一意見。
注8　許雪姬教授提供。
注9　臺灣省文獻委員會：《臺灣省通志稿》第4卷，經濟志，商業篇，頁272。
注10　由同上資料頁170b-171b算出。

圖1 臺灣對大陸或對日本之貿易值趨勢

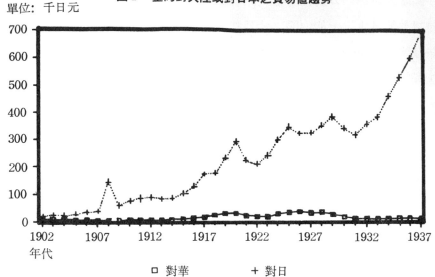

資料來源：根據《臺灣省通志》卷四，經濟志，商業篇，頁 170b-171b 繪圖。

圖2 臺灣對大陸對日以外地區、對日本貿易值比例之變化趨勢

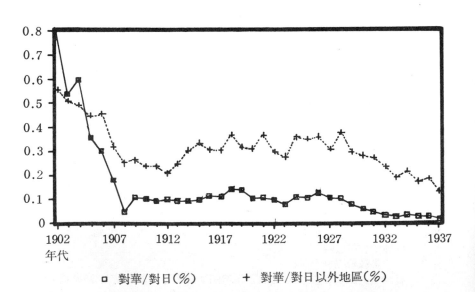

資料來源：根據《臺灣省通志》卷四，經濟志，商業篇，頁 170b-171b 繪圖。

及西洋之情況，割日後一轉而改以日本爲主要貿易伙伴。這一變化的社
會意義，正如矢內原忠雄所說：「是要切斷臺灣與中國大陸的紐帶，使
與日本相結合。」(注11)

2. 臺灣整體對外貿易主要是由日本財閥所控制

雖然日據時期兩岸的貿易比較臺日貿易在比率上相對減少，但其數
額在若干時期之內卻有所增加（見圖一）。有關兩岸貿易如何運作，尤
其是各種資本在其中的消長之跡，《臺灣省通志稿》、《臺灣省通志》
並未加以討論。只是，《臺灣省通志》曾指出：日據時期臺灣的對外貿
易爲日本財閥及政府所壟斷，臺灣百姓缺乏拓展外銷經驗 (注12)。

這兩個印象容易使人忽略日據時期兩岸經貿關係的發展，尤其是臺
商在其中扮演的角色，卽如涂照彥在《日本帝國主義下の臺灣》一書曾
述及臺灣資本（臺灣人以臺灣爲基礎蓄積的資本）的發展，亦未述及其
與兩岸經貿的關連 (注13)。

本研究由1990年 7 月至今搜集的以下資料，卻呈現出臺商在日據時
期兩岸貿易中的活潑發展:

（1） 《臺灣日日新報漢文版》(1899-1937)（中缺若干年份）（以
下簡稱「日」）；

（2） 《盛京時報》(1906.9-1945)（以下簡稱「盛」）；

（3） 《臺灣民報》(1927-1930)；

（4） 《臺灣時報》(1909-1945)；

（5） 《英文海關年報》(1860-1907)；

（6） 《英文海關十年報》(1882-1931)；

注11 矢內原忠雄：《帝國主義下的臺灣》，1929年原作，岩波書店出版，周
　　　憲文1956年譯，臺灣研究叢刊第三十九種，頁59。

注12 臺灣省文獻委員會：《臺灣省通志》第 4 卷，經濟志，商業篇，臺北：
　　　臺灣省文獻委員會，民國60.6.30，頁283b。

注13 涂照彥：《日本帝國主義下の臺灣》東京大學出版會，1975，頁 369-
　　　479。

（7）　《中華民國華洋貿易總冊》(1902-1934);

（8）　《商務官報》(1906-1910);

（9）　大陸出版的文史資料、工商史料;

（10）　《英國領事商務報告》(1895-1898);

（11）　臺大、中央圖書館臺灣分館、史丹福大學胡佛圖書館留下日
　　　　據時期之相關著述近百種;

（12）　兩岸及日本學者之相關論述。

臺商是指 1895 年以前或以後籍隸臺灣而居住在臺灣或在大陸的商
人。若干日據以後方入籍臺灣之大陸商人如郭春秧者，因與臺灣關係深
厚，亦包括在內。但如泰益號等大陸商人，雖從事陸臺貿易，並未入臺
灣籍，則不包括在內。

在時間、經費限制下，如1937年以後之《臺灣日日新報》日文版、
1890年以後之《英國領事商務報告》、《日本領事報告》、臺灣總督府
公文類纂、臺灣省文獻會藏臺灣拓殖會社資料、福建、廣東、上海方面
報紙、其它臺灣方面報紙如總督府府報等均未能一一利用，口述歷史的
採集工作亦未及進行。整個日據時期，臺灣總督府的華南及南洋政策，
大致可分：（1）日本領臺之初明治藩閥政府之對岸政策時期，以切斷兩
岸關係，並派若干臺灣浪人前往大陸做為其侵華媒介為根本目標；（2）
大正政黨政府之南支南洋政策時期，趁一次大戰前後之經濟景氣以經濟
力量開發南支南洋；（3）昭和時期軍部政府之南進政策時期，隨一次大
戰後較不景氣，世界經濟蕭條隨之繼起，而以軍力侵略華南和南洋，有
階段性之演變 (注14)。因為已用資料之性質，本文之中雖也將會顯出各期
特色，但將不做分期討論。本文將就現有資料，著重指出臺商在日據時

注14　林衡道教授意見。另外，中村孝志編，《日本の南方關與と臺灣》，奈
　　　良：天理教道友會，1988，頁 5-31，有有關日本華南及南洋政策的分
　　　四期討論。矢野暢，＜大正期「南進論」之特質＞，《東南アジア研
　　　究》，16(1)，1978亦曾論述大正期日本南進政策的階段性演變。

期兩岸經貿關係中所扮演的角色，臺灣資本與大陸資本、英美資本、日本資本相對關係的轉變，並由之抽離此段發展在臺灣歷史長流中所具之意義。

二、日據時期臺商的兩岸經貿活動

1.遷往大陸及在大陸投資

　　1895年以前大致只見大陸人民移居臺灣，臺灣人民轉而遷進大陸，1895年的日本領臺是爲契機。1899年美國佔領菲律賓時，很多當地的富商遷回廈門，1895年日本佔領臺灣，先有富商、官僚，繼有浪人等大舉遷至大陸 (注15)。

　　根據馬關條約規定，1897年 5 月 8 日之後，除住在臺灣的人民直接全改日本籍之外，原來在外工作的臺灣人民及其子孫，或1895年以後由臺灣移住外地的人，也可取得日本國籍，並編入「臺灣籍」。故住在福州、廈門等對岸地區的臺灣人民，特別稱爲「籍民」。籍民一方面可以因入日本籍而得到日本領事館的保護，享有治外法權並免於被徵課釐金。一方面因爲血統上是中國人，在以血統爲國籍認定基礎的中國，他們也可以持有中國籍，從事中國各種職業，並享有土地所有權，而與其它外國人只能租用土地不同 (注16)。這種雙重國籍身分是1895年以後臺灣人民移住大陸從事投資的重要基礎。很多大陸人千方百計想透過購買臺灣人民到大陸所持之旅行券，以取得臺灣籍民身分，1909年在福州的 300

注15　*Chinese Maritime Customs Publications, 1860-1948,* Shanghai Chinese Maritime Customs, 以下簡稱「關年」，1899：454。中村孝志，<「臺灣籍民」をめぐる諸問題>，《東南アジア研究》，18卷 3 號，1980年12月，頁422-425。

注16　臺灣總督官房外事課：《臺灣と南支那》南支那及南洋調查第二百三十六輯 (臺北：昭和12年11月10日)，頁18-19。此外，《臺灣近現代史研究》，第 3 號 (1980) 有1926年廈門領事井上庚二郎有關廈門臺灣籍民問題之詳細討論。此項討論亦見於：中村孝志<「臺灣籍民」をめぐる諸問題>，《東南アジア研究》，18卷 3 號，1980年12月，頁424。

名臺灣籍民中，　仿冒者竟佔三分之二 (注17)。除入日本籍之外，　亦有
1895年以後至大陸入籍中國的臺灣人在大陸之投資。臺灣籍民在大陸各
地之人數、經濟活動，及未入日本籍之臺商在大陸投資之情形爲：

（1）　臺灣籍民在大陸之人數與經濟活動

厦門、福州、汕頭、廣州、上海、東北均有「籍民」移住。華南籍
民總數，1907年只有約335人，至1936年已增爲 12,900 人。其在福州、
厦門、汕頭人數且超過日人，厦門尤甚（見表1）。

表 1　駐大陸之臺灣人與日本人人數（1936年4月1日）

（單位：人）

人種別 ＼ 管區別	在福州領事館管轄內	在厦門領事館管轄內	在汕頭領事館管轄內	在廣州領事館管轄內	在香港領事館管轄內
總　數	2,162	10,637	740	563	1,606
日本人	385	420	135	416	1,427
臺灣人	1,777	10,217	605	147	179

資料來源：《臺灣と南支那》，頁13，總數由日本人、臺灣人加總而成，而與原
　　　　　資料有若干出入。

臺灣因和福州、厦門、汕頭較爲接近，籍民移住者較多，廣州、香港
則較偏遠，且言語大多不通，雖日據後期移入稍多，整體而言，移入後
等地區之人數較少。前等三地中之厦門，因與臺灣只有一天航程距離，
語言、習俗大多相近，1895 年以後，籍民土地所有情況顯著增加，由
1895年之273坪增至1930年代之爲十二萬數千坪（見表2）(注18)。

注17　中村孝治，＜「臺灣籍民」をめぐる諸問題＞，頁427，430。
注18　臺灣總督官房外事課：《臺灣と南支南洋》，昭和10年，頁14。

表 2　籍民在厦所有土地之種別

區　　　　　　　　　別	坪數（坪）	價格（元）
1895以前已擁有之土地	273	29,150
1895以後因繼承而擁有之土地	9,846	522,057
1895以後因買賣、贈與而擁有之土地	101,364	4,585,652
1895以後承租之土地	13,878	936,652
抵押借用之土地	1,298	231,720
計	126,659	6,305,231

資料來源:《臺灣と南支那》，頁14、15。

　　上海的臺灣人多半由福建、廣東間接移入，1935、1936、1937年之人口分別爲616,651,678 人，男人分別爲 386,408,423 人，女人分別爲230,243,255 人，屬男多女少。由於上海排日情緒高漲，很多臺灣人僞裝爲大陸人，因此臺灣人人數可達800人。1937 年前夕略減，1938 日本佔領上海之後又增 (注19)。

　　1932 年較富有的臺灣人組織上海臺灣同鄉會，1936 年之會員 91 人(注20)，該公會目的爲:　①啓明幼稚園的經營（1938.4.1 開設），收容在滬臺灣人子弟，施與日本語敎育，以爲就讀日本人小學之準備;　②住宿所、職業介紹所之開設;　③金融機關的設置;　④敎授日語以促進中日親善並圖滬臺貿易之發展;　⑤同鄉者之相互扶助與增進福利 (注21)。

注19　荻洲生:＜在滬臺灣人の近況＞，《臺灣時報》昭和 13 年 5 月號，頁160。
注20　同上。
注21　荻洲生，頁159。

其它各地籍民也多半組有臺灣公會。這些公會是由臺灣籍民自願成立，受日本領事館保護。其服務內容以 1906 年成立的廈門公會爲例包括：①子弟教育、衞生之改善；②代書、翻譯；③會員間及與中國人間糾紛之調停等 (注22)。福州之臺灣公會成立於 1900 年，先稱「東瀛會館」，1915年改稱「臺灣公會」(注23)。

東北方面，1926 年的《臺灣日日新報》指出：「頗多臺灣商賈、醫生移住東北。」(注24) 1933 年大連也有臺灣協會產生，會長孟天成，副會長簡仁南 (注25)。

這些籍民所從事的行業，以籍民最多的廈門、福州、汕頭爲例，大多致力於家內工商業。從事大規模企業型態的農業、礦業、漁業及各種製造業者較少 (注26)，1910年在廈門登記在案的臺灣籍民251戶當中，資

注22 大園市藏：《南邦事情》第一輯，臺北：南伸社，大正 10.12.15，頁58；廈門臺灣公會成立時間見：中村孝志，<「臺灣籍民」をめぐる諸問題>，頁 433。成立之地點在廈門布袋街之芳記洋行。成立時之會長爲施範其，副會長爲股雪圃。

注23 中村孝志，<華南における「臺灣籍民」>，《南方文化》，第17輯，1990年11月，頁129。此文有有關臺灣公會之更詳細討論。

注24 荻洲生，頁 159。根據許雪姬教授指出，同盟旬報，臺灣時報有臺灣移東北籍民之人數統計。

注25 《 盛京時報 》，以下簡稱「 盛 」，瀋陽市：盛京時報影印組，1985-1988，共141册，昭和18.7.22。

注26 大規模企業方面，在廈門，有名古屋農學校出身者數人於漳州附近經營農場；在距廈門約二十哩的南大武，曾有籍民與大陸人合辦試挖煤礦；籍民在廈門有從事漁業者七戶， 曾使用發動機船 。（《 臺灣と南支南洋 》，頁15）此外， 製造工業方面，福州於1914年左右有資本金45,000圓的鞋廠，年產26,000圓，僱用職工32名。廈門有籍民王碧若和大陸人於1920年在鼓浪嶼合作設立廣建發皮廠，資本金62,500元；黃成源個人於1928年 5 月創設黃成源製冰廠，職工22名，製冰一日平均五噸；洪穗設立加記洋行製酒廠，原稱贈福堂，自華北移入高粱酒，加入砂糖及藥品，製造特殊的酒，職工 80 名，年產額11萬打，資本 65 萬，純益五萬圓；鄭在根經營信記洋行冰糖製造廠，約1917年設立，資本金十萬元，原料主要使用爪哇糖，發送天津、上海方面，職工60名，一年的原料糖消費額一萬包(一包一百六十斤)，冰糖的製產額一萬二千箱 (一箱四十斤)，一箱售價十圓，純益一年二萬元。（《臺灣と南支南洋》，頁16）

本額在一至八千元之間，年貿易額在五千元至一萬元間者，佔全部之70％，除獨資經營者外，與中國人合營者亦多，與中國人合營者，很多是中國人欲借臺商之名以免除稅課（注27）。

（2）各地籍民之就業情況

①廈門

廈門的籍民大正以後顯著增加。1917年2,800餘人，1924年增為6,000人，1929年時達到6,800餘人，至1937年增為10,217人（注28）。

1929年，廈門籍民不動產約700萬元，動產1200萬元，其中有十萬元以上者有二十人，其財富與大陸人相比，極為突出，其中資本金在一萬圓以上者有海南洋行（雜貨、石炭）、泰豐堂藥房、榮興洋行（海產物、雜貨）、東方藥房、東西洋行（藥種）、廣生洋行（同上）、義仁洋行（肥料）、黎華洋行（煙草、紙）、黃成源洋行（金飾）、義泉洋行（玩具）、明昌洋行（皮革）、義華洋行（糖果）、洪大川製香廠、馥泉酒廠、廈門製釘廠、成源製冰廠、中國製藥廠、東南汽水公司、國慶煉瓦公司、方圓公司、先明電池廠（注29）。此外，資本金及年收益各一萬圓以上之農場有禾山、嘉禾、復興三所及中和牧畜公司。在金融業方面，有資本金三萬六千元的廈門金融組合及資本金、公積金各十萬元的豐南信託公司（注30）。

其它，一年交易額在一萬元以上的販賣業如煙草、茶、橡膠鞋、紡織品、文具、玩具、洋雜貨、布料、鐘錶、眼鏡、酒、水泥、酒精、糖蜜、腳踏車零件、米、肥料、家具類、食料品、乾電池、石炭、材木、古物、線香等，製造業如糖果、線香、酒類、冰、家具，貿易業、船舶

注27　中村孝志，〈「臺灣籍民」をめぐる諸問題〉，頁429。
注28　《臺灣と南支南洋》，頁8。
注29　《臺灣と南支那》，頁21。
注30　同上，頁21。

運搬業、金融業及旅館餐廳共一百數十幾家。這些商人在當地的政界財界均極有勢力 (注31)。

此外，廈門有煙館 400 餘家。曾任廈門臺灣公會會長或議員的曾厚坤、何興化、陳寶全、林滾均與鴉片貿易有關。因爲治外法權的保護，在大陸的臺灣籍民較大陸人方便從事於一些非法行業。以曾厚坤爲例，原籍福建晉江，日本領臺之後，其父及其本人與在臺之日本三井公司合作，將平和、溫州煙草賣至臺灣，再將三井的日貨賣到廈門，並入臺籍。其在廈門開的「厚祥」、「坤吉」兩店，除販賣日貨之外，卽以鴉片生意爲大宗。每次，其貨船抵廈，日本領事都派遣日本警察下船，爲其起卸鴉片打掩護。除此之外，曾也是賭場老闆，其賭場「只吸收廈門商界巨子和官僚政客聚賭」，而曾厚坤係爲臺灣公會附設旭瀛書院成立之初之重要捐助人。再以林滾爲例，原是臺北大稻埕出身之流氓，因犯罪逃亡廈門，成爲日本領事館豢養臺籍「十八大哥」之首領 (注32)。

還有一種稱「便利屋」的半走私行業。1931年以後，因九一八事變抗日風潮雲起，大陸取得關稅自主權亦使稅率增加，所以有很多臺灣人以手提小量的日本貨以低額關稅入關交便利屋售出，1933至1934年間每年約有六百個這種人進口 600 萬至 1000 萬元的物資，此一情況至 1936 年銀價下跌、1937年中日戰爭爆發，才告衰微 (注33)。

②福州

福州和臺灣的距離雖是一衣帶水之隔，因爲與臺灣主要語言不同，籍民數相對廈門較少，1918 年左右則漸次增加，1933 年10月有 900 餘名。1929年 6 月約有 1,121 名籍民，其中六十餘人散居在福州市外。從

注31　同上，頁21-22。

注32　梁華璜，〈臺灣總督府與廈門旭瀛書院〉，中央研究院近代史研究所編，《近代中國區域史研討會論文集》，民國75年12月，臺北，上册，頁285-287，引自「廈門日籍浪人記述」。

注33　《臺灣と南支那》，頁22-23。

事農業、海產物、雜貨、布料、香蕉等販賣者占半數，與鴉片有關係者約佔百分之三十，其它則無職業 (注34)。1929 年福州臺灣公會的會員有57人。其不動產總額比廈門臺灣公會會員少了很多，只有86萬圓。資本在一萬元以上的有三星洋行（醫療器具及藥品販賣）、東泰公司（輸出業）、永和公司（煤炭貿易）、陳泰隆洋行（煤炭及海產雜貨）、大祥洋行（煤炭、海產物）、開記洋行（借貸及古物）、昭惠公司（水果）、建昌五金行（機械類）、日月酒場、春和洋行（典當業）、合泰菁洋行（房地產）、南興洋行（典當及棉布）、瑞泰洋行（典當業）、宏昌洋行（釀造）(注35)。從1918年左右到 1921 年左右，籍民在福州政治、經濟上都具相當勢力，但從1933年以後因中國留學生在當地勢力崛起，及九一八以後抗日情緒更加高漲而漸次失勢，收入也告減少 (注36)。

　　③汕頭

　　汕頭籍民的渡航，大約開始於1904年日本領事館開設前後，日商三五公司申請架設潮汕鐵道時，人數漸次增加，後來教育及醫療機關的設置，更使人數加增。1928年1 月，籍民340人，1929年6 月時增加為450餘名，1927 年以後，因共產黨及農民暴亂蜂起，地方農民的購買力減退，一般商業大受打擊，籍民未再增加。籍民以住在梅縣地方者居多，居於市內者不達半數。職業以貿易商、海運業、雜貨商、海產物商、茶商、藥種商等為主 (注37)。

注34　《臺灣と南支南洋》，頁 8。中村孝志，＜「臺灣籍民」をめぐる諸問題＞，頁 435-438 曾詳細討論及臺灣浪人在對岸之為黑道領袖並有諸多不法行為。

注35　《臺灣と南支那》，頁 20。中村孝志，＜「臺灣籍民」をめぐる諸問題＞，頁 427-428 指出在福州的臺商領袖，在1898年前後，有來自大稻埕，取得日本六等勳章的黃成彰至福州開當舖，來自艋舺的黃金流至福州城內開東來號當舖，在福州城外南臺開泰古興記洋行經營船材業。

注36　中村孝志，＜華南における「臺灣籍民」＞，《南方文化》，第17輯，1990年11月，頁134。

注37　《臺灣と南支南洋》，頁 8；三五公司係在臺中、高雄擁有農場，在馬來亞擁有橡膠園之愛久澤直哉在廈門所創，見梁華璜：＜「臺灣拓殖株式會社」之成立經過＞，以下簡稱「臺拓」，《國立成功大學歷史系歷史學報》第六號，民國68年7 月，頁194。

1927年在汕頭開設「洋行」或公司的籍民有羅炳章的三麟公司（輸入酒精、海產物雜貨），簡永祿的大和藥房（販賣藥種），饒維珍的神州洋行（販賣酒、煙草），劉明的明發洋行（輸入楝瓦、雜貨），潘助的義利洋行（輸入糖蜜、酒精），饒維珍的神州飯店、華安旅館（旅館業），王田的華潮製冰公司（製冰業），陳棋輝的萬源洋行（糖蜜、酒精輸入），楊漢的謙源桂誠洋行（海運及貿易），張河清的建茂洋行（輸入海產物、雜貨），徐煌暄的國信洋行（輸入煙草、染料、工業藥品），洪神來的臺阪洋行（煙草製造），蔡文騰的自成洋行（海運業），余圓妹的裕泰洋行（輸入機械、雜貨、化學藥品），林芝舫的秋記洋行（販賣酒類、雜貨），蕭金海的三華洋行（輸入海產物、染料），何鳴琴的謙源洋行（輸出入酒精、糖蜜、陶器），陳廣述的廣源洋行（茶商），王振謙的乾記公司（礦山業），劉旣溥的劉美泰號（花邊加工業），蔡雪六的德美洋行（苧麻業），周光德的平安公司（輸入酒類、石炭），葉自得的葉雙豐（雜貨、酒精、煙草業）（注38）。

1934 年汕頭資本一萬元以上的有：大東製冰公司、萬源商行（糖蜜、酒精、貿易）、神州洋行（各種酒類、雜貨）、裕泰洋行（諸機械、工事請負、雜貨）、義利洋行（糖蜜、酒精、雜貨）、合和鐵工所（船舶修繕、造船材料販賣）、聯發商行（酒類、海產物、雜貨）、太原土木建築社（土木建築）、大新鐵工所（機械鑄造、及各種修理）、南順發（海產物、雜貨）、集成公司（酒精、酒類）、鴻發成（中國酒）、百源洋行（肥料、人參、貿易）、振裕洋行（海產物、雜貨）等（注39）。

④廣州與香港

廣州與臺灣之間稍為偏遠，且與臺灣主要族羣言語不通，政變動亂又多，商況經常不安，又有抵制日貨運動諸事，籍民甚少，1929年6月

注38　內田五郎：《新汕頭》，出版地社不詳，昭和２年，頁12。
注39　《臺灣と南支那》，頁24-25。

不超過23戶37名，但較1927年的九名，顯著增加。其中以石工、運輸業
及公司職員居多。留學生皆從商，經營踏實，資本多，貿易商多經營兌
換或煤炭、生絲等交易 (注40)。

　　香港政府未給與臺灣人民和大陸人不同的待遇，臺灣人民又未必有
做為日本國民的義務，對臺灣人民的調查不足信，實際數目比登錄數
少，領事館的登記居住人數，1925年85名，1927年82名，1929年6月85
名。和廣州相同，以學生為多，有18名，會社員、店員次之，有11名，
貿易商7名，雜貨商6名，其他職業較為少數 (注41)。

　　籍民在廣州較日本人為少。1943年，廣州市有日本人8,401人，籍
民4,223人，市外有日本人481人，籍民201人。1940年6月底，日本人
及籍民的職業別如表3所示:

表 3　廣州日人、臺人之職業分佈 (1940)

職　　業　　別	日　本　人	臺　灣　人
農　耕、園　藝、畜　產	—	24
森　　　林　　　業	5	—
機　械　器　具　製　造	—	7
洗　　　　　　　染	10	10
食　品、嗜　好　品　製　造	7	21
被　服、飾　物　製　造	9	9
土　木　建　築　業	37	11

注40　《臺灣と南支南洋》，頁8。
注41　同上。

石　　　　　　　工	79	139
製　版、印　刷　業	9	11
其　它　工　業	—	5
工　廠　勞　工	5	201
物　品　販　賣　業	75	54
貿　　　易　　　商	83	76
公司、銀行、商店等事務員	2,008	314
旅　館、餐　廳	140	29
藝　妓、娼　妓	434	139
理　　　　　　　髮	30	—
其　它　商　業	—	—
車　馬　業、汽　車　司　機	29	109
船　舶　業　者	19	3
運　　　輸　　　業	6	11
運　　　搬　　　夫	8	9
公　務　員、雇　工	86	15
宗　教、教　育　機　關	21	—

醫	業	48	31
新　聞、雜　誌　記　者		23	43
畫　家、音　樂　家		25	49
其　它　自　由　業		18	33
其　它　業　者		92	71
其　它　勞　工		81	81
家　中　傭　人		77	123
無　業　者		74	127
合　計		3,994	1,847

資料來源: 田中偷: ＜南支那（廣東）・臺灣連繫の方途＞，《臺灣時報》
　　　　　昭和18年12月號，頁49-50。

　　由上表可見在廣州的臺灣籍民不少係爲勞動者，傭人、石工、工廠
勞工、運輸業員工尤多，妓女雖多，不如日本藝妓之多，而公務人員及
金融業者相對日本人爲少，此外籍民任職自由業者不少，如醫師、藝術
家、記者等，工商業者則以雜貨、食品、衣物、印刷、運輸、貿易商居
多。

　⑤上海

　　臺商1936年在上海投資的行業及資本額則如表４，以房地產投資最
爲重要，其次則以海產物、衣物及藥物販賣較爲重要:

表 4 籍民在上海的投資行業

行　　業　　別	家　　數	資　　本　　額 （單位：圓）
園　　藝　　業	1	40,000
雜　　貨　　商	2	80,000
房　地　產　業	2	5,000,000
房　屋　租　賃	4	1,040,000
臺灣物產貿易	3	16,000
仲　　介　　業	1	50,000
齒科、材料商	1	50,000
木　　材　　商	1	70,000
鉛筆製造業	1	4,000
藥　　種　　商	2	160,000
油類販賣	2	30,000
海　　運　　業	1	300,000
大衣製造業	1	200,000
橡膠製造業	1	20,000

資料來源：荻洲生，頁160。

(3) 未入日本籍而在大陸投資之臺商

除了臺灣籍民之外，也有未入日本籍的臺灣資本家在大陸從事大規模的投資。其中以板橋林家和霧峰林家最為有名。如廈門電話公司的資本金是32萬元，比籍民黃成源製冰廠之資本金五萬元，洪穗瓦製酒廠之資本金20萬元，鄭在根製冰糖廠之資本金十萬元都來得多，而在廈門工業統計表中，廈門電話公司經營者寫「中國人」，而不寫「臺灣籍民」(注42)。事實上，廈門電話公司乃板橋林家 未入日本籍之林爾嘉（二房林維源子）所設 (注43)。1907 年林爾嘉另曾協助廈門商會成立電器通用公司，安裝電燈 (注44)。據日據時代留下的熱帶產業調查書指出：廈門的電燈公司，資本金 120 萬元，一半出自臺灣資本家 (注45)。1909 年，爾嘉又應姻親陳寶琛（爾嘉子熊徵為清宣統帝溥儀之師陳寶琛妹婿，寶琛女又妻熊徵堂弟熊祥）之請，為福建籌建鐵路 (注46)。1918 年廈門商政局成立，林爾嘉受命修安海至泉州間馬路 (注47)。爾嘉本身也曾任廈門保商局總辦，兼商務會總理 (注48)。林爾嘉對泉州電氣公司的發展亦有極大貢獻。1913年間在孫中山先生倡導發展近代工業，泉州一帶擬置設電氣事業時，由當地九位知名人士集資一萬餘元，還是不夠。因為板橋林家與泉州的龔家有姻親關係，林家於是被邀入股，獨力投資八萬餘元，占投資總額的85%，因而得以購買 120 匹馬力煤氣發動機，配75千瓦發電機一臺，泉州因此開始有了電燈。1913到1921年間該電氣公司的經理一

注42　加藤晴治：＜廈門及汕頭の工業＞，《臺灣時報》昭和 8 年11月號，頁109。

注43　「關年」，1907，廈門，頁442。

注44　林本源祭祀公業：《板橋林本源家傳》，以下簡稱「家傳」，民國74年，頁55。

注45　臺灣總督府：《熱帶產業調查：南支南洋に於ける新聞、南支南洋に於ける邦人的經濟的活動狀況》，臺北：臺灣總督府，昭和10年，頁19。

注46　「家傳」，頁55。

注47　《海關十年報告》，1912-21，廈門，頁159。

注48　《海關十年報告》，1912-1921，廈門，頁158；「家傳」，頁54。

直是林家的人擔當 (注49)。

此外，1915年爾嘉子熊徵與親戚臺商蔡法平各出資五十萬元以日華合辦公司之名開採安溪煤礦 (注50)。 板橋林家長房維讓之子林熊祥曾在福州經營製材公司，也曾創立福馬民辦汽車公司。林熊祥在福州時曾借予福建省政府數百萬元 (注51)。 林熊祥好友高地龍亦至福州開創福州至廈門之福峽汽車公司 (注52)。林家三房維德之子彭壽往來臺灣、廈門、上海間，多財善賈 (注53)。彭壽弟鶴壽在上海曾設有鶴木公司 (注54)，至抗戰期間仍擁有很多房地產 (注55)。 林本源在同安縣水頭有一家製糖工廠，每天搾60噸糖 (注56)。林維源一度曾被考慮受命為福建商務大臣 (注57)。1937 年12月31日福建省政府向臺灣方面之借款幾乎全借自林本源一族 (注58)。

未入日本籍之霧峰林家林朝棟亦曾承辦福建全省樟腦製造 (注59)。他留六千兩於福建政府當押金， 換取福建樟腦採伐、 出口的專賣權 (注60)。 其子林季商曾經營龍岩到華封的運河、 泉州安海間的輕便鐵道。其子林瑞騰與林季商在長樂縣置蒸汽唧筒三臺，灌溉二千甲的土地 (注61)。

注49　中國人民政治協商會議 福建省泉州市 委員會文史資料 研究委員會編：《泉州文史資料》，第三輯，泉州: 1987年10月，頁5-6。

注50　中村孝志，《日本の南方關與と臺灣》，頁264。

注51　林進發：《臺灣人物傳》，臺北: 赤陽社發行，昭和4年，頁 64，《臺灣と南支南洋》，頁 17。中村孝志，＜華南における「臺灣籍民」＞，《南方文化》，第17輯，1990年11月，頁139。

注52　林衡道教授口述。

注53　「家傳」，頁70。

注54　同上，頁73。

注55　林衡道教授口述。

注56　《海關十年報告》，1902-1911，廈門，頁109。

注57　「日」，明治38.5.26。

注58　中村孝志，《日本の南方關與と臺灣》，頁264。

注59　「日」，明治34.9.5。

注60　《海關十年報告》，1892-1901，廈門，頁140。

注61　「日」，大正6.1.7。

2.直接經營兩岸貿易

(1) 日據以前大陸資本壟斷兩岸貿易

兩岸直接貿易，自十八世紀以來，幾均為以大陸資本為主要基礎的郊商所壟斷。一直到 1902—1906 年間，往福州的臺灣帆船，仍「大多數」來自泉州府 (注62)。1833年周凱修的《廈門志》也說：「其〔兩岸之間〕往來商船，皆內地富民所製。」(注63) 1832 年修的《彰化縣志》也指出：「行郊商皆內地股戶之人，出貲遣夥來鹿港」；「鹿港泉」、廈郊船戶欲上北者，雖由鹿港聚載，必仍回內地各本澳，然後沿海而上。」(注64)根據《廈門志》，清政府嚴格規定，擁有商船的商人必須「親身出洋」、「商船不准租予他人」，「如有富民自造商船租與他人及寒薄無賴之人者，不僅當事人須受處罰，失察之州縣罰俸一年，明知不禁者降二級調用」。因此，貿易商人不僅要經營貿易，還要擔任雇佣舵水人員的「船主」。因此，郊商們也是整個航運的企業主，領導淡水、鹿港、笨港、安平、旗後以至恆春，「不下萬人」的船工 (注65)。他們也控制了碼頭及城市的宗教信仰，例如臺北萬華林德興號舊宅是艋舺「郊商」所留存下來的唯一店號。林德興號原是經營米穀、山產的大商號，與大陸沿海進行對渡貿易。昔日林姓的碼頭，就在不遠的 2 號水門外 (注66)。林德興商號除了加入郊行之外，還是「永春媽祖會」的一員。這是祖籍福建永春的郊商，以媽祖為信仰中心而組織的公會 (注67)。郊商亦致力土地開發與生產投資，而控制整個兩岸貿易的商品。在商品生產方面，

注62　1902-1906年福州常關報告，頁172。
注63　《廈門志》卷六，臺運。
注64　《彰化縣志》（臺灣銀行，臺灣文獻叢刊本），卷九，頁290；卷一，頁23；亦見卓克華：《清代臺灣的商戰集團》，臺北：臺原出版社，民國79年 2 月，頁34。
注65　林仁川：《大陸與臺灣的歷史淵源》，上海：文匯出版社，1991，頁143-144。
注66　莊展鵬主編：《臺北歷史散步》，臺北：遠流出版事業股份有限公司，1991，頁24。
注67　同上，頁22。

這一時期的貿易商人有的充當「粟青」、「糖青」、「油青」之類的包買主，他們預付工價，雇佣佃農進行各種經濟作物的種植生產。土地開發方面，如鹿港方面的郊商卽也從事土地投資(注68)。

這些有高度壟斷性的郊商也有著高度的世襲性。如郊商劉日純「旣襲先人之遺業，又善貨殖」；郊商葉宗琪「累世以專營米糖、溝通各海口爲業」；郊商吳邦志、吳英奇係祖孫數代「經營北郊吳源昌，爲臺北屈指有數之郊」；郊商楊鵲博等人「祖元眞、父在仁俱從商」，都是典型的營商世家 (注69)。

這些有高度壟斷性、世襲性的郊商，根仍放在大陸。如道光年間在臺灣的徐宗幹卽說他們：「家在彼而店在此」，「彼」是大陸，「此」是臺灣 (注70)。如安溪林遠芳生於 1817 年，以海防出力，疊保至道員，封贈至光祿大夫。晚年業茶，有茶商林英芳號，於閩、粵、臺灣各有置家 (注71)。卽使是清末由大陸來臺投資茶業的茶商，當日本政府以 1897 年爲限，要臺人自己決定去留臺灣時，日本人的報紙對大稻埕的茶商提出這樣的看法：大稻埕的茶商大多是泉州、福州、廈門等地的豪商，其在故鄉均有妻眷財產，在臺灣不過是買小妾，購置大廈，無怪乎多數不想歸化 (注72)。

固然，在郊商的壟斷之外，必然有非郊商的兩岸貿易 (注73)。霧峰

注68　林仁川：《大陸與臺灣的歷史淵源》，頁 142; 粟原純〈清代臺灣における米穀移出と郊商人〉，《臺灣近現代史研究》第五號。

注69　林仁川：《大陸與臺灣的歷史淵源》，頁142。

注70　戴國煇著，陳慈玉譯：〈清末臺灣社會的一個考察〉，《臺灣風物》第三十卷第四期，民國69年12月31日，頁22。

注71　莊爲璣、王連茂：《閩臺關係族譜資料選編》，福建：福建人民出版社，1984.8，頁19。

注72　《臺灣新報》第110號，明治30年1月20日，社說：〈土人の去就如何〉，轉引自吳文星，《日據時期臺灣社會領導階層之研究》，臺北：正中書局，民國81年3月，頁29。

注73　林仁川，《大陸與臺灣的歷史淵源》，頁134。

林家在道光年間曾將米由鹿港、梧棲運至福建，即為一例 (注74)。但這畢竟是常規中的一些例外。開港以前臺灣經濟以種植米、糖及大陸貿易為主體。社會上最有地位的人也就是地主和從事陸臺貿易的行郊。到了1860年對西方開放通商口岸以後，有兩種類型的臺灣資本崛起於臺灣的對外貿易活動之中。

開港後貿易對象由中國大陸擴大而包括東、西洋各國，貿易品由米、糖轉而為茶、糖、樟腦。由於與外商交易，塑造了買辦這種人物，由於茶、樟腦的生產使防番的需要更為迫切，擁有武力的豪族亦應運而生。買辦因與外商接觸，洞悉市場行情，常可由受僱於外商轉而自己經營致富，如李春生、陳福謙均屬之；豪族因擁有武力在取得製茶地，製腦地時原可優先致富，又因撫番以保障茶、腦業亦為政府所重視，故豪族的武力遂進而為政府所援引，而可獲取官職，如霧峰林朝棟、新竹林汝梅、士林潘永清、苗栗黃南球、板橋林維源等均屬之。

開港前社會上最有地位的行郊與地主，就行郊而言，因其對外商極力杯葛，對開港前所從事的陸臺貿易固仍能掌握得住，但對和外國之間的貿易則較難問津，故其貿易範圍不若與外商合作或敷衍的買辦（如陳福謙）或豪紳（如霧峰林家）大。豪紳、買辦通常也並為地主，但致富機會較一般的地主多元化，財富累積的雪球效果也較大。

根據1905年舊慣會經資調查報告記載，當時一般中層階級的人資產約在 4,000—10,000 元之間，但全臺有50萬以上資產者有板橋林本源、臺北李春生、新竹鄭如蘭，中部之阿罩霧（今霧峰）林烈堂（林朝棟堂弟）、林季昌（林朝棟子）、新庄仔庄吳鸞旂、清水蔡蓮舫；南部之苓雅寮庄陳仲和（即陳福謙）(注75)。其中板橋林本源、阿罩霧林烈堂、林

注74　司馬嘯青：《臺灣五大家族》上冊，臺北：自立晚報，民國76年8月，頁97。
注75　林滿紅：《茶、糖、樟腦業與晚清臺灣》，頁84-85。

季昌爲典型之豪紳；臺北李春生、苓雅寮庄陳仲和則爲買辦，其致富與茶、糖、樟腦業有關。而這些財富也是日據後民間企業重要的資金來源（注76）。

茶、糖、樟腦的出口歐美，固然途經廈門、香港，而與兩岸貿易間接有關，但非直接關連。糖的出口日本，如陳福謙之自己擁有帆船將高雄地區的糖運到日本，並在日本設有分店，是臺商直接將產品銷售外國的一個重要起點（注77）。但此一發展並非表現在兩岸貿易方面。清末兩岸間的直接貿易，主要由以大陸資本爲主體的郊商職掌，轉口貿易之中約二分之一至三分之二是經過洋行、媽振館來代理，臺商之直接參與僅爲少數。

(2) 日據以後臺商在兩岸直接貿易中的崛起

相對地，日據時期，臺灣商人則多直接參與貿易。前述移民大陸投資之臺商，即頗多從事兩岸貿易。根據1900年《臺灣日日新報》指出：「臺廈間貿易商人，隸本邦籍居多」（注78），臺商到日據以後更在兩岸貿易中亦有其主導地位。1919年《臺灣日日新報》漢文版指出，臺灣將日本布匹轉口到大陸的生意，幾乎都控制在臺商手中（注79）。此處所說臺商可能是周子文。1918年臺籍寓廈商人周子文組織仁美公司，採辦日本海物、布匹輸出華南、南洋，其經理人陳某，僑寓神戶，熟悉日本情況（注80）。周子文之父原住臺北艋舺，道光年間移居廈門而通販各海口，獲巨利，但早逝，周子文乃繼承遺業。1895年，即日本領臺之年，周子文取得臺灣籍民身分，受廈門領事館保護，更設置合股公司於上海、新加坡，家運愈昌，係在廈臺灣籍民第一個獲日本總督府頒予「紳章」者

注76　同上，頁85。
注77　同上，頁55。
注78　「日」，明治33.11.25。
注79　「日」，大正8.2.24。
注80　「日」，大正7.1.6。

(注81)。

直接參與兩岸貿易之臺商還來自臺灣各地， 有些在大陸設店， 有些不設店。中部的楊世英與鄭有福至福建永定輸出煙草 (注82)；桃園的簡阿牛在大連設有商行出口肥料至臺灣 (注83)；臺南的金足成、孫清波到華南、華北視察商業，並在廈門開設復華洋行，專辦糖米雜貨金銀生意，並受委託從事其他販賣；嘉義的張濤臣氏，自少渡廈，從事商業，(注84)。 大稻埕源泰行林振國，專做汕頭貿易，並在汕頭設分行 (注85)。基隆商人直接至福州購買杉木 (注86)。

(3) 從事兩岸貿易臺商的公會組織與主要貿易品

這些從事兩岸直接貿易的臺商有傳統式的或現代式的公會組織。傳統式的公會組織沿承清代「郊」的形式。「郊」為傳統式的同業公會，與民間宗教往往密切關連， 如嘉義福員郊即在三山國王廟設立 (注87)。嘉義將福員（龍眼乾）出口到大陸的商人四十餘名，原是分別銷售，價格不能統一， 信用不好， 於是他們提議：「曷如前清時之設郊公賣？」而組嘉義福員郊 (注88)。與清代之「郊」不同之處在於：清代之郊為大陸來臺商人所設，而此日據時期之「郊」，乃為臺商所設。

日據時期 臺灣商人另有許多 與兩岸貿易 有關的現代 公司或同業公會， 尤其是在 1914 至 1919 一次大戰期間之東方經濟繁榮時期 (注89)。

注81　梁華璜，＜臺灣總督府與廈門旭瀛書院＞，頁 283-284，引臺灣總督府編，《臺灣列紳傳》（1916年刊印），頁58。

注82　「日」，大正6.1.7。

注83　「日」，大正6.3.29。

注84　「日」，大正8.9.17。

注85　「日」，大正7.12.16。

注86　「日」，大正8.5.6。

注87　「日」，大正6.8.23。

注88　同上。

注89　「日」，大正8.5.3。

1917年臺商組臺華公司，以兩岸貿易爲目的（注90）。高雄商人陳福全、蔡文等於1919年4月也合資對岸貿易（注91），1919年8月並組有南部貿易公司經營華南貿易（注92）。基隆商人於1919年組東華商會，經營華南、華北貿易（注93）。1919年臺北資本家與福州商人合組南國商事公司，本店在臺北，分店在大阪、基隆，擬促進日本與中國間之貿易關係（注94）。1918年《臺灣日日新報》指出：「近年本島商人多向海外活動，發展者不乏其人。」（注95）此亦大正期南支南洋政策積極展開的結果（注96）。

由於臺灣和日本屬於不同的法域，臺灣人由臺灣到大陸需要旅行券，而由日本到中國大陸則可以自由旅行，於是有很多本島人經由日本到大陸，再由大陸經日本回臺灣（注97），尤其是臺灣與東北的貿易。1918年有臺灣商人至日本，採辦顏料售至華南（注98）。1910年有大量的臺灣糖經過日本進口到東北（注99）。臺灣總督府貼補輪船公司途經東北（注100）。在九一八事變後，頗多本島人設立臺灣與東北間的貿易公司。在此之後，東北原來輸入的安徽、福建茶再輸出東北時已需課進口關稅，臺茶輸出東北，則無關稅之課。臺灣有力茶商林建寅、王作舟於1934年成立永安公司，以開展臺茶之奉天市場（注101）。1935年2月臺灣

注90　「日」，大正6.1.4。
注91　「日」，大正8.4.4。
注92　「日」，大正8.5.25。
注93　「日」，大正8.4.12。
注94　「日」，大正8.9.27。
注95　「日」，大正7.11.24。
注96　中村孝志，〈「臺灣籍民」をめぐる諸問題〉，頁435。
注97　「日」，大正13.7.6。
注98　「日」，大正7.11.24。
注99　《中華民國海關華洋貿易總冊》，臺北：國史館史料處，民國71年重印。以下簡稱「中關年」，1919:14-15。
注100　「中關年」，1911:106a。
注101　「盛」，昭和10.1.15。

臺中州豪商，在奉天設立專門辦理處，以銷售臺灣香蕉、鳳梨、青果、地瓜、樟腦至東北 (注102)。至1935年3月，東北二十數茶商之中，已有六成專賣臺灣茶 (注103)。1937年營口亦有臺灣茶進口公會 —— 公益公司成立，以協助大連臺灣物產介紹所，振興臺茶出口 (注104)。

日據時期臺灣出口到大陸的主要商品，仍以農產品 —— 米、茶、苧麻、糖等爲大宗，布帛、魚乾、煤炭、火柴等的重要性越到後期越趨重要，但其中頗多是爲日貨之轉口貿易，由大陸之進口品則以木材、紙、布帛、煙草等爲主 (注105)。

(4) 臺灣的大企業家與兩岸貿易

在整個兩岸直接貿易進行當中，臺灣幾個較大的企業家也都參加。北部的企業家：1898 年金合成商店曾至天津貿易採買白魚、燒酒、仙楂、羊羔等項，然後運回臺灣販賣，極有利市。《臺灣日日新報》評論說：「然亦須有八九萬資本，方可雇船前往，不然豈易哉，金合成乃林本源生理，故得操縱自如，以獲利也。」天津貿易後爲林本源所阻，有其他臺商永昌行代起，不過船隻遭到擱淺 (注106)。之後永昌行曾到上海租太古輪船配運北豆、豆餅、花生油、白魚各貨，由廈至淡，獲數倍之利 (注107)。板橋林家第三房總管楊潤波在林家支持之下設泰豐行於大稻埕，除從事日本、英美貿易之外，也在福州、上海、汕頭、廈門設辦事處或代理店，從事兩岸貿易 (注108)。林本源第一房會計許智貴，得林熊徵信任，曾與黃有土一起經營酒精及其它商品貿易。1919年大稻埕商人

注102　「盛」，昭和11.2.2。
注103　「盛」，昭和11.3.27。
注104　「盛」，昭和13.1.27。
注105　《臺灣省通志》，卷四，經濟志，商業篇，頁174-182。
注106　「日」，明治31.11.13；明治31.22.15。
注107　「日」，明治31.11.8；明治31.11.29。
注108　上村健堂編纂：《臺灣事業界と中心人物》，臺北：臺灣案內社，臺灣日日新報印，大正8年，頁208。

林熊徵、辜顯榮組振南商社經手大稻埕與香港間的貿易 (注109)。辜顯榮1920年成立的集大成材木商行也運銷木材到大陸 (注110)。1919年基隆顏國年、吳百川、杜潭中、張純甫、謝本、鄭如林等組華洋貿易公司，經營大陸及日本貿易 (注111)。

錦茂茶行行主郭春秧是臺灣籍民，從事包種茶出口到南洋的生意，佔全臺灣輸出包種茶總量之三分之一。他並在南洋發展大規模糖業，除本店設在南洋之外，臺灣、廈門、漳州、上海、漢口、天津、香港均有分店，有數千萬圓家產 (注112)。

中南部的企業家： 霧峰林家林獻堂三兄林階堂曾努力發展福州貿易，本店設在神戶，進口日本棉紗與棉布 (注113)。糖業鉅子陳中和除繼續清末之臺日貿易之外，也向中國大陸發展糖業貿易 (注114)。

(5) 兩岸貿易由臺灣產地做起

直接貿易的另一發展是更由臺灣產地出發的直接貿易。清末曾有很多大陸商人前來大稻埕設立茶館，給予茶農高利息的生產貸款，並將茶葉加以再製出口。1896 年起即見大稻埕茶館減少，茶山的當地茶館增加，係由本島的商人所經營 (注115)。雖然至日據以後茶葉多改由基隆出口而不經廈門出口歐美，但仍有出口至大陸者，在這方面臺灣商人已更直接投入兩岸貿易。此外，1905年島內由塗葛堀、鹿港到淡水之間，南下多載進口品如棉布、雜貨、石油，北上則載米，間接與兩岸貿易亦有關連，此一貿易多用「本島人所有之輪船或帆船」，船隻不夠用時才用

注109 林進發，頁50、56。
注110 司馬嘯青：《臺灣五大家族》上冊，臺北：自立晚報，民國76年 8 月，頁110。
注111 「日」，大正8,10.2。
注112 林進發，頁56。
注113 「日」，大正6.1.7。
注114 「日」，林進發，頁 8 。
注115 涂照彥，頁389。

火車 (注116)。亦可見本島人更由產地起直接參與兩岸貿易。

3. 航權與金融權之掌握

(1) 航權

與日本領臺以前一樣，日據時期的臺商可以租用外國輪船，而不像清初不能租用他人船隻自行開航。1905年臺商錦祥洋行曾由和商包租輪船前往廈門，再至南洋 (注117)。

除了能租用他人船隻之外，還可以購買船隻。1898年日本政府規定商人可向辦務署轉縣廳再轉總督府申請帆船執照 (注118)。1917年艋舺歐陽光輝氏由對岸購買帆船五隻，經營船頭行搬運木材 (注119)。所買船隻還可以是輪船。1904年臺紳陳有文(俗稱陳亞順)，據《臺灣日日新報》指出：「以白手起家，購買輪船而積有業產，寓廈充當同文書院紳董，捐金助敎，幾與廈之富商相伯仲，地方義舉，皆踴躍急公。」(注120) 漳州商人亦曾邀臺中紳士林季商購置小輪船，由廈門逕往漳州 (注121)。

規模最大，而由本島資本參與之航運為 1898 年的北辰航運。大稻埕北辰館主為免英商德忌利斯輪船公司壟斷兩岸航運，集同人聯合集股開創航業，以輪船住吉號，每月三回往返香港、廈門、淡水間以便利商旅。其中林本源亦坐股份贊襄其事 (注122)。廈門香港兩處前來淡水航價由四元降為貳元 (注123)。但因海上事故頻起，北辰館航運開創半載即結束營業 (注124)。

注116　「日」，明治37.10.23。
注117　「日」，明治38.4.2。
注118　「日」，明治31.11.1。
注119　「日」，大正6.10.23。
注120　「日」，明治37.11.5。
注121　「日」，明治37.10.9。
注122　「日」，明治31.6.23。
注123　「日」，明治31.7·24。
注124　「日」，明治31.12.1。

在鹿港與大稻埕之間，也有本島人所有之輪船：飛龍安丸、大成丸、漢陽丸、大吉丸、金州丸、福生丸、利濟丸、福新丸等八隻，各四五十噸以上，至百五十噸內外，此外另有帆船數十隻轉運兩岸貿易商品（注125）。

(2) 金融權

大稻埕的滙兌行卽爲本地人的銀行。在日據以前貿易鼎盛時期，係以厦門爲根據地，從事茶葉輸出及各種輸出入品的滙兌工作。改隸之後，本島人有些搬到中國大陸，有些轉業，加上樟腦、鴉片兩者改歸專賣，所以整個局面顯著衰頹。1902年以前數年，約有十八九戶。後來有十幾戶廢業。至1902年只留建祥、裕記、謙記棧、發記棧及大裕等幾戶而已，其中建祥號資本約十萬圓，由林鶴壽出資，林冠英掌管。其次爲裕記謙棧，原稱謙裕，遷屋而改稱，由1901年成立的林本源公業、王家春、許論潭等合資 (注126)，資本金是六萬圓，由王金泉掌管。另外有發記棧，由陳建寅、洪壽卿合資一萬圓，由洪蘊玉掌理。大裕，資本金一萬圓，由辜顯榮出資，張敬修掌理。以上各店之中，大裕號本店在臺北，分店在臺中，其它三店，本店在厦門，分店在臺北。此外，有利義號、豐源經營典當，也兼做茶業貸款 (注127)。以上各店以板橋林家的建祥行最爲重要。到1902年建祥行還曾邀集厦門錢莊集議改進之道 (注128)，可見其在厦門錢莊界亦居領導地位。1904年舊曆年關將至時，很多貿易需要結帳，由1月1日至11日有 502,270 元的銀元輸出對岸，其中建祥號「一手滙兌，有五十萬五十圓」。由此亦可見建祥號位居兩岸滙兌業之牛耳 (注129)。除厦門之外，上海、神戶也有林鶴壽設立的滙兌錢莊

注125　「日」，明治37.10.23。

注126　板橋林家公業成立於1901年，見「家傳」，林本源公業設定店書謄本。

注127　臺灣銀行：《第一次臺灣金融事項參考書附錄》以下簡稱「金融」，臺灣銀行，明治35年，頁47。

注128　「日」，明治35.4.6。

注129　「日」，明治37.1.14。

(注130)。鶴壽弟嵩壽也曾於1910年至上海經營滙兌生意 (注131)。

1904年《臺灣日日新報》指出：商人由淡水、基隆要向大陸送貨款時，很少用現款，而多用滙兌，1904年在臺北辦理滙兌的商店有建祥、發記、滙裕、益昌四家。他們滙到廈門、上海、香港等有分店之處，每滙一千圓抽二圓手續費，到神戶、福州亦有分店之處抽三圓，到沒有分店而需透過錢莊之處，如臺州、溫州，則抽五圓 (注132)。

1905年前後錢莊融資於對岸貿易者獲利頗多 (注133)。鹿港施家、彰化吳家、霧峰林家、以及大稻埕曾爲臺灣茶業公會會長的陳天來（前臺灣警備總司令陳守山之父）均曾到對岸開設錢莊。鹿港富商施範其於廈門設湧泉錢莊，於鹿港設鼎新公司，彰化、大稻埕均有分店。稻江分店尤著重兩岸滙兌 (注134)。霧峰林家在廈門設錢莊時，先由湧泉錢莊融通三百萬圓 (注135)。1917年有彰化吳汝祥開天祥錢莊於廈門 (注136)。大稻埕陳天來的滙兌局在臺南、廈門、上海、福州、香港、神戶均有分店或代理店 (注137)。1920 年《臺灣日日新報》另外指出：「臺商放帳於廈門者頗多」(注138)。

至 1935 年，整個以臺灣資本爲主的錢莊業還經手約70％的兩岸貿易，而領先臺灣銀行 (注139)。直至1937年，廈門爲日本佔領，臺灣銀行才全面控制廈門金融 (注140)。

注130　上村健堂編纂：《臺灣事業界と中心人物》，臺北：臺灣案內社，臺灣日日新報印，大正 8 年，頁190。

注131　林進發，頁1。

注132　「日」，明治37.9.3。

注133　「日」，明治38.4.8。

注134　「日」，明治35.12.5。

注135　「日」，明治35.11.19。

注136　「日」，大正6.1.7。

注137　林進發，頁33。

注138　「日」，大正9.3.22。

注139　井出季和太：＜對支貿易の不振と臺灣貿易の振興策＞，《臺灣時報》昭和 6 年10月號，頁52。

注140　宮川次郎，＜廈門＞，全閩新日報，1923。

傳統的錢莊有其缺點，如建祥號因管理人挪用公款等等問題疊出而廢業（注141）。錢莊因為多信用貸款利率一向較高，1926年板橋林家二房的林柏壽（爾嘉之弟）鑒於臺灣金融若非控制在日本人手中，即有此等民間金融之流弊，乃創設臺灣工商銀行（注142）。林木土原是板橋的小學教師，為板橋林家鄰居，林熊祥好友，因擔任廈門臺灣工商銀行分行行長而至廈門（注143）。1927 年在廈門有資本金五十萬元，一年所從事廈門、臺灣兩者間的滙兌即有五百萬元的豐南信託公司即為林木土所開。

板橋林家更在日人鼓舞之下創設資本一千萬圓之華南銀行。日人中山秀之君曾任日本政府有關廈門經濟之調查人，受林熊徵賞識而聘其為顧問。中山與總督府土木局長角源泉、專賣局賀來佐賀太郎同學，透過中山的勸說，林熊徵答應籌組華南銀行（注144）。華南銀行於大正1919年在臺北開業，目的在振興日本的華南、南洋貿易，也從事兩岸之間的滙兌（注145）。此外，在大稻埕有林熊祥好友高地龍氏（屬景美高家）在其與臺北金融公司斷絕關係之後，曾以五十萬圓另組臺灣金融公司，經營貸借、滙兌業務（注146）。與其它現代的金融機構一樣在兩岸貿易中也扮演重要的角色。

三、與大陸資本、英美資本、日本資本的相對關係

注141　「日」，大正11.8.4。

注142　「家傳」，頁45-46。

注143　林進發，頁15; 戴國煇，<日本の殖民地支配と臺灣籍民>，《臺灣近現代史研究》，第３號（1980），頁107,124，謂豐南信託公司乃林木土所開。林1893年生於臺北海山郡，曾任職板橋公學校，1918年至廈門任新高銀行分行行長，林木土亦張光直教授尊翁張我軍之知己。

注144　《臺灣事業界と中心人物》，頁214。

注145　「日」，大正8.3.15。

注146　「日」，大正6.2.23。

臺灣商人在日據時期的兩岸經貿活動當中之所以有較多的發展空間，有大陸資本衰退、英美資本沒落及日本資本未取得絕對優勢作爲背景。

1. 大陸資本的衰退

日據之前，大陸資本主要以郊商爲代表。學界多以郊商在1860年臺灣對外開港之後即告式微 (注147)。日據以後又因大郊商返回祖國，小郊商或遭解散或被改稱「組合」而受日本嚴密控制，大陸資本更爲衰退 (注148)。本節先將指出郊商在清末臺灣的式微，乃是相對勢力的凌夷，而非絕對勢力的低落，以更突顯大陸資本在日據時期之沒落。其次本節將指出，郊商到日據以後的發展，事實上有地域性的區別。在歷史最悠久的臺南三郊，次悠久的鹿港，及最晚成立的郊商均顯著衰微，臺北的郊商其變化情形則較繁複。除郊商之外，大陸資本的衰退也表現在媽振館、茶館等方面。在大陸資本大多衰退的趨勢下，也有若干從事日本、臺灣、大陸三角貿易及較小規模兩岸貿易的大陸資本留存，尤其是北部臺灣。最後本節將在以往解釋大陸資本衰微的原因之外，提出郊商隨清王朝以俱亡的結構性解釋。

(1) 大陸資本日據前夕仍然屹立

筆者認爲大陸資本在日據前夕仍然屹立的理由有三:

理由之一，爲傳統帆船之使用數並未減少。固然，臺灣對西方開放通商口岸以後，很多對外貿易由使用郊商所擁有的船隻，改而使用外國船隻，如茶、糖、樟腦載運出口的運輸工具均由外國的輪船或外國式帆船逐漸取代了中國的戎克船,但託運的商人除1891—1895年的樟腦以外，頗多華商 (注149)。即使整個對外貿易使用外船的比例越來越多，因爲使

注147 黃福才，頁 274-283; 卓克華:《清代臺灣的商戰集團》，頁203-227。
注148 林滿紅，「光復文」，頁61。
注149 林滿紅:《茶、糖、樟腦業與晚清臺灣》，臺灣研究叢刊第115種，臺北: 臺灣銀行經濟研究室，民國67年，頁50-52,54-55,58-59。

用外船部分的貿易多爲開港以後新開展而來，兩岸之間往來的帆船數並未減少。 清初往來兩岸之間的帆船約一、兩千艘 (注150)。到了日據初期，仍有2,800—4,000艘的中國式帆船進出臺灣與大陸之間，就船數而言，並未少於清初 (注151)。1896年臺南的英國領事更指出，北郊除了繼續壟斷臺糖往北銷售寧波，天津的貿易之外，在此以前，此一貿易主要仍用郊商擁有的帆船載運 (注152)。1897年，臺南的英國領事亦指出，有很多大陸載入臺灣的雜貨仍由帆船載運 (注153)。

理由之二，爲隨著開港以後世界市場的擴大，也有更多大陸資本投入臺灣。以茶爲例，1876年大稻埕33家華人茶行中，有19家由本地人開設，14家由廈門人開設，5家由廣東人開設，1家由汕頭人開設 (注154)。以上茶行之外， 另有大陸洋行買辦來臺所設之媽振館。 媽振館的經營者，大多是廣東、廈門或汕頭出身，其中又以廣東人最多。他們在廈門、香港或廣東設總公司，在臺北設分機構，由於他們在大陸家鄉有相當資產，又誠實可靠，故設在大陸的洋行能安心貸予鉅款。媽振館係介於茶商和洋行之間經營茶的委託販賣，同時以茶爲抵押而貸放資金的機關。通常洋行向外國銀行借款的利息爲月息五厘，洋行貸給媽振館爲月息一分，媽振館貸給茶館則已高達一分三厘至一分五厘 (注155)。在樟腦

注150 臨時臺灣舊慣調查會，《 第二部調查經濟資料報告 》，下卷，頁 71，319；林東辰：《臺灣貿易史》(1932)，頁 253；東嘉生：《臺灣經濟史研究 》，臺北帝國大學經濟學研究室，1944，頁104。

注151 臨時臺灣舊慣調查會，前引書，頁 319。該資料另指出：由日本往來之戎克船1500艘。但臺灣拓殖株式會社調查課，《臺灣を中心とした戎克貿易に就て 》，昭和17年 8 月，頁33謂：1896–1898 年間每年進入臺灣沿海各港的戎克船在 4,000 艘左右， 係包括由大陸及由日本來的戎克船。

注152 *British Parliamentary Papers: Embassy and Consular Commercial Reports,* 1971: Irish University Press, Area Studies Series, (以下簡稱 BPP) Japan, Tainan, 1896:7-8。

注153 BPP. Japan, Tainan, 1897:10。

注154 「關年」，1876淡水部分，頁89。

注155 「金融」，頁45。

出口方面，外商控制樟腦業的情形也以1856—1860、1891—1895年較為顯著而已，其它時間，除1861—1868、1886—1890年政府專賣之外，均歸華商經營，華商之中也有大陸來的商人 (注156)。

理由之三，為幾個可能淤塞較為嚴重的老港口到了清末仍見郊行林立：

北港街雖然因淤塞而使外港由猴樹港移下湖口，但街市一直維持相當程度的繁榮。割讓之際，「東西南北共分八街，煙戶七千餘家，郊行林立，廛市毗連。金廈、南澳、安平、澎湖商船常由內地載運布疋、洋油、雜貨、花生等項來港銷售，轉販米石、芝麻、白豆出口；又有竹筏為洋商載運樟腦前往安平轉載船運往香港等處。百物駢集，六時成市，貿易之盛，為雲邑冠，臺人呼為小臺灣焉。」(注157)

東港為屏東平原歷史悠久的港口，是其米、砂糖等主要物產和大陸之綢緞、布疋、陶器、杉料、磚瓦、藥材、煙酒、金紙等貨物之出入港。清末較大的商號有長順行、源順行、順興行、東興行、泰記行、泉泰昌、仁記棧、來記棧、瑞安號、復利號、源裕號、萬吉號、德隆號、寶春號、泉春號、泉順號、吉春號、和記號、振順號、義元號等 (注158)。

舊港又名竹塹港（竹北鄉新港村頭前溪口北岸），為新竹沖積平原之吞吐港口。嘉慶年間（1813）洪水淤塞港口，港址移往西南邊之南寮（頭前溪口南岸，新竹市舊港里），旋再為流砂阻塞，官商組老開成公司疏浚舊港，恢復港務機能，晚清竹塹城之鄭、林二大族均賴此港從事貿易，其商行有鄭恆利、鄭吉利、鄭恆升、林泉興、陳建興、陳和興（稱三興）、周瑞春、羅德春等 (注159)。

注156　林滿紅：《茶、糖、樟腦業與晚清臺灣》，頁58-59。
注157　戴寶村，頁179。
注158　同上，頁180。
注159　同上，頁180-181。

大陸資本之沒落主要是在日據之後。

(2) 郊商的沒落

有關臺南三郊的變化，1902 年臺灣銀行的金融調查已指出「臺改隸，郊員四散，北郊幾乎停業，南郊只存十之一二，港郊存十分之四」(注160)。1904年《臺灣日日新報》也留下一則詳細的相關資料：

> 臺南本島貿易商，至最近數年間有逐年減少其數之勢。此事不可輕輕看過。夫所謂貿易商者，係以該地三郊組合員為主，自不待言。當領臺以前，其北郊乃寧波上海方面之貿易，有三十餘戶。港郊乃廈門泉州方面之交易〔此一說法與一般說港郊指從事臺灣沿海貿易商人之組合不同〕，有五十餘戶。若南郊乃香港汕頭至廣東方面，亦有二十餘戶，是為盛時。降至三十四 (1901) 年，該組合員從事糖業者四十餘戶，主雜貨交易者二十餘戶，合計約有七十戶。而今則僅存三十餘戶，至此廢業者已近半數，只得維持命脈耳。若地方經濟事情，不甚變遷，則自今數年之後，其現存者中，亦或無幾多倒沒者。試舉廢業者中之主要焉：糖業者，重在順記、怡順、豐記、泉昌、恒康昌、瑞珠、成通、福興、南田、惟善、金榮泰、永昌珍、和盛、蕃盛、福泉萊□等之□號；雜貨商間，則重在合順、同益、振源興、源益、德發、昏源品、榮記、瑞昌、潮昌、恒裕隆等 (注161)。

鹿港在日據初期，廈郊、糖郊相繼倒閉，僅剩泉郊、南郊、油郊、布郊、染郊勉強維持。1912年，鹿港米商另組「米穀組合」，又稱米郊，

注160　「金融」，頁146。
注161　「日」，明治37.7.21。

舉辦地方施貧恤孤等公益事，已喪失其商業性質。泉郊依法改爲「鹿港金長順善會」，繼續從事社會救濟慈善事業，鹿港郊行也從臺灣歷史中消失 (注162)。

　　臺北三郊各大商號在日本侵臺戰爭中亦均內渡大陸，日據初期泉郊金晉順卽結束其業務，北郊金萬利業務也基本停止，僅存一份公業的收入舉行宗教祭祀活動，於每年關帝聖誕之日繼續推舉爐主管理。日據初期屬北郊的船頭行仍殘存幾家，後來大多紛紛結束。

　　原臺北三郊的聯合組織金泉順已隨泉郊、北郊的衰退而自動解散，相對北郊、泉郊而言，厦郊金同順尚算較有勢力。厦郊首領林右藻回原籍養老後，其子林望周頗能持承父業 (注163)。但厦郊經過日本政府一再改組而稱香厦神郊，已喪失昔日之商業性質，而變成宗教色彩十分濃厚的組織，至此臺北厦郊亦名實俱亡 (注164)。

　　(3) 媽振館及茶館的沒落

　　除了郊商之外，在臺北方面還看到其它大陸資本的沒落。日據以前大稻埕的媽振館來自大陸。他們提供茶館，茶館再提供茶農茶葉貸款資金，而後他們再將茶葉運到厦門。通常媽振館的資金有七成由洋行供給，一成向厦門的錢莊借，其餘兩成才是自己的資金 (注165)。因爲日本佔領臺灣之後，日本政府另外修築基隆港使臺茶經日本橫濱、神戶轉銷美國紐約，而不再由厦門轉口，媽振館與茶館顯著衰頹。媽振館的數目，1899年有25至26家，1900年22至23家，1902年只剩20家 (注166)，至

注162　黃福才，頁281-282。

注163　同上，頁 275-276，引《臺灣私法商事編》第一册，第一章，第一節，第五之二。

注164　同上，頁280-281。

注165　王郭章，《新竹市志，經濟志金融篇》，未刊，頁12，引：陳其南譯（原著日文，著者不詳），<清末的鹿港>，收錄於陳其南著《臺灣的傳統中國社會》，臺北：允晨，民國78年，頁233。

注166　「金融」，頁45。

1907年更完全被淘汰 (注167)。

(4) 殘存的大陸資本

但是可以注意的是，也有若干大陸商人改而從事臺灣、大陸、日本間之三角貿易。以金建順號為例，該商號原為船頭行，經常往來於臺海兩岸間買賣米穀、雜貨，於日據後，因為總督府對大陸輸入臺灣的商品課取重稅，影響其生意頗甚，故將其貿易重心轉移日本，兼作轉口大陸貨生意，轉口東北鐵嶺的黃豆，上海與朝鮮的綠豆，上海及寧波的棉花來臺 (注168)。

最近學界頗為注意的泰益號，是從事長崎與臺灣之間貿易的最大商號，且與其它兩家商店並為福建幫之冠 (注169)。該商號來自福建金門，成立於 1900 年 (注170)。該商號也是進口日本海產品到大陸的最大商家 (注171)。其在中國大陸的鞍山、大連、蘭州、太原、天津、北京、芝罘（煙臺）、上海、南京、蘇州、乍浦、寧波、福州、廈門、香港等處都有同業往來戶。臺北三家商行透過泰益號、親友介紹，可經過日本買取天津、香港、上海之人參、川耳、髮菜、蓮子、金針菜、木耳等等。臺北也通過日本將土產龍眼乾轉銷上海或向泰益號訂購日本產的牛奶委託

注167 陳榮富：《六十年來臺灣金融與貿易》，臺北：三省，民國45年，頁51；王郭章，《新竹市志，經濟志金融篇》，未刊，頁13。

注168 金建順號書簡，基隆市文獻委員會，1959，頁 12-13,32-33，引自朱德蘭，第五屆海洋史會議文，初稿，頁10。

注169 《商務官報》丁未第24期（影本第二冊），光緒 33.9.15，頁 21（總頁474）：「華商由臺灣運來長崎貨物。從事臺灣貿易者，以泰益號為大，與神戶本店互相表裏，年中輸出入價值頗鉅。惟由本埠開往臺灣之船少於神戶，商業亦因之而差。從事海參貿易者，以和昌、福興兩號為大。各有專店，設於葳埠，有時代人轉運收取佣金。據聞此三家，均饒有贏餘，為福建幫中之冠。」

注170 朱德蘭：＜日據時期長崎臺北貿易——以長崎華商「泰益號」與三家臺商為例＞，收入吳劍雄主編《中國洋發展史論文集》第四輯，臺北：中央研究院中山人文社會科學研究所，民國80年3月，頁224。

注171 「日」，大正8.2.24。

其運至上海的鼎大行代售。臺海兩岸直接往來的情形也有。譬如上海棉花直銷臺北，厦門商人前來臺北採購日本海味和臺產鳳梨、青棗，香港豬油直輸臺北。臺北方面，茶外銷香港、福州，米出口至泉州，與泰益號有關的臺商將日本海產物直接販往厦門（注172）。

隨著臺茶由厦門轉口改而由基隆直接出口，也有厦門商號移設臺灣。如《海關年報》指出：「厦門昔日為臺灣貨物轉運總口，今日已不復振，甚至厦埠數十年來之華洋巨商亦多有移設臺灣者。」（注173）此外，廣東潮汕兩處仍多商人前來大稻埕，並設有公會（注174）。此等商人主要係進口大陸布至臺灣（注175）。

以上情況顯示日據以後，北部較南部有更多的大陸商人活動。1896至 1935 四十年間往來臺灣與大陸間的帆船由四個條約港和八個特別輸出入港入港帆船數，依序為淡水（26.28%）、基隆（19.16%）、高雄（8.36%）、鹿港（8.26%）、馬公（7.44%）、梧棲（6.91%）、安平（6.56%）、東石（6.0%）、舊港（4.57%）、後壠（4.27%）、東港（1.62%）、下湖口（0.59%）。基隆、淡水兩港合計佔總數的百分之四五・四四（注176）。可見與大陸商人關係密切的帆船貿易亦較集中於臺灣北部。

大致來講，1895年以後由大陸來臺灣從事陸臺貿易的商人，以小商人居多。如1902年寓居安平臺南街市之「清國籍人」欲成立一「組合」──同業公會。在籌組階段，會長及重要議員還得推舉隸屬日本籍之「臺灣人」。因為日本政府認為清國人與臺灣人混一有失體統，進行磋商，臺

注172　朱德蘭，＜日據時期長崎臺北貿易＞，頁218。

注173　「中關年」，1908，頁87。

注174　「日」，明治35.2.16。

注175　「日」，明治35.4.5。

注176　戴寶村：＜近代臺灣港口市鎮之發展──清末至日據時期（1860-1942）＞，師大歷史研究所博士論文，民國77年6月，頁152。

灣人退會，該「組合」才正式成立 (注177)。昭和年間，林本源第一房的
經理郭廷俊也曾網羅大陸籍的小生意人及部分臺灣人成立「小賣商組合」
(注178)。相對地，臺灣商人在整個兩岸貿易中，越來越顯出實力。1919
年由廈門回到臺灣的商人曾指出：「籍民（卽日本籍的臺灣人）漸多殷
實商人。其由內地（日本）臺灣間輸入貨物于廈門者，海產一類，雖不
能與金門幫（按：卽泰益號）爭，而布疋則幾握其霸權。」(注179)

　　日據時期原來從事兩岸貿易的大陸商人之所以會遭受嚴重打擊，矢
內原忠雄所說的差別關稅、輪船補助及補助日商以日本貨取代大陸貨等
都是重要理由，以下更舉出一些實例。

　　（5）日本政策打擊大陸資本實例

　　1895年以前從事兩岸貿易的大陸商人，其一大投資是帆船的製造或
承購。在改隸以前，臺灣南部的糖運往寧波、天津等地，仍用郊商自己的
帆船，在改隸之後，因爲日本大阪會社降價之故，英國的德忌利士公司
給中國商人的船價還低於英商，北郊運糖及一般雜貨也因而開始使用輪
船 (注180)。而日據時期，大多數時間，帆船貿易佔整個兩岸貿易之比例
除 1919、1920 年因米貿易特別繁盛多達30％之外，大抵在 10-20％之
間 (注181)。這多少影響及郊商損失其原有的帆船投資。

　　稅制的影響也處處可見。1902年很多臺北的雜貨店因爲與日本貿易
稅率較與大陸貿易爲低，將店面遷移基隆以便就近與日本貿易 (注182)。

注177　「日」，明治 35.11.12。據許雪姬教授指出：日本政府禁止大陸人在臺
　　　　成立公司。

注178　吉田靜堂：《臺灣古今財界人の橫顏》，經濟春秋社發行，昭和 7 年，
　　　　頁13。

注179　「日」，大正8.2.4。

注180　BPP, Japan, 臺南，1896:8；臺南，1898:10。

注181　井出季和太：〈南支那貿易と臺灣特殊貿易の檢討〉，《臺灣時報》昭
　　　　和12年 9 月號，頁32。

注182　「日」，明治35.8.7。

1905年「清絲來臺」，因需納進口稅，銷數「不及十分之一」(注183)。這種情形，在日本建立滿洲國之後，也再度發生。上海、福州原有黃茶運銷東北，滿洲國建立，臺灣與東北之間同屬一國，無需課稅，東北與上海、福州則轉屬異國，臺茶遂取上海、福州之茶而代之 (注184)。

日本貨逐漸取代大陸貨的情形，可由日本布取代大陸布看出一斑。雖然日本布較貴，但因較耐用，越來越多臺灣人由大陸的廈門土布改用日本布 (注185)。此外，因鴉片及酒在臺灣改由日本政府專賣，鴉片及紹興酒也少由大陸輸入 (注186)。

問題是：在此等日本政府的制度安排之下，何以如泰益號等大陸資本反而活躍於兩岸經貿關係之中，而郊商等大陸資本卻告衰微？日據以後率先崩潰的北郊，固然也因義和團之亂、日俄戰爭，使其無法北上而受到打擊 (注187)，此外，郊行整體與清政府官僚的密切關係，似亦為其衰亡之重要原因。

(6) 臺灣郊商與清朝官僚資本的密切關連

《泉州工商史料》透露出郊商在清朝末期的擴張，其與清朝官僚資本的密切關係及其隨清王朝以俱亡的重要信息：

> 清中葉後，泉州對外洋各國的貿易日見興盛，但其對省北港口的貿易主要的還是集中在寧波，以寧波為中轉站，把泉州土特產運到寧波，轉銷各地，再在寧波採辦棉花等貨品來銷售。經營這一行業的稱為寧波郊。寧波郊在泉州商場中是最大規模的批發商行，資本雄厚，長袖善舞，可以壟斷市場，利用設秤騙重、貨幣

注183　「日」，明治38.3.8。
注184　「盛」，昭和8.9.7。
注185　「日」，明治34.10.9。
注186　「日」，明治37.7.21。
注187　「日」，明治34.11.17，明治37.7.19。

折扣以及種種陋規在小商小販和廣大消費者之間取利。清道光至同治年間，擁有財勢的泉州官紳及其家族，多為寧波郊的行東。如兩廣總督黃宗漢家（觀口黃）、四川總督蘇鈺家（元祥蘇）、翰林陳榮仁家（象峰陳）、狀元喚魯定（錢頭喚）以及萬曆埕王、后城何等等大小官紳豪族，莫不開設行郊。除寧波郊本身外，亦可運用勢力控制一些進出口行業，如北郊、梧棲郊（臺灣）、廈門郊、米郊和各種「九八行」（丹麻行、魚行、鯆行、大豬牙行、小豬牙行等，都是有牌的專利行業）的營業。壟斷了出口的大宗如桂元、蔗糖、丹麻、鍋鼎、農具等本地土特產和手工業產品；入口的棉花、大豆、米油等北方土特產。寧波郊媽祖娘娘誕辰時演戲開宴。參與聚會宴飲坐上席的，都是穿花衣袍帶圓頂帽有官階有功名的人，該郊行因而被人稱為「五龍袍郊行」。……

寧波郊商每戶都有自建的大帆船四十多艘駛泉州寧波間。每艘載重量一千至三千擔，每年往返一至二次，南風上，北風返。除走泉寧線外，有的還擴展到青島、煙臺、天津、大連、牛庄、營口等港口，交流南北土特產。另有專營大米的米郊，運出泉州的羅布、竹器、明嘉柴梳、磁灶陶器等手工業產品，以及洪潮和通書日曆，開往臺灣的雞龍(基隆)、艋舺（臺北）、打狗（高雄）、鹿港等處銷售，然後採購臺灣米、水果返回泉州。也有從廈門採購安南米、仰光米、暹羅米來泉的。帆船開返泉州後，在法石或新橋溪拋錨，貨物部分起卸入倉庫，部分留在船倉，備轉駁小船開往各小港，或由溪船轉運東西溪內地。……

經營寧波郊的人，既主要為封建官僚家庭，他們對所營企業大部分不是自己管理。而交由親信的「當事」者（又稱家長，即經理）負責掌管，有的甚至連家裏的開支也由「當事」者為其安排，這些官紳的子孫向來都是坐享其成，過寄生生活，不懂得怎樣做生

意。時移勢遷，所倚靠的封建勢力既日見崩潰，所經營的行業也
不能應付新形勢而虧蝕倒閉，新的商人紛紛繼起，泉州市場的組
織遂出現新的局面 (注188)。

　　除以上資料透露出臺灣郊商與福建、寧波的清朝官僚的密切關係之
外，《商務官報》也指出，這些富有的船商們由擁有二、三十擔小船
的人滙集其它小口岸或由陸運滙集來的內地各種農產加工品而後載運出
海；在此商品轉運過程中，會有福建強宗豪族的無賴子弟勒索，故此等
船商必有相當勢力方足以與此等強宗豪族相抗衡 (注189)。

　　另外，值得注意的是在中國對西方開放口岸之後，固然有大陸商人
向洋行或滙豐銀行借款，但除了外國銀行或洋行之外，有很多官僚資本
在內的山西票號或是錢莊，也是其融通資金的對象。《商務官報》指
出：

注188　中國民主建國會泉州市委員會，泉州市工商業聯合會，政協泉州市委員
　　　　會文史資料研究委員會合編：《泉州工商史料》第一輯，1983年6月，
　　　　頁99-104。

注189　《商務官報》戊申第3期（影本第三冊），光緒 34.2.15，頁16（總頁
　　　　50）：漳浦擁資坐賈者無多，半農半商者，所在不少。各鄉力田之流，
　　　　積有薄貲輒於農隙收買荔支龍眼，晒曝成乾或賣或寄與每船運往小比大
　　　　比各外省銷售。或於農隙收買花生，設車榨油，謂之生油。陸運則行銷
　　　　平和南靖漳郡，水運則行銷廣東汕頭。皆各立字號，以區別彼此貨色之
　　　　高低，以為價值之增減。凡此皆半農半商者也。浦鄉多墟市，除小墟無
　　　　坐賈不計外，其大墟如東之赤湖、赤塗嶺、產嶼、埔下經湖西、萬安、
　　　　佛曇，南則杜潯嶼頭舊鎮盤陀；西則象牙庄、石榴、長興；北則官潯、
　　　　大埔長橋等處，皆有墟店海船十餘艘，為大船商。次則數百擔之船往返
　　　　汕頭、廈門、石碼者。又有容五六十擔或二三十擔小船，備資購買海口
　　　　雜貨，運入內地各墟市售與店商，而置內地合宜之貨。運出售與海船或
　　　　合資置百多大擔大船出海面捕魚，返棹售與佛曇湖西、舊鎮、嶼頭、杜
　　　　潯各墟店，或盤與漁販，運至內地銷賣。凡此亦皆稱為船商也。緣浦多
　　　　巨族強鄉，如海林霞潭烏石劉、赤水橫口等社，無賴子侄，往往無風起
　　　　浪，擄人勒索，各墟店視為畏途而裹足，為船商者必於所經行各社，與
　　　　該社家長子侄熟悉，是以通行無阻。約計邑城及各墟場坐賈大小各店不
　　　　滿千家者，居十成之三，而半農商及船商則居十成之七。

閩商營業辦貨，無不恃錢莊票幣以周轉。錢莊則惟票號、洋行為委輸。……若夫山陝西商票號，實為吾國交通銀幣之一大機關。……自有票號而呼應靈捷，脈絡斯通，此二十一行省皆然，不獨閩省為然，亦百十年來皆然，而不獨今日為然者也。……查省會票號現祇蔚長厚、蔚泰厚、新泰厚、源豐潤等四家。除滙兌款項外，又以貸放資本為子母之權輿。而貸放之指歸，又以錢莊北號為鉅數。查城臺錢莊北號，大小約四十號，多由閩浙股商富戶，或獨資集股而成。……曰錢莊，閩省商人設莊而行鈔票者也；曰北號，浙寧商人設莊而行鈔票者也。……茲經調查城臺錢莊之數，計共三十三家。北號之數，計共七家。 (注190)

　　由海關報告也可看出：從事福建與天津、東北間貿易的北郊與山西票號常有往來，山西票號的存放款對象以官款或官僚私人的錢款為主，很多南方官吏的薪水托北郊帶回北方家中 (注191)。該資料並指出，如果一個貿易商有足夠的現款購買外地的商品，會直接找外國銀行滙款，因為其手續費一千元約比錢莊便宜一元，但如果沒有足夠現款，他們可能先向錢莊購買可以在其他口岸兌取的莊票使用。不同地方的中國錢莊因為彼此都有連絡，可能甲地有人要滙錢到乙地，乙地又有人要滙錢到甲地，兩筆交易可以相抵，兩地的錢莊可以分別收取兩個客戶的預支莊票利息，而事實上不用支付任何錢 (注192)。《臺灣經濟雜誌》也指出從事華北貿易的「北郊」仰賴山西票號提供資本並從事南北滙兌事宜 (注193)。

注190　《商務官報》丁未第26期（影本第二冊），光緒 33.10.5，頁23-24(總頁515)。

注191　《海關十年報告》，1882-91，廈門，頁517。

注192　《海關十年報告》，1882-91，廈門，頁516。

注193　〈福州金融事宜──川崎臺灣銀行理事の談話〉，《臺灣經濟雜誌》第23號，臺北：臺灣經濟雜誌社，明治33年8月30日，頁 10-11。感謝許雪姬教授提供此一期雜誌。

也因此，到日據初期，原在臺南安平開設郊戶的大陸商人莊來，因爲臺灣改隸日本，在厦門開設資原行，從事華北貿易，由牛莊、煙臺、天津載運豆粕、黃豆南下，「逐年貿易，以數百萬計」，因得傳染病身亡，結果「負欠錢莊約十萬員〔圓〕，負欠票號及牛庄〔莊〕、天津等處，約十萬員〔圓〕」(注194)，由此可見山西票號、錢莊乃大陸資本之重要融資對象。

再者，1902至1906年的福州附設的官方銀行代收常關稅、釐金、鹽稅、文武口稅，並充當大小各種帆船的經紀人。此一充當大小帆船經紀人的工作，即郊商常兼做的九八行的工作。郊商做的經紀工作是透過與其它地方的經紀商連線或自己派人到外地收集市場情報，他們可以掌握本地市場及外地市場的供需消息，也可以提供外來商品寄棧，或是代替本地、外地商人銷售貨品，而抽取百分之二的佣金，故又稱九八行 (注195)。清末臺灣的郊商也曾被地方政府要求代收釐金 (注196)。扣除 2%的佣金而留98%的貨款給貨主的辦法據《臺灣日日新報》指出是「援上海之例」(注197)，即寧波商人的做法。

由這些蛛絲馬跡，加上郊商擁有兩岸貿易極大的壟斷權，可以推知清代前來臺灣的郊商與其它遠程貿易商如寧波商人、山西商人等，及清朝官方都有極密切的關係。在此前提下，臺灣的郊商，尤其是北郊之於二十世紀初衰頹，將不是簡單的「回到祖國」的問題，因爲「回到祖國」之後還可以再回來臺灣。即使兩岸貿易佔臺灣對外貿易比重下墜，仍有泰益號這種新的大陸商人前來經營兩岸貿易，而泰益號是堅持不涉及政治的商號 (注198)。因此基本上郊商在日據以後不復活躍於兩岸貿易

注194　「日」，明治37.9.7；明治37.9.5。

注195　中國人民政治協商 會議福建省泉州 鯉城區委員會 文史資料 研究委員會編：《泉州鯉城文史資料》第三輯，泉州：1988年9月，頁73。

注196　卓克華，頁132。

注197　「日」，明治37.12.17。

注198　朱德蘭：＜日據時期長崎臺北貿易＞，頁224。

之中，和清末極爲鼎盛的山西票號隨清王朝的覆亡而衰頹一樣，是此官商結合體一種結構性的瓦解 (注199)。美國霍布斯金大學敎授 William Rowe 曾就十八、九世紀漢口商人在城市當中推動很多社會活動，說明中國商人不如 Max Weber 所說之深受政府控制，而在地方上有相當自主的領導地位，並在最近的美國學界引起很大的討論 (注200)。臺灣郊商在城市中亦扮演經濟、社會、政治各方面的領導角色。但由其與官方關係如此密切看來，這些地方商人能否說是享有與政權對立之高度自主權，殊可深究。大陸資本由長年以來所壟斷的兩岸貿易退出，留給臺商取而代之的空間。而在大陸資本退出兩岸貿易的同時，也看到英美資本在兩岸貿易中的式微。

2.英美資本的式微

清末的英美資本在整個 包括轉口貿易的 兩岸貿易中， 雖與大陸資本、本地資本並存，仍居樞紐地位。以茶葉爲例，大稻埕爲全臺茶葉輸出中心。臺灣的茶最後要透過外國輪船送到紐約、倫敦、香港、上海、德國、新加坡、澳洲、荷屬印尼、馬尼拉等地 (注201)。英美洋行多半在世界各地設有分公司，如臺灣所設洋行中最大的怡和洋行，本店設在香港，支店設在廈門、漢口、福州、天津、上海、博多、馬關、長崎、神戶、橫濱、紐約、加爾各答、倫敦 (注202)。這些洋行往往兼爲外國銀行與外國輪船公司的代理店，如英商德記洋行本店設在廈門，在臺北、臺南設有分店，爲香港滙豐銀行及印度特許銀行的代理店 (注203)。臺南安

注199　山西商人之興衰，參見王業鍵：《中國近代貨幣與銀行的演進（1644-1937）》，臺北：中央研究院經濟研究所，1981，頁72-75,78-79。
注200　William T. Rowe, Hankow: *Commerce and Society in a Chinese Society, 1796-1889,* Stanford: Stanford University Press, 1984, pp. 4,5,10,38.
注201　「關年」，1881:1-2，廈門有其詳細路線說明。
注202　「日」，明治38.3.18
注203　「日」，明治38.3.24;「金融」，頁48,137。

平的 Bain 洋行，是德忌利士航運公司及滙豐銀行代理店，洋行也因此涉及出口產業的資金融通及運銷。臺灣北部的洋行，除經手鴉片、煤油等之進口之外，多半從事茶葉之出口。在臺灣的洋行，透過其本身的買辦，大多直接貸款給山上的茶農，而不貸款給大稻埕的茶館。因為後者如果是大陸商人開設，多半是在四至十月的採茶季節才來臺灣，而後又回到大陸，臺灣的洋行對他們比較沒有信心，不如與茶館同樣來自大陸的媽振館對他們貸款多 (注204)。除了在臺灣的洋行之外，另有媽振館在臺灣利用以廈門洋行為主的資金為臺灣的出口產業提供貸款。

　　以1902年的大稻埕情況為例，可見英美資本仍佔臺灣茶葉出口資本之較多數。負責烏龍茶再製並提供茶販貸款的茶館約60戶，每戶資本平均約 2,000 圓，計12萬圓，負責包種茶再製、貸款的茶館約24戶，每戶資本平均約八千圓，計 19.2 萬圓，茶販所設茶棧約80戶，平均約四百圓，計 3.2 萬圓，茶箱所需的鉛館，約21戶，每戶450圓，計 0.9 萬圓 (注205)，以上合計為35.3萬圓。而大稻埕臺灣本地人開的滙兌行資本約18萬圓，洋行資本約50萬圓，媽振館資本約26萬圓 (注206)。雖然不計算媽振館在內，中國人自己的資本也佔53.3萬圓，但洋行資本及以洋行資本為主要基礎的媽振館資本加總起來有76萬圓，仍佔較多數。

　　1880年代臺灣糖的歐美市場縮小，在陳福謙壟斷臺糖輸出日本的貿易之後，臺灣南部的洋行，在改隸前夕即已衰微，安平、打狗兩地約只有二、三家洋行經手鴉片、砂糖等的貿易 (注207)。日據以後，因為鴉片改為專賣，砂糖由於出口到別的國家要課徵輸出稅，轉多輸出日本，其它雜貨也改多由日本輸入；原來以廈門、香港為基地的洋行失其作用。

注204　「金融」，頁49-50。
注205　「金融」，頁44-45。
注206　「金融」，頁53。
注207　「金融」，頁137。

臺灣銀行設立，取代洋行的貸款、滙兌等業務，南部的洋行紛紛關閉 (注208)。留下來的洋行多改做日本砂糖生意 (注209)。幾家兼做兩岸貿易的洋行，其實是臺灣人所開設。如從事砂糖及其它大陸貿易的德記號，與德記洋行 (Tait Co.) 關係密切，店主卻是方慶佐。與 Bain 洋行有密切關係，從事砂糖、布料及其它大陸貿易的怡記號，店主是蔡植南 (注210)。

北部的洋行，清末多半在海峽對岸設有本店或支店。美商美時洋行，本店設在上海，支店設在廈門、漢口、臺北。英商和記 (Boyd & Co.)洋行，本店設在廈門，支店設在臺北。怡和洋行，本店設在香港，支店設在廈門、臺北。日據以後，因為整個臺灣的貿易對象已由大陸改為日本，洋行們紛紛把對岸的生意轉為對日本的生意 (注211)。連1873年在廈門開業的滙豐銀行，也因臺灣茶葉出口港由廈門轉為基隆而準備在臺灣開業 (注212)。北部洋行經過香港轉口的貿易也因日本佔領臺灣而減少。如日本領臺前夕，怡和洋行曾由香港進口精製糖到臺灣，「因為關稅影響」，1905年的《臺灣日日新報》指出：「近來香港砂糖已經絕跡而不再至本島。」(注213) 關稅政策也使得怡和洋行一位能幹的經理束手無策，原來推展的砂糖、水泥、石油、煤、麻等生意，樣樣萎縮，最後只剩下茶葉貿易，他因此而引咎辭職。繼起的經理只有與日商三井、高田、大倉等合作 (注214)。其它洋行在關稅政策，鹽、鴉片專賣，臺灣銀

注208 「金融」，頁137。
注209 「金融」，頁137-138。
注210 「金融」，頁140。
注211 「金融」，頁37-38。
注212 「日」，明治37.11.9; 林仁川：《福建對外貿易與海關史》，廈門：鷺江出版社，1991年，頁198。
注213 「日」，明治38.3.19。
注214 「日」，明治38.3.24。

行取代其貸款功能的情況下，也都日趨衰微 (注215)。

英美資本之退出兩岸貿易，以日本領臺之前壟斷兩岸輪船航運的英商德忌利士輪船公司最為明顯。

清末由 1871 年過後約三十年間德忌利士輪船公司壟斷著兩岸間的輪運。德忌利士輪船公司原為香港鐘錶公司員工利用每年分的數十萬元紅利投資成立，怡和洋行、嘉士洋行、德記洋行均為其股東。此等洋行在汕頭、廈門、福州、淡水、安平均有分行擔任德忌利士公司的代理店。代理店收運價的百分之三為手續費。此等洋行經辦的商品可享受較低廉之運價。此期間雖有招商局派駕時、斯美兩輪船爭取利權，但因官僚習氣過重而告失敗，仍由德忌利士公司享受專利 (注216)。1871年先有香港淡水線，1883年又有香港安平線及香港福州線。

由於1897年起臺灣總督府資助大阪商船會社以低價與德忌利士公司競爭，並在地方報紙上予以醜化 (注217)。德忌利士公司不得已於1905年前後退出兩岸船運 (注218)。在這些英美資本退出兩岸貿易，而將殘餘的臺灣生意著重在日臺之間時，也仍受日商排擠。如三井會社以豐富的資金直接採買臺灣的砂糖，比洋行之依賴買辦購糖方便，依賴買辦的歐美商人漸失勢力 (注219)。在洋行進行臺日貿易時，偶而也有經過日本的陸臺貿易，如怡和洋行神戶支店曾以日本銅輸中國大陸，再由中國大陸輸出大豆、豆粕至臺灣，但根據《臺灣日日新報》指出，此種情形，

注215　「日」，明治38.3.24；「金融」，頁54；東嘉生著，周學譜譯：＜清代臺灣之貿易與外國商業資本＞，《臺灣經濟史初集》，臺銀研究叢刊第25種，臺北：臺銀，1954，頁126。

注216　「日」，明治33.11.25。吉開右志太：＜南清航路とドグラス汽船會社＞，《臺灣時報》，昭和9年1月號，頁106-107。

注217　BPP, Japan, North Formosa, 1897:7,1898:9。

注218　東嘉生著，周學譜譯：＜清代臺灣之貿易與外國商業資本＞，《臺灣經濟史初集》，臺銀研究叢刊第25種，臺北：臺銀，1954，頁126。

注219　同上。

「爲數甚少」（注220）。

在此同時，可以看到臺商相對這些英美商人而言，仍保有較多實力，1900 年極有勢力的茶商嘉士洋行倒閉，欠林維源十萬圓（注221）。1930年林本源在香港滙豐銀行寄存的錢款即有三百餘萬圓（注222）。

3. 日本資本未取得絶對優勢

日本佔領臺灣以後，日本資本之參與兩岸貿易，最重要的是掌握兩岸航權，其次爲日本政府本身及日商到對岸投資，兼做貿易。在這過程中日本政府、商人對臺商之兩岸經貿活動固然有其影響，但日商未取得絶對優勢，而留給臺商若干經營的空間。

（1）掌握兩岸航權

日據時期，臺灣對大陸的區域別貿易，先是以華南爲主，而後有東北代起而居第一位，華中地位居於華南、東北之後，華北一直到1939年以後才漸趨重要（見表5）。日本政府在臺灣與大陸各個地區之間，都有輪運的開展。

與華南之間，由於臺灣人民多自福建移來，很多日用雜貨仍需仰給於對岸，臺灣也有很多商品經大陸轉口，日本政府在佔領臺灣以後隨即補貼大阪商船公司與壟斷兩岸貿易的德忌利士公司競爭。在大阪公司爲此投資十四萬六千多圓之後，第一年即得日本政府十二萬五千圓的補助金（注223）。大阪商船會社於是可以一半的運價與德忌利士公司競爭，致使德忌利士公司於1904年退出兩岸貿易（注224）。

大阪商船公司原來只有香港至福州航線，1905 年曾大大擴張南清

注220　「日」，明治38.3.18。
注221　《臺灣經濟雜誌》，第25號，臺北：臺灣經濟雜誌社，明治33年12月17日，頁4。
注222　「日」，明治37.11.3。
注223　吉開右志太：＜南清航路とドグラス汽船會社＞，《臺灣時報》昭和9年1月號。
注224　《臺灣と南支那》，頁6。

表 5　區域別臺灣與大陸之貿易值 (1925-1939)

單位：圓

年份	華北	百分比	華中	百分比	華南	百分比	東北(含關東州)	百分比	合計
1925	2,674,000	4.5%	10,219,000	17.4%	23,279,000	39.6%	—	—	58,808,000
1926	1,256,000	2.0%	8,580,000	13.8%	29,923,000	48.2%	22,315,000	36.0%	62,074,000
1927	739,205	1.0%	7,459,808	15.0%	25,529,428	50.0%	17,331,638	34.0%	51,060,079
1928	1,039,687	2.4%	5,732,701	13.3%	17,541,893	40.7%	18,749,387	43.5%	43,063,668
1929	862,715	1.8%	7,497,682	15.3%	20,107,247	40.9%	20,684,600	42.0%	49,152,244
1930	587,018	1.8%	5,190,787	16.0%	11,940,489	36.6%	14,852,678	45.6%	32,570,972
1931	1,102,547	4.6%	4,072,872	16.9%	8,120,691	33.7%	10,791,173	44.8%	24,087,283
1932	1,782,870	6.5%	2,817,339	10.3%	6,053,156	22.2%	16,655,986	61.0%	27,309,351
1933	764,023	2.6%	4,797,696	16.3%	4,415,144	15.0%	19,462,056	66.1%	29,438,919
1934	817,187	2.3%	4,988,038	14.2%	8,029,052	22.9%	21,229,449	60.6%	35,063,726
1935	1,916,949	4.0%	7,099,542	15.2%	9,712,070	20.8%	28,053,159	60.0%	46,781,720
1936	853,334	1.8%	6,129,066	13.2%	8,339,114	17.9%	31,242,738	67.1%	46,564,252
1937	938,417	2.3%	3,600,932	9.0%	5,288,628	13.1%	30,431,898	75.6%	40,259,875
1938	2,472,674	4.5%	5,319,176	9.8%	926,184	1.7%	45,518,159	83.9%	54,236,193
1939	12,193,160	11.4%	10,297,249	9.7%	12,849,535	12.1%	71,022,122	66.8%	106,362,066

說明：1925、1926年資料中，南支那範圍包括廈門、福州、汕頭、廣州、泉州、海口、北海。

資料來源：根據以下資料算出百分比：

1.1925-1939 年資料取自臺灣總督府官房調查課，《支那の時局と支那貿易の消長》，南支及南洋調查第百四十三輯，頁170。

2.1927-1936 年資料取自臺灣總督府官房外事課，《臺灣と南支那（貿易）》，南支那及南洋調查第二百三十六輯（臺北：昭和12年11月10日發行），頁43。

3.1935-1939 年資料取自臺灣總督府財務局，《臺灣對南支、南洋貿易表》附滿洲國、關東州、北支、中支，昭和14年，全年份，頁1。

線，增加了福州至上海航線，由上海可與日本或長江上游的航線相連。又在淡水香港、安平香港線外，加淡水、廈門，一則直接回航淡水，一則經福州再回淡水。此外，間接可到大陸之橫濱打狗線、香港福州線、香港上海線亦增加往來輪船的隻數 (注225)。在基隆取代淡水成為臺灣北部第一大港之後，淡水香港航線改為基隆香港線，並加添高雄廣東線，兩者均途經廈門、汕頭 (注226)。另有山下輪船公司，原是純粹民間自由經營，1962年亦受臺灣總督府命令走基隆海防航線，途經廈門、汕頭、香港、北海 (注227)。

臺灣與華中的上海之間，1901 年新設直接航線，經 30 年沒有多大進展。臺灣上海往來輸運物資，以煤炭及米糠為主，貨運佔63%，客運佔 18%，與臺灣、福州間貨物佔 8.84%，客運佔 82.18%有很大不同 (注228)。這是因為上海人與臺灣人之間有語言隔閡，又因中國政府的排日政策使然 (注229)。在九一八事變以後，該線由高雄經福州至上海，可以上延至大連天津。之後北線分而為高雄天津線及高雄上海線。原來在臺灣福州間每年約 11,000 人往來，上海福州間只有1500人往來，九一八事變以後，因為有大量臺灣的軍夫渡航，臺灣、上海間的往來船客頓形增加 (注230)。很多戰略物資如鐵材、木材、瓦、水泥等由臺灣輸送華中，砂糖、柑橘、煤炭、酒精等輸出亦多。輸入以米糠、豆類、蒜頭、繰棉等為主 (注231)。

九一八事變以前，臺灣、東北之間無直接航線，但有大阪商船公司

注225　「日」，明治37.12.13。
注226　大園市藏：《南邦事情》，臺北：大正10年12月15日發行，頁65。
注227　同上，頁66。
注228　吉開右志太：＜臺灣對中支の海運＞，《臺灣時報》昭和13年5月號，頁179。
注229　同上，頁179、180。
注230　同上，頁184。
注231　同上，頁183。

行駛大連、大阪及大阪、臺灣之間 (注232)。1931年九一八事變之後，臺灣與東北之間有日本郵船與大阪商船兩公司，開闢定期航線，高雄、基隆、大連直航，臺灣與東北的貿易因而增進 (注233)。東北向臺灣輸出豆餅、大豆、硫安，由臺灣輸入茶、糖、米、青葉蔬果如鳳梨、香蕉、西瓜等 (注234)。1932年大阪商船會社開闢日本華南間航線，透過基隆的日本、華南轉口貿易於是頓減 (注235)。

　（2）日本政府、商人的對岸投資

　　日本政府以臺灣爲據點設立的臺灣銀行與兩岸經貿關係極爲密切。1899 年臺銀設立， 即努力開展與兩岸貿易有關之滙兌與貸款 (注236)。臺銀於1900年設分行於廈門，於1903年設分行於香港，與臺茶、臺糖之分別出口至廈門、香港有關。1911年爲疏解生產過剩的臺糖，於上海設分行。因江西與福建有很多貨物流通，福建旣爲日本之勢力範圍，臺銀於1912年在九江設分行。日本一直要以臺灣模式建立滿洲國，一意加強臺灣與東北間的貿易與經濟交流，1936年於大連設分行 (注237)。臺銀服務對象以日人爲先，由1899至1918，華南的日人店舖由80家增爲五倍，曾得臺銀資助 (注238)。

　　一如大阪商船株式會社，有很多日本公司其實是受日本政府之命前往大陸投資。以樟腦業爲例，日本和中國的樟腦業原有競爭關係，在東亞共榮圈的目標之下，日本有頗多在中國的樟腦業投資。1899年三五公

注232　「盛」，明治42.1.1。

注233　岸澤東一：＜貿易構成に觀爲臺陸關係＞，《臺灣時報》昭和14年7月號，頁 25；吉開右志太：＜臺灣海運界をめぐる諸問題＞，《臺灣時報》昭和8年1月號，頁123。

注234　同上，頁25-34；「盛」，昭和9.3.30,9.10.28。

注235　井出季和太：＜對支貿易の不振と臺灣貿易の振興策＞，頁47。

注236　「日」，明治33.6.16,33.6.1,33.6.28；大正11.11.14。

注237　黃瓊瑤，＜日據時期的臺灣銀行，1899-1945＞，師大碩士論文，民國80年6月，頁93；「盛」，昭和11.6.25,11.10.2。

注238　黃瓊瑤，頁94。

司受命買收福建樟腦，兼營浙江省一部分之粗製樟腦生產。1908、1909年三井物產公司購買中國樟腦，藉以安定市價。豪華公司1915年以來，臺灣製腦公司1919年以來，也曾購買中國樟腦以維持市價。大正末年，樟腦價格下跌，共產黨、軍閥等不斷戰爭，樟腦事業停頓一時。在中日戰爭以後，共產黨、軍閥一掃而空，另一方面世界需要正起，遂有進一步日華合作。中華樟腦公司於 1940 年五月以資本金五十萬圓在上海設立，除日本與樟腦業有關係的大資本家出資之外，也有中國方面的業者參加 (注239)。

　　日本總督府在領臺之初編有「南清（華南）貿易擴張費」，1912 年該項經費又擴大為「南支那（華南）及南洋貿易擴張費 」，但為數不多 (注240)。在 1936 年日本更成立「臺灣拓殖株式會社」，部分提供日商在中國的發展資金。臺灣拓殖會社在大陸拓展的產業有中支那房業公司，該公司資本金一億圓，臺拓佔 0.1％的股權，也在汕頭投資福大公司，經營汽車，該公司資本金六千萬圓，臺拓佔16.7％股權 (注241)。

　　除了臺灣銀行，大阪商船會社在很多城市，如廈門、福州、廣州、大連均有辦事處之外，大公司如三井公司在福州、廈門，與中公司在福州、廣州，三菱公司、大倉組在福州，菊元商店在廈門均有分公司經營貿易。之外，資本金在一萬元以上的公司如廣貫堂在福州、汕頭從事醫藥、雜貨的貿易，日華洋行在汕頭、廣州從事一般雜貨的輸入貿易。其它，如福州有公司經營船舶倉庫業、天日洋行經營日用雜貨、東來閣經營輸出入貿易、雜貨販賣、大福洋行經營機械修理、太古洋行經營中國茶及雜貨，服務業則有常盤料理店及大和旅館。

　　廈門的日本商人除以上行業之外，也經營陶瓷器、海產物及糧食的

注239　大山綱武：＜三井財閥の臺灣資本＞，《臺灣時報》昭和16年10月號。
注240　梁華璜，前引「臺灣拓殖會社」文，頁200。
注241　涂照彥，頁347。

買賣。廣州的日本商人除以上行業之外，還有很多家庭經營的工業原料業，如製紙、製棉、製鐵原料，也有測量機械、圖書、軍用品、醫療器材、糖業、紫檀、古董、硯石等之買賣，亦有經營印刷廠者。在兩岸貿易中扮演重要角色的香港，日本商人還經營寶石、五金業、紡織品、象牙、布料、照相器材、化妝品等的買賣 (注242)。汕頭的日商另外還經營保險、煙草業 (注243)。廣州在 1937 年以前，因英美勢力較強，加上反日，除三井物產及一、二商社之外，日商與臺灣之往來不多。1937年日本佔有廣州之後，特別由臺灣派遣製糖、製紙、水泥、硫酸、清涼飲料等技工到廣州，由南方糖業開發合會、王子製紙、淺野水泥、三井物產、大日麥酒等公司經營，臺灣電力、臺灣拓殖，也在廣州設立分店經營電氣事業、水道、煤碳、金屬類礦產、和造船修理。福大公司在廣州及分店經營公共汽車與造船鐵工，日本海洋漁業統制公司在廣州設分店供應鮮魚及從事製冰 (注244)。

　　上海有三井物產公司、正金銀行、郵船公司、樂善堂、和大東輪船公司等所設的支店。此外，在長江流域和蕪湖有田中雜貨店，漢口有來肥洋行從事雜貨業 (注245)。日據臺灣初期，日本人在上海的勢力不大 (注246)。

　　臺灣與東北之間的貿易多由日商經營。如三井、三菱曾將東北之豆餅銷售臺灣 (注247)。臺灣的農會亦曾直接向東北訂購豆餅 (注248)。滿洲國成立之初，日本政府希望以臺灣為其參考對象。臺灣總督府1933年在

注242　《臺灣と南支那》，頁14、108。
注243　內田五郎：《新汕頭》，出版地、社不詳，昭和 2 年，頁11-12。
注244　田中偷：〈南支那（廣東）・臺灣連繫の方途〉，《臺灣時報》，昭和
　　　　18年12月號，頁33,38。
注245　《臺灣產業雜誌》第六號，臺北：臺灣產業雜誌社，明治 32 年 2 月 5
　　　　日，頁10。感謝許雪姬教授提供此一期雜誌。
注246　同上，頁10。
注247　「盛」，昭和8.10.13。
注248　「盛」，昭和8.5.23。

東北設立臺灣物產介紹所，臺灣靑果株式會社、大連事務所、臺灣之靑果公會、茶商公會也都到東北拓展貿易 (注249)。臺灣的臺灣、明治、日糖、鹽水等四家糖社均投資開創滿洲製糖公司，以明治投資較多 (注250)。很多臺灣的臺灣銀行職員轉爲滿洲國中央銀行的幹事 (注251)。很多滿洲國的官員與臺灣有關，如滿洲國外交總長謝介石乃臺灣新竹人 (注252)。

在與兩岸貿易較有關係的口岸，如廈門、福州、汕頭、上海、大連等，日本政府均設有領事館，也設有學校、醫院、報社等。譬如廈門有日本居留民會所設之廈門高等小學、東瀛書院及共濟醫院等等 (注253)。在福建設有閩報及福州日報、全閩新日報，在北京設有順天時報，以協助宣傳 (注254)。

4. 日本政府、商人與臺商

(1) 日本政府與臺商

日本政府對於兩岸貿易的開展，先是希望割斷陸臺之間的紐帶，後來在南支南洋及南進政策之下，又希望以臺籍人士媒介達成日華親善之目標，也有若干鼓勵政策，尤其在1920、30年代之後 (注255)。

但在財政方面，即使因此而有開發華南貿易方面的預算，金額原已不多，眞正資助臺商發展華南貿易的部分更是稀少。即使到1923年，發展華南及南洋的經費已增爲八、九十萬圓，其中有 434,100 圓用來補助日本政府在廈門、廣州、福州、汕頭等地所設之醫院，約 90,700 用來補助福州、廈門、廣州等日本人就讀的小學，臺人就讀的福州東瀛學

注249　岸澤東一，頁25。

注250　「盛」，昭和 10.9.10, 10.9.14, 10.10.10, 11.5.4, 11.6.25, 11.10.2。

注251　加納久夫：《臺灣から滿洲へ》，臺北：臺灣から滿洲へ發行所，昭和7年，頁36。

注252　同上，頁36，77。

注253　《南邦事情》，頁56。

注254　《臺灣から滿洲へ》，頁161,164。

注255　「日」，大正13.1.19。

校、廈門旭瀛書院、臺人及日人皆可就讀之汕頭東瀛書院等，有41,000
圓用來補助日文的全閩日報及廣州的電信交通局，有76,500圓是給總督
府相關公務員、對岸領事的酬勞及其它經辦費用，以上均只間接而非直
接與發展華南經貿有關。另有42,000圓的團體補助給予南洋協會、東洋
協會。再者，有6,500圓之旅行補助，一共補助三人，其中二人為日人，
一人為臺人，用來視察南洋。所剩 122,200 圓是事業經營補助費，其中
有十餘萬元用來補助南洋的事業，只有二萬元補助華南銀行還與華南的
發展有關，此二萬元補助在該銀行千萬元的資本額中所佔比例實微乎其
微 (注256)。故臺人除醫院、學校方面間接得到補助之外，直接受臺灣總
督府補助以發展兩岸貿易的情形很少。以在兩岸經貿扮演重要角色的臺
銀而言，如臺灣公會活動，固曾得其資助 (注257)，但與日本政府整體對
臺胞之融資情況一樣，多限制於與臺人間接相關之事業，如臺人移住城
市之報紙、學校、醫院等 (注258)。

　　在政治方面，日本政府對臺商在大陸的活動，正負影響兼而有之。
大陸、日本的差別關稅政策原不利於臺商之大陸貿易，但此政策又有利
於臺商之東北貿易。臺商的日本籍身分，在中國相對日本處於弱勢的時
期，有時是一種「護身符」 (注259)。這個身分也使臺人可以得到日本領
事館的保護及利用其所設立的學校、 醫院及發行的報紙 (注260)。 但這
個身分與權利也是臺商成為整個民國時期接二連三的排日運動的犧牲者
(注261)。尤其很多臺灣浪人利用日本籍進行走私、開設煙館、妓女戶及

注256　＜對於南支南洋費用途的批評＞，《臺灣民報》，第二卷第拾壹號，大
　　　　正14年４月11日。
注257　黃瓊瑤，頁95。
注258　同上，頁95。
注259　《臺灣民報》，第76期;「日」，大正14.10.25。
注260　「日」，大正14.10.25。
注261　「中關年」，汕頭，1919:997, 1920:19, 溫州;「日」，明治35.3.9; 大
　　　　正8.10.31,8.11.1,8.11.2。

在對岸騷擾，也常使臺商因爲同是臺灣人而受累 (注262)。

(2) 日商與臺商

臺商可能與日商合資經營對岸貿易。顏雲年卽曾與大倉組、三井合資輸出煤炭到對岸 (注263)。三五公司在福建的樟腦事業可能與林朝棟有關。臺籍紳商也有任職日本公司的機會。大阪商船公司曾任用臺籍紳商林麗生氏充當經理， 林氏原任職於德忌利士公司多年， 對於船務極有心得 (注264)。擔任湧泉錢莊、鼎新公司主人的鹿港紳商施範其在廈門期間， 曾是廈門臺灣銀行顧問 (注265)。他也是廈門勞力介紹所南國公司及湯淺公司之買辦 (注266)。臺商與日商間的這種接觸， 使臺商從日商學到若干經驗。日商拓展的市場有時臺商也由後跟進。如東北三井、三菱所開闢的臺茶市場， 臺商卽隨後跟入。

整體而言， 日商在日本政治勢力較 強的大陸地區較 當地臺商佔優勢。東北的貿易均是日商領先。在日本佔領後之上海、廈門、廣州亦由日人控制整個經濟局面。以1938年日本佔領廈門爲例，臺灣銀行廈門分行曾經透過臺灣公會組織廈門的金融機構，控制局面，並使日本商社林立 (注267)。

但在閩南，因爲語言、習俗相近，又可與中國政府深入往來，臺商勢力在1938年日本佔領廈門以前尙凌駕日商之上。以1903年爲例，廈門有洋行254家， 其中230家爲洋籍華人，內日本籍臺民 150 家，根據海關年報指出：「其〔日本籍臺民〕牌號較大， 於資本藉洋行之名， 以剝股實華商而奪眞正洋行之生意 。」 (注268)由表一亦可看出， 在福州、廈

注262　《臺灣民報》，第76期，大正14.10.25。
注263　「日」，大正6.2.1。
注264　「日」，明治35.11.19。
注265　「日」，明治37.12.10。
注266　「日」，大正6.1.7。
注267　林仁川：《福建對外貿易與海關史》，頁286。
注268　「中關年」，1903:759。

門、汕頭臺籍人數多於日籍。臺商在閩南地位的突出，也見於前述金融、投資、貿易方面。臺商之凌駕閩商與閩南經濟勢力的衰弛，以及臺灣經濟之崛起有關。閩南原以出口閩茶爲賺取外滙之重要來源。閩茶又爲大陸茶之大宗。大陸茶出口在1876、1881、1886、1891、1896各年之成長率分別爲0.82、17.47、-1.81、-23.42、-20.09，相對地，同期臺茶出口之成長率爲 331.92、84.63、15.19、8.93、28.60 (注269)。這是閩商於清末至臺灣種茶並由廈門出口臺茶的背景。至日據以後，因臺茶轉由基隆出口，廈門經濟備受打擊 (注270)，臺閩經濟力量乃更爲懸殊。

四、歷史意義: 臺商拓展外貿經驗之一重要篇章

1. 臺商享有更多直接參與兩岸貿易的空間

　　臺商在日據以前，固然也曾到廈門設置錢莊或購買土地，但由臺商在廈門擁有土地由1895年以前之爲276坪增爲 1935 年的一萬多坪，及臺商在廈門、福州、汕頭等地所設商行之多，卽使其中有大陸商人改隸臺籍者，仍可以看出日據時期臺商在兩岸經貿關係中有了進一步的發展。臺商在日據以後兩岸貿易的金融滙兌方面，雖有日本領臺初期的頓挫，但大正年間及昭和初期，曾有過蓬勃的發展，由其於1935年融通廈門與臺灣貿易的資金還超過臺灣銀行可見一斑。這一發展與1895年以前主要由大陸資本家融通兩岸貿易資金的情形比較起來，已經開啓了當前臺灣資本流入大陸的歷史起點。

　　而在航權方面，由1895年以前之由大陸資本家壟斷兩岸直接貿易航運，到 1895 年以後臺商已能自由租用、購買船隻開展貿易，並常以揷著日本旗的船隻開進中國大陸 (注271)。這是臺商「外」貿經驗的一種拓

注269　林滿紅:《茶、糖、樟腦業與晚清臺灣》，頁5。
注270　「中關年」，1904:73a，1909:91b。
注271　「中關年」，1908:89a，1914:919，1915:965。

展。臺商之直接到大陸市場售貨，到大陸產地購貨，是繼陳福謙至日本售糖購貨之後，另一波的直接貿易的發展。此一波的發展爲一羣人的發展，而非如陳福謙之僅爲個人的發展。

在整個臺灣對外貿易中，對中國以外國家以及對日本的貿易，日本財閥與洋行雖仍居於較重要地位，但在兩岸貿易方面，由本文之研究已可看出，由於大陸資本衰退，英美資本撤出，及日本資本未取得絕對優勢，而留給臺商發展的機會。臺商之參與此項經貿活動，多少有其「血濃於水」的民族情懷。如民族運動家林獻堂1920年之所以願意在總督府及臺灣銀行策劃下，創辦南洋倉庫公司，經營華南及南洋的貿易，並且在創立大會上表明將爲此一日人提倡的公司「鞠躬努力」，是出於一種民族情懷 (注272)。而這種民族情懷在日本政府看來，又可用來推進其對岸或南支南洋或南進政策。中日兩棲的政治文化屬性使臺商闖出兩岸貿易這種對「外」貿易的天地。

2.政治文化認同問題的更多歷練

在臺商試圖開展與大陸貿易的過程中，也引發了學習北京語的動機。1919 年的《臺灣日日新報》指出：「嘉義人士，渡航榕垣〔福州〕、鷺島〔廈門〕、南洋各地，多獲枝棲，然以不諳支那語故，致阻前途者，正自不鮮，頃者街之靑年，深鑑及此，受邀同志，擬創圖南學會，研究北京語文。」(注273)1917年東洋協會臺灣商工學校也教授北京語文以便利對岸貿易 (注274)。

臺籍子弟的就學情況也反映出其文化方面的趨勢。1902年的《臺灣日日新報》指出：泉州府五縣中以晉江縣人才最多，而該縣歲科三試常由臺籍子弟奪魁。1900年爲施靜山,1901年爲新竹葉姓,1902年爲臺中鹿

注272　司馬嘯靑，《臺灣五大家族》上冊，頁110。
注273　「日」，大正8.3.22。
注274　「日」，大正6.1.21。

港街施捷修，其弟施豫亦各列前茅（注275）。鹿港施家前曾指出，與錢莊業有關，故此等臺籍子弟可能與臺商有關。若然，則反映出臺商對傳統科舉文化的興趣。而以日據時期之板橋林家為例，其子弟就讀之學校，包括林柏壽（林維源子）之就讀經濟於英國倫敦大學、就讀法律於法國巴黎大學（注276）；林熊祥就讀東京學習院高等科，修習哲學（注277）；熊祥弟熊光於東京帝國大學修習經濟（注278）；林鼎禮（爾嘉三子）畢業於英國劍橋大學經濟系等等（注279）。

臺商在文化上的兩棲性也表現在習俗上。商家雖改行新曆新年，少在舊曆年放鞭炮、爆竹、賭博，但收賬仍在舊曆年進行（注280）。這種兩棲性更見於顯赫之臺商。林熊徵以迎神賽會、詩意閣招待訪臺之日本秩父宮太子，其中請來了北港、鹿港、臺南、關渡各處媽祖，北港還請最為靈驗之「二媽」（注281）。後來也擔任日本貴族院議員的辜顯榮，是臺北孔廟的捐建人之一，也熱衷於從大陸請戲班子來臺（注282）。

在政治方面，孫中山、陳炯明、陳銘樞、林森、吳佩孚、閻錫山等等，臺商都有交往（注283）。這種政治投資有時比經濟投資更難預測其成果。1924年顏國年因為顏惠慶的介紹，認識吳佩孚，擬以五百萬圓投資發展山西礦業。臺北九份臺陽礦業事務所還懸掛一幅閻錫山寫給顏雲年的字可以為證（注284）。吳佩孚失敗下野，日本政府又多方阻撓，整個計

注275　「日」，明治35.11.16。
注276　「家傳」，頁45。
注277　「家傳」，頁81。
注278　「家傳」，頁89。
注279　「家傳」，頁96。
注280　「日」，大正6.1.21。
注281　「日」，大正14.6.7。
注282　司馬嘯青，《臺灣五大家族》下冊，頁101。
注283　詳見：前引司馬嘯青書。又根據林衡道教授指出：今臺中縣后里鄉毘廬寺（臺中縣神岡鄉山腳村富家 呂家所建之尼庵）懸掛有吳佩孚的字，可見臺人與吳之間有所來往。據戴寶村教授指出高雄陳仲和家族留有段祺瑞題字。
注284　林衡道教授口述。

畫胎死腹中（注285）。林朝棟子林季商1917年擁護孫中山先生的護法運動，協助其軍擊潰段祺瑞系統的李厚基在福建的勢力， 爲北洋軍閥所忌，1925年爲北洋軍系殺於漳州（注286）。在廣州擁有二十餘萬日元資產的臺籍富商林麗生〔林輅存〕曾爲孫中山先生所重用。孫中山之後繼者李濟琛失勢， 廣西派擡頭之後， 林麗生逐次失去要職， 1939年 5 月林麗生又爲財政部長宋子文任命爲廣東省財政廳經濟會委員（注287）。

　　中日兩棲的政治文化屬性也見於遷居上海的臺灣籍民身上。他們之中亦有心懷抗日而寓居該地者。在抗日情緒高漲的氛圍裏， 他們也設法隱瞞自已的「日本人」身分， 而以福建人或廣東人名義出入上海。該地雖同時有日本人辦的及中國人辦的小學， 其子弟多半就讀中國人辦的小學。此中， 臺籍子弟有30名。而日本人辦的小學只有13名。臺灣籍民青年子弟至 1974 年仍有 95 名就讀上海的大學， 如上海的中國醫學院、新中國醫學院、聖約翰學院、南通學院醫學部、中法國立大學院、同濟大學、暨南大學、華夏大學等， 與上海的高中如新亞中學、泉清中學等。以中央研究院院士、前文化建設委員會主任委員陳奇祿爲例， 其父在廈門經商， 陳院士生於廈門， 並在該地唸完中學之後， 轉就讀上海聖約翰大學（注288）。1938年上海淪陷之後， 情況顯著改變， 臺灣籍民又標榜自己是「日本籍民」。此等籍民， 商人佔其一大部分。不少臺灣人也與日本人、朝鮮人一樣當起日本政府的「御用商人」， 利用其與中國人間的人脈關係及語言上的便利， 走私戰爭所需的物資致富。臺籍子弟唸日本人辦的小學的比例增加， 很多臺籍青年也轉而就讀日本辦的大學與高中（注289）。

注285　司馬嘯靑，《臺灣五大家族》上册，頁55-56。
注286　「日」，大正8.5.4; 司馬嘯靑：《臺灣五大家族》上册，頁101。
注287　中村孝志，＜華南における「臺灣籍民」＞，《南方文化》，第18輯，1991年11月，頁264。
注288　林衡道教授口述。
注289　荻洲生，頁157-159。

這種時代悲劇所造就的政治文化認同彈性，在往後臺商對外拓展貿易而面臨類似問題時是否多少會有影響呢？

3. 展現新的經營理念

在臺商拓展兩岸貿易的過程當中，也學習了利用股票集資、突顯商標、利用藝閣遊行、廣告、舉辦博覽會促銷商品、及體會「公司」自有其生命的一些理念。

(1) 利用股票集資

臺灣總督府民政長官後藤新平邀本島人參加製糖公司之後，曾發股票給臺灣商人。臺灣商人並不樂於接受，因為「當時臺灣本島人，對股票甚無知識。」(注290) 但到了1936年左右，臺商已頗可接受股票這種有價證券的觀念。臺灣對日本股票的供需對東京股市還有重大影響。此一臺灣經驗還要傳授給上海的紳商及東北地區 (注291)。與兩岸貿易有關的股票發行，見於連雅堂為《福建日日新報》之集資過程。連雅堂在廈門開創此一報社以推展日清商業，銷路甚暢，擬購置新機器擴張營業，與鹿港官紳施範其合力提倡，將合資公司改為股份公司，印製股票在臺灣發行 (注292)。

(2) 突顯商標與更豐富的廣告方式

A. 商標保障

清代官府對於商號之商標並未加以管制，若有冒用的情形，則由郊商出面阻止 (注293)。日據時期則由政府監督。如烏龍茶、包種茶出口均附以商標，自得競其聲價 (注294)。1920年大稻埕臺灣金紙株式會社向法

注290　「盛」，昭和11.3.12,11.3.13。
注291　「盛」，昭和11.3.12,11.3.13。
注292　「日」，明治37.12.13。
注293　見伊能嘉矩：《臺灣文化志》下卷（東京：刀江書院，1928 年原作，1965年西田書店複刻版），頁14-16。
注294　「日」，明治33.1.21; 臺灣省文獻委員會：《臺灣省通志》，經濟志，商業篇，第一冊，頁４。指出日據時期的臺灣於明治37年７月１日以後開始採行商標法。

院控訴四家商店用大陸走私進口的金紙盜用其商標。其後臺北廳受檢查局命令，派遣部補、巡查、刑事十數名，至該四商店搜索、押收庫品、帳簿（注295）。1920年臺北銀紙製造公司亦向臺南法院控訴臺南商人鄭振安由對岸輸入銀紙盜用其商標（注296），可見商標在日據時期受到更大保障。

B.　一般廣告

1905 年《臺灣日日新報》指出商業廣告方面的變化：「廣告一事，本島人已聞之矣。在昔本島亦盛行。改隸以前，未有新聞，欲招顧客者，□以廣告貼於牆壁戶牖，俾人易觀久處。如此廣告法，只告一方人士，而佑者亦僅矣。當今之世，曲時□懸殊，以一己職務、生業、商品、姓名、店號之徵，無論在本島內，卽海之內外，亦宜使馳名普遍。應此交通利便之機，就中各種商家，其為經營四方，欲求遠地顧客者，招徠之法，固不可不縱橫活潑，所謂世道而文明也。夫廣告揭載之事，旣極盛行，自不得不趨時，有時廣告費用，多於營業資本幾倍，如是者不乏其人。」（注297）。在《臺灣日日新報》上，經常看到香煙、金銀紙、茶葉、醫藥的廣告。

C.　藝閣

日據時期一種新興的廣告方式，是為「藝閣」。

日據中期，由於鐵道貫通南北，加強了人羣流動的便捷，加上島內批發零售的民間商業形成，各主要城市的商店往往藉著規模浩大的迎神賽會，吸引前來交易的人潮，帶動地方繁榮。

大稻埕是當時全臺貨品批發中心，境內的霞海城隍慶典自然吸引從各地來的零售商和參觀人羣。每到農曆 5 月13日的霞海城隍祭日，由各

注295　「日」，大正9.7.2。
注296　「日」，大正9.1.21。
注297　「日」，明治38.3.19。

地蜂擁而來觀看陣頭遊行及隨香的信衆，多達三、四十萬人。鐵路局還要加開班車，才能應付如潮水般湧來的香客。

　　祭典期間，大稻埕的商家招待與自己有商業往來的各地零售商，趁這機會順便聯絡感情，鞏固未來的合作關係。在慶典活動結束後，參觀的人們既獲得了心理上的滿足，也不忘採買物品回去。許多零售商甚至在此時購回整年所需物資。因此一趟祭典下來，商家的獲利甚至是年中收入的總合。

　　在此迎神賽會中，除了獅陣、樂隊、蜈蚣座之外，最引人注目的，就是「藝閣」了。藝閣可說是臺灣民俗慶典的「遊行花車」，做出山水亭臺樓閣的布景，由人物化粧巧扮，佈置出富含詩意的情景，因此又稱「詩意閣」。詩意閣多由商家出錢推出，往往寓含廣告意味，如茶商的「啜冰煮茗」、酒樓的「太白醉酒」等。

　　詩意閣上的人物，有不少是由大稻埕的「藝妲」來妝扮，吸引許多人遠道來參觀。因此在當時流傳出「未看見藝妲，免講大稻埕」的趣談（注298）。

　　以1920年新竹城隍繞境時的藝閣爲例，參加者除篤志團、紳士團、保正團、西醫團、醫生團等政府紳士方面的團體之外，另有小規模工業的刻印團、活版團、製酒團、陶器團、鐵工團、染房團、銀紙團、金紙團、金銀細工團、帽麻團、材木團、製紙團、運輸團；食品業的生菜團、豚肉團、生魚團、米穀團、豆穀團、醬油團、雜貨團；衣著業的布料團、彩帛團、製鞋團；民間藝術的北管團、南管團、獅陣團、音樂團；金融業的金錢貸放團等等，共41團參加（注299）。

　　再以臺南市媽祖祭爲例，依《臺灣日日新報》報導：「既以此十六七兩日軔行之，十六日正什許，奉其神輿，隨從許多行列，由大天后宮

注298　《臺北歷史散步》，頁84-85。
注299　「日」，大正9.8.25。

啓程繞□，市內重要各所到處皆□奉迎大燈，地方之一般參詣者，亦以日前紛紛來南，故市內皆極其熱鬧，且其所裝臺閣，自經連雅堂氏匠心獨運，各視其營業種目以爲改新而後，無不有廣告的意味，因之較前亦益加出色。」(注300)

藝閣旁邊樹有廣告大旗，1920 年大稻埕城隍繞境時，含廣告意味之藝閣旗幟，以金牌贈與優勝者。審查場所，擇在林本源第一房事務所前，審查員爲林熊徵、洪以南、謝汝銓、連雅堂、魏清德、林朝儀、陳茂通、盧曉山諸氏 (注301)。

這種活動,除大稻埕、新竹、臺南之外,基隆、臺中均有之 (注302)。日本政府爲了此等活動還加開火車配合，商品在此等場合的加速流通是必然的結果。而政府、紳商家在此時期之與臺灣民俗活動密切結合，由此亦可見一斑。

　　D.　舉辦博覽會

1935年在臺北有兩個大型博覽會介紹臺灣、東北、華南、南洋的產品於世界各國，耗資達一百五十萬圓。舉辦時間共五十日，邀請參觀對象包括南洋、非洲、西歐、美國等。展出品包括農業、林業、水產業、鑛業、機械及電氣、化學工業、紡織工業、商業、專賣、圖案、通信、土木、學藝、社會事業、美工、保健衞生、國防、觀光等等方面的產品 (注303)。

臺灣茶葉公會亦組臺灣茶宣傳隊到東北 (注304)。大連亦設有臺灣物產介紹所，以促進臺灣與東北間之貿易 (注305)。1935年東北亦曾召開臺

注300　「日」，大正8.4.18。
注301　「日」，大正9.6.21。
注302　「日」，大正8.4.18,8.11.2,11.4.10,13.5.12。
注303　「盛」，昭和10.10.12。
注304　「盛」，昭和13.11.2。
注305　「盛」，昭和11.1.16。
注306　「盛」，昭和11.5.8。

北州特產展覽會 (注306)。

　　透過這些方式所促銷的商品，雖不僅爲兩岸之間往來的商品，但亦其重要成份。

3.「公司」自有其生命的觀念

　　臺灣人的繼承法強調的是血緣關係，血緣上的父子關係構成家產繼承的基礎。日本的繼承著重的是「家業」傳承，無論那一個兒子，或是女婿，或是養子，只要有能力把家業發揚光大，誰就可以繼承 (注307)。日據初期，臺灣商人不具備法律上「商人」的地位：「本島人營商業者，不得稱爲『商法』中之所謂『商人』也。」臺灣商人不能援引日本商人所用的破產法，卽子孫不爲父祖承擔破產以後的債務的法律：「對非商人之本島人，申請破產，殊不適法」。在臺灣，商人一直到 1903 年才爭取到這個「 商人 」地位 (注308)。在這個「 商人 」法律地位的爭取過程中，臺商多少學到「公司」有外在於家族之客觀生命的觀念。

4.臺灣工商領導階層的進一步凝塑

　　日本領臺前夕崛起的豪紳與買辦兩種臺灣本土的工商領導階層，在日據時期兩岸貿易的發展過程中，有了進一步的凝塑。1904年福建地方官爲慈禧太后辦的生日晚宴，有四十餘名紳商參加，林維源、洪輔臣均在其中 (注309)。同年，廈門商會成立，以洪輔臣充當翻譯，指陳興利除弊方向 (注310)。洪輔臣爲臺灣和記 (Boyd & Co.) 洋行買辦 (注311)。林維源所代表的豪紳資本，在兩岸貿易中，如前所述，無論金融、航權、貿易，均極突出。其在島內的經濟地位，由日俄戰爭期間臺灣紳商的捐款數額可以看出其經濟實力。其中，林維源：80萬圓，辜顯榮：30

注307　Man-houng Lin, "The Perpetuation of Bloodline Versus Family Property: A Crucial Factor for the Different Demographic Dynamics of Pre-industrial China and Japan," *Symposium on the Modernization in China,* The Institute of Modern History, Academia Sincia, 1991, p. 43.
注308　「日」，明治37.10.25,37.11.21。
注309　「日」，明治37.11.25。
注310　「日」，明治37.3.25。
注311　「金融」，頁35。

萬，陳中和：12萬5千，林烈堂（林獻堂長兄）、林季商、李春生：各3萬，容祺年、吳□□：各1萬5千，林獻堂：1萬2千，黃光階、鄭悅南等：各1萬 (注312)。

　　除辜顯榮是日據時期所崛起並與板橋林家有極密切的婚姻關係之外，以上林維源、林烈堂、林獻堂、林季商等人代表日本領臺以前臺灣已有的豪紳資本的延伸，陳中和、李春生、容祺年（怡和洋行買辦）則為日本領臺以前已崛起的臺灣買辦資本的延續。而在769萬9075圓的捐款中，臺北即捐626萬5375圓，臺中、打狗、臺南各為35萬、33萬、25萬左右 (注313)，也延續日本領臺以前北部紳商財富凌駕南部的情況。雖然在兩岸貿易的發展過程中，也見彰化、嘉義、臺南、高雄、基隆等地一些商人的崛起，但就其財富累積程度而言，仍以延續割日以前豪紳、買辦資本的家族較為卓著。

　　這些家族個別與日本政府的關係固然有所不同，在商貿發展方面，也有過競爭，但這些家族之間的密切往來仍然可見。當板橋林家的林爾嘉、林鶴壽、林彭壽陪同福建的官紳參觀臺灣時，臺北部分由板橋林家招待，臺中部分則由霧峰林家招待 (注314)。林朝棟子季商由廈門返臺時，在臺北即住辜顯榮之大和行 (注315)。林季商託辜顯榮賣樟腦有所損失但沒有得到辜合理的賠償時，兩家曾對簿公堂 (注316)。此乃明治年間事，而於大正年間，林熊徵、辜顯榮合組振南會社時，其香港分店，選用張舜徵擔任店主 (注317)，張乃林朝棟幕府，至香港因經營樟腦貿易致富，為香港之閩商翹楚 (注318)。1936年霧峰林家林獻堂等一行走訪大陸

注312　「日」，明治37.3.10，37.3.12。
注313　「日」，明治37.3.12。
注314　「日」，明治38.1.13。
注315　「日」，明治34.11.7。
注316　「日」，明治38.4.15。
注317　「日」，大正8.10.3。
注318　「日」，大正8.2.11。

時，也曾在廈門鼓浪嶼的板橋林家留影紀念（注319）。

往來兩岸的工商鉅子由以下一則故事亦可見其在臺灣本島工商界的領袖地位。大稻埕茶商公會在日據時期臺灣工商界極具勢力。1904年該公會選會長，吳文秀、陳瑞星互相競爭。陳希望連任，但吳以外國洋行買辦助己，且依附「對岸商人」以遊說會員，遂獲勝（注320）。由此可見旅居對岸的臺灣商人對臺島內部的影響力。大稻埕的江山樓、春風得意樓、臺中新盛樓以及全省連鎖的大稻埕東薈芳（後來改爲「蓬萊閣」）、臺南西薈芳、北投新薈芳等酒樓都是日據時期臺灣商人聯誼洽商的重要據點（注321）。由對岸板橋林家花園的探訪、本島各地酒樓的聚飲，到參與各種公共活動，本島工商領導階層都有了進一步的凝塑。

5.開啓技術回流大陸之契機

由於臺灣是十七世紀以來大陸移民建立的一個社會，在 1895 年以前，臺灣農工商各業的技術，除荷據時期及1860至1895年間英美勢力介入時期有外國技術引入之外，主要都來自大陸。技術方面，如稻作所需的耕犁、牛隻、種子，製糖所需的蔗苗、熬糖技術，其它經濟作物所需的熬製樟腦、種桑養蠶技術，乃至各種水果包括香蕉、菠蘿、柑桔、荔枝、龍眼、木瓜、枇杷、芒果、橄欖、檳榔、椰子等均由閩南、粤東傳入（注322）。卽如清末臺灣開港後，漳泉茶商認爲紅茶更適合歐美人的胃口，在貿易上有利可圖，便紛紛在臺灣新竹一帶投資種植紅茶（注323）。

注319　賴志彰編：《臺灣霧峰林家留眞集——近現代史上的活動，1897-1947》，臺北：自立報系文化出版部，民國78年6月，頁235。

注320　「日」，明治37.11.9。

注321　「日」，大正6.1.31,8.10.8,12.6.17；昭和2.1.22。

注322　廖淵泉、黃天柱＜試論明清時期泉州移民對臺灣農業的墾殖＞，《農業考古》，1986年第2期，江西省農業考古研究中心，江西省社會科學院歷史研究所，北京農業出版社，1986年12月30日；亦見廖淵泉，黃天柱，＜泉州人民與臺灣農墾＞，收入《泉州文史資料》新一輯，泉州：中國人民政治協商會議福建省泉州市委員會文史資料研究委員會，1986年9月，頁123-141。

注323　林仁川：《福建對外貿易與海關史》，頁197。

　　日據以後，每年約有一萬人的勞工來臺，擔任採茶、採礦及金銀工、漆工、鞋工、人力車夫、理髮司、廚司等工作（注324），這是傳統技術由大陸流入臺灣的歷史延續。

　　但與以往歷史不同的是，日據以後，臺灣已有技術回流大陸。在1926年的廈門，臺商所從事之家內工商業家數最多的前十名依序為：雜貨、藥物、海產物、滙兌、服裝布料、煙草、穀物、醫院、酒類、木材，再其次的十種為旅館、金物、金銀細工、薪炭、電燈器具、食品、陶瓷、糖業、水果青菜、砂糖，又其次為古物、牛乳、運輸、典當、製鞋、蠟燭、醬油、冰店、生魚、紙類、石鹼、照相、飲料水、印刷、鐵工、樟腦製造等。臺商至大陸的這些投資，多少都引進了臺灣的新技術。1919年臺南資本家在福建設置糖廠卽引進臺灣的機器製糖辦法。1936年泉州知名人士與四位臺籍富商引進臺灣機器製糖技術，創設溫陵製糖工廠，至今該廠仍為泉州最大之製糖廠（注325）。1933年泉州華僑在臺灣購置了爪哇蔗苗試種。此外，臺灣的藤器、大甲蓆、大甲帽技術也傳入泉州，而改進了當地這些方面的發展（注326）。1911年臺灣倉庫事業之所以到對岸發展業務，也是因為大陸人缺乏經營倉庫事業的經驗（注327）。

6. 總結

　　由1683至1860年約二百年期間，臺灣的外貿對象主要是中國大陸，整個兩岸貿易主要是由大陸商人所經營。往來兩岸的船隻係由大陸商人提供和經營。大陸來臺的郊商與清朝官僚體系有密切關係。一則官方唯恐不良分子介入遠地商貿難以確保治安，二則當時商家由內地取貨遠運，亦需相當勢力才能防範中途搶劫，三則長程貿易乃政府以及官員之一投

注324　高橋龜吉：《現代臺灣經濟論》，東京：千倉書房，昭和12年，頁397。

注325　《泉州文史資料》第三輯，頁10。

注326　《泉州文史資料》第一輯，頁123。

注327　「日」，大正6.4.5。

資去處。在官僚體系的翼護下，郊商控制整個兩岸貿易的航權與貿易金融權，臺灣出口品的生產與銷售主要係由其提供資金。1860年至1895年間，臺灣的外貿對象擴展及全球，兩岸的直接貿易仍由大陸商人主導，並且相對1860年以前仍有擴張趨勢。臺灣的出口品由廈門、香港轉口至歐美的過程則多由外商經營。將臺灣產品直銷島外市場，只有陳福謙將糖銷售日本之例。雖然板橋林家、霧峰林家、李春生等豪紳型或買辦型的本島資本已將茶、樟腦賣至廈門、香港以供再轉口至西洋，但此非兩岸間之直接貿易，由1895年之前，臺商在廈門擁有的土地才 273 坪，可見來臺以後才崛起的商家在1895年以前尚少到對岸投資。

隨著1895年的日本領臺，臺灣與大陸雖由不同政權統治，日本也取代中國大陸成為臺灣主要貿易對象，但兩岸貿易卻不像1955至1979年間之隔絕。雖然臺灣對日本乃至對其它外國的貿易是如《臺灣省通志》所說：由日本財閥所控制。在兩岸貿易方面，日本政府也給予日商優厚補助，呈現出日本政府與財閥之間的緊密結合。但是因1911年以後原來壟斷兩岸貿易之大陸資本家在受日本政府差別待遇政策之外，亦隨清朝官僚體系以俱亡，英美資本抵不過日本政府壓制而式微，部分臺商或不願歸屬日本，或因為其中國關連可與日本的南支南洋或南進政策相互為用，而在兩岸經貿關係中有了發展的空間。很多臺商將其由清末積蓄之財富轉至大陸投資。在經濟力量因本身所產茶的市場喪失及轉口臺茶的貿易權又為基隆取代而衰弛的閩南，臺商因語言、習俗相近，無論在金融、在現代工業投資，乃至一般商業貿易方面，都有超乎當地商人之上的成就。在日本佔領閩南之前，臺商之勢力也在很多方面超越日商。在福州、汕頭、廣州、上海、和東北，臺商的勢力雖不比在閩南強大，但也有很多直接貿易的開展。整個貿易在1931年以前以華南為主要對象，1931年以後的東北，1937年以後的華中、華北更趨重要。臺商這些直接對外拓展經貿的經驗，已具體表述著：在臺灣的歷史長流中，三百年間

由十七世紀至 1895 之資金、技術主要是由大陸流向臺灣的局面，則至 1895年以後轉爲資金、技術主要是由臺灣流向大陸的局面。

這一發展，日本政府在財政方面的補助少之又少，若干日本政府、日商開闢的市場，倒提供臺商跟進的機會。在日本公司工作的臺商，也學到若干經驗。再者，日本籍的身分也使臺商在大陸免於被徵課釐金，並享有治外法權。這使日據時代在大陸的臺商與今天在大陸上的臺商在政治地位上有很大的不同。但在大陸昂揚的抗日情緒及臺灣浪人不良行爲的牽累之下，臺商的處境也有極其艱難的一面。日本本身的政商關係雖然緊密，不過在中日敵友關係萬變，臺商中日兩棲的文化屬性有時可爲日本倚重，也使臺商走出兩岸經貿發展的若干空間。

臺商在日據時期兩岸經貿關係中累積了很多外貿經驗。拓展直接對外貿易、投資；以股票集資、以開博覽會、迎神賽會、廣告等方式促銷；領悟到公司有外在於家族之外之生命；在對外經貿活動拓展過程中，有關政治、文化認同問題需更靈活處理等等皆是。他們也在此中建立了與大陸、日本、以及他們本身的人脈關係。光復以後的臺灣一直是高度貿易取向的經濟體，走過貿易依存度曾經高達一百以上的 1960、1970 年代，1990年臺灣的貿易依存度仍有87.7％ (注328)。對外貿易是臺灣整體變遷的先頭部隊之一。臺商在日據時期兩岸經貿關係中累積的外貿經驗以及他們在此中建立的與大陸、日本以及他們本身之間的人脈關係，都是光復以後臺灣外貿發展不可忽略的一段歷史背景 (注329)。

注328　貿易依存度指出口值加進口值除以國民所得的百分比，1990年數字係由行政院主計處《中華民國臺灣地區國民經濟統計季報》，81年11月，第33表算出。

注329　陳威佑先生提供其親家母董秀琴女士由日據時期之從事兩岸經貿活動奠定其在光復以後從事臺灣工業發展的一個例子：「董秀琴女士原籍福建省福州府長樂縣，生於臺北市延平區迪化街，於日本大東亞戰爭時期之民國二十五年間親訪福州府祖厝，完成其父董坦遺訓，後偕夫遊行於大陸沿海各省，從事於物產、五金類貿易，歷經廣東、香港、寧波、徐州、上海等地，輾轉九年間生意蒸蒸日上，而奠下大陸事業拓展之基。於臺灣光復後遷移回臺定居，鑒於酸鹼業爲臺灣工業起飛之母，乃先後投資經營五堵、大來、樹林鎮海山化工公司兼任公司總經理之職，又獨創正泰化工公司，副創關係企業正英建設公司、首利建設公司等事業，並

本文之作曾蒙國科會 NSC81-0301-H-001-03號計畫補助，林淑華小姐鼎力協助資料徵集、電腦輸入，李道緝、費申元兩位先生協助部分資料徵集，黃富三教授與臺大臺灣研究社劉夏如小姐提供臺大之臺灣史相關目錄，廈門大學連心豪先生代為徵集《泉州工商史料》，中央研究院傅斯年、民族所、近史所圖書館，中央圖書館臺灣分館、臺大法學院、研究生圖書館，美國胡佛圖書館提供參考相關資料，林衡道教授長年教以臺灣領導階層之背景知識並為本文提供建議，中正大學臺灣經驗研討會及陳巨擘先生提供改進意見，謹此一併誌謝。

從事多種慈善事業」。聲寶董事長陳盛沺謂其父陳茂榜，聲寶企業之開創者，三十年代經常往來於大陸、臺灣兩地，與廣州、上海等均有業務往來（陳盛沺，〈紀念先父陳茂榜逝世周年感言〉，《工商時報》，民國 81 年 7 月 4 日）。由此均可見日據時期從事兩岸貿易臺商與光復以後臺灣企業家之關連。

從經濟觀點看戰後臺灣經驗

——一個實際參與者的見證

謝 森 中

一、前 言

　　一般而言，衆所公認經濟發展之主要推動力爲(1)資本之累積，(2)技術之改進與創新，(3)市場之開發，(4)制度之發展與人力資源管理及(5)天然資源。由於這五項因素係相互關聯，因此必須適度協調整合才能達成較佳之經濟成長。

　　鑒於多數開發中國家資本短缺，是以亟需來自國外與國際機構之鉅額開發援助，俾促進其技術發展並提升生活品質。又鑒於經濟發展錯綜複雜且牽涉廣泛，而世界各國因國情與經濟條件不盡相同，如果未能針對該國需要，採循序漸進發展策略，同時對其有限資源作最適當之整合與配置，則勢將無法達成預期效果。

　　歷經約半世紀之努力，經濟發展被視爲一專門科學與藝術，在理論與實務兩方面均已累積了相當經驗。惟衆所公認經濟發展之主要推動力爲資本之累積、技術之改進與創新、市場之開發、制度之發展、人力資源管理及天然資源等（雖非必要，卻能助長經濟發展）。這些因素對經濟發展之影響實不宜單獨個別探討和執行；甚且由於其間係相互關聯，必須適當地加以整合，才能達成較佳之經濟成長。

　　自二次世界大戰結束以來，國際經濟社會普遍盛行一種觀念，即開

發中國家欲達到 快速經濟成長， 必須藉助來自已開發 國家所提供之資本、 經營管理、 科技新知及制度之移轉。 鑒於多數開發中國家資本短缺， 為促進其技術發展並提升生活品質， 除須仰賴國內資源與國人努力外， 最大的寄望為外來之援助及國際開發機構之開發援助。 理論雖如此， 然仍有許多未如預期理想之失敗實例。

多數人質問， 儘管開發中國家政府與人民一致努力， 同時接受來自聯合國、 經濟合作發展組織（簡稱 OECD） 會員國及其它諸如世界銀行與區域性開發銀行等國際機構之鉅額開發援助， 何以仍未能達到預期效果？ 無可置疑的， 許多出自善意安排的開發計畫所以失敗的主要原因為: 無法充分整合推動經濟發展之各項政策及因素、 對各部門發展之順序未能給予適當配置及投資計畫無法產生資本回流效益， 以致成效有限。

然而中華民國臺灣之經濟發展經驗堪稱為成功之典範。 在1951年， 其國民生產毛額（簡稱 GNP） 僅達1,196百萬美元， 或平均每人國民生產毛額為145美元。 其後， GNP 每年以 9 ％之平均成長率成長， 至1990年已達161,728百萬美元， 平均每人國民生產毛額達7,997美元。 同時戰後期間， 中華民國經濟結構發生高度轉型: 1951年， 農業、 工業及服務業占 GNP 之比重分別為32.28％、 21.33％及 46.39％。 及至1970年， 各項比重已分別調整為 13.07％、 38.94％及 47.99％。 而1990年， 農業所占比重更降為 4.22％; 工業及服務業所占比重則分別增加至 42.29％及 53.49％， 其經濟結構與先進工業國家已甚為相近。 至於物價方面， 自1960年代以來， 因受單位勞動成本下降、 儲蓄率提高、 政府預算盈餘及國際物價穩定等有利因素之助， 國內物價尚維持穩定。 除兩次石油危機之衝擊， 帶動國內價格大幅上漲外， 躉售及消費物價平均每年僅上漲2.4％， 使中華民國成為少數能同時達成經濟成長與物價相當平穩的國家之一。

　　基於上述經濟成就，經濟合作發展組織（簡稱 OECD）1981 年首度將中華民國列爲四個新興工業國家之一。去年日內瓦世界經濟會議所提調查報告中將中華民國列爲僅次於南韓的新興明星之一。前諾貝爾獎經濟學得主克萊恩博士（Dr. Klein），在其最近研究論文中亦評估至2000年時中華民國將達到義大利之經濟水準，並躋身爲先進工業國家之列。

　　四十年來，中華民國臺灣地區在全民辛勤耕耘與經濟政策之適切引導下，歷經以下所述四個經濟發展階段：（一）1950至1959年之戰後重建時期或稱爲進口替代時期，（二）1960 至1969 年之出口擴張時期，（三）1970 至1979 年之第二次進口替代時期及(四) 1980至1990年之自由化及國際化時期，不僅經濟成長快速，且物價穩定，同時得以順利從農業經濟轉型爲漸趨工業化之經濟結構，發展相當成功。展望未來，更邁向以國內需求爲導向且著重高科技工業之經濟型態，成爲開發中國家經濟發展之典範。

　　中華民國臺灣經驗固然足供其它開發中國家借鏡與參考，惟其全部發展歷程，或許不能完全套用於其它開發中國家，各國務須針對政經、社會、制度及文化之個別差異，審愼選擇運用。惟最重要者：必須在農業、工業及服務業三部門間作最適當之組合，並在每個發展階段，審愼規劃協調整合和循序發展，才能相輔相成、事半功倍。從世界各國的經濟發展歷程看來，戰後的臺灣經驗，以經濟的快速發展，最爲突出，超越許多國家的發展經驗和許多教科書上的個案分析。本文擬就經濟觀點看戰後臺灣經驗，並以歷史眼光略作說明和分析。

　　本文計分爲六部分，第一部分簡述多數開發中國家面臨之經濟發展問題。第二部分詳述二次世界大戰結束以來中華民國經濟發展成功之經驗。第三部分概述中華民國經驗對其它開發中國家之啓示。第四部分則列舉經濟發展過程中的問題。第五部分從歷史及經濟觀點評論臺灣戰後

經驗。第六部分論述臺灣經驗的成就及未來面臨之挑戰。

二、中華民國經濟發展之回顧

1. 1950至1959年: 戰後重建時期

1950年代期間，自前殖民地新近獨立的國家，普遍遭逢人口壓力、全面糧食缺乏、政府預算赤字、外滙短缺及通貨膨脹之困境。因此提高糧食生產為當時經濟發展之首要課題。中華民國政府於1953年制定並推行首期四年經濟發展計畫，在「以農業培養工業，以工業發展農業」之政策下，完成耕者有其田，提高農業生產力，達成充裕糧食，進而以銷售農作物及其加工品俾賺取外滙，進口發展工業所需之機器與原料。至於工業生產方面，則選擇著重技術簡單、資本需求較低及勞工較密集之工業，諸如紡織及合板等工業，以替代進口。本階段為進口替代時期，經濟成長率達 8 ％，物價上漲率平均為 4.4%，生產活動力係側重於農業部門。

2. 1960至1969年: 出口擴張時期

第二階段始自 1960 年代，稱為「出口擴張時期」。鑒於國內市場需求有限，1950年代末期若干產品之市場業已飽和，且國內現有生產設備過剩，政府逐採行一系列財經政策，以期改善投資環境並拓展海外市場。由於經濟景氣轉旺，加上國際經濟環境全面轉佳之激勵，出口因此急速成長，每年平均增加幅度達25%以上。此外，值得一提者，1963年，製造業占國內生產淨額（簡稱 GDP ）之比重首度超越農業部門所占比重。

3. 1970至1979年: 第二次進口替代時期

第三階段為涵蓋1970年代之「第二次進口替代時期」。1973 年，全球普遍深受美元貶值、糧食短缺及第一次石油危機等影響，國際經濟因此進入經濟結構轉型時期並遭受各項不利情勢之衝擊。此際，中華民國

經濟面臨停滯膨脹之困境，幸賴1974年起政府陸續推展十項建設，彌補
出口與民間投資減少之不足，使全國經濟仍能維持低度成長。迨物價持
穩後，政府爰採行激勵景氣措施，乃能維持中度經濟成長。惟鑒於國內
製造業所需原料及零組件商品，常受制於國際市場之外國廠商，致影
響國內廠商正常產銷作業，因此乃以發展重化原料及零組件產品工業為
主。自1973年起，全體重工業占總製造業之比重遂遠大於輕工業，邁向
轉變為以重工業為主之經濟結構，此為本十年間重要之特徵。

4.1980至1990年：**自由化及國際化時期**

第四階段始自 1980 年，稱為「自由化及國際化時期」。由於年來我
國持續享有外貿順差，至1980年起更趨明顯，主要貿易伙伴益趨關切貿
易失衡狀態，政府於是積極採取多項大幅放寬進口之自由化措施，以期
減緩貿易順差。

目前進口管制大抵已全數解除，關稅已大幅調降，有效關稅稅率由
1971年之12.25％降至1990年之5.6％；有關經常帳交易之各項外滙管制
已經廢止，國際資本移動之管制亦已大幅放寬。此外，自1985年9月主
要工業國家達成廣場協議（Plaza Accord）以來，新臺幣對美元升值
幅度約達50％。而1988年國內需求首度超越商品與勞務之出口，且成為
促進經濟成長之主要推動力。

綜而言之，中華民國最近四十年來之經濟發展成就馳名世界，主要
係全體國民辛勤耕耘，加上政府推行健全經濟政策、適當整合各項生產
要素及循序漸進推動經濟發展所致。職是之故，不僅經濟快速成長、物
價穩定，同時得以順利從農業經濟轉型為漸趨工業化之經濟結構。展望
未來，臺灣勢將邁向以國內需求為導向且著重高科技工業之經濟型態。
目前，政府更積極獎勵國際貿易市場分散化、技術多面化和高級化，自
各先進高科技國家引進嶄新科技；同時刻正著手從事1991至96年之六年
國建計畫，俾加速臺灣現代化，重建社會秩序並強化均衡成長。

三、中華民國經驗對其它開發中國家之啓示

中華民國經驗足資其它開發中國家借鏡，並作爲加速其經濟成長之啓示可歸納如下述:

1. 中華民國與其它多數開發中國家一樣， 雖然人口成長迅速， 遠超過西方先進國家，惟仍能締造經濟奇蹟，這項紀錄顯已駁斥衆所公認的信念: 減緩迅速的人口成長率是開發中國家加速經濟發展之必要先決條件。

2. 中華民國符合多數開發中國家之經濟組織結構，屬於小型農業及中小企業組織型態，藉不斷提升生產技術，以致能發展成功。這項事實駁斥一般所謂的「將小型生產單位組合成較大規模單位，必能繼續提高農工業總生產量」之理念。

3. 中華民國經濟發展成功典範足供其它開發中國家參考之另一特徵爲: 密切協調農業與非農業部門，以期相輔相成。顯而易見地，經濟發展初期係倚重農業，以農爲本。最早階段係以糧食與農產加工與化學工業爲主，而這些工業所需之資源大部分來自農業，也就是說: 臺灣經濟發展初期推行所謂「以農業培養工業，以工業發展農業」之政策，成效十分彰著。

4. 中華民國經濟發展成功之主要秘訣，除了提升技術以提高生產力外，更重要的是能積極建立組織、推展制度並配合人力以資因應。

5. 循序漸進、逐步整合發展亦爲成功之重要關鍵。中華民國推展農業成功， 卽是依循適當之發展順序及有效整合各種因素所致 。 首先於1920 至 40 年期間，臺灣仍在日本殖民地經營時期，因稻米糖業等的生產，屬小農經營，已初步陸續推展各項必要鄉村基層建設、農村道路及灌漑供水系統，改良農業生產技術，生產或進口化學肥料，組織農會，初步略爲建立了基本設施及農民耕作智識。待臺灣光復後，政府遷臺，

許多技術人才亦隨政府來臺，農復會亦於卅八年遷來臺灣，帶來一批高級的農業技術人才，運用當時美援，協助政府，於1949年才進行土地改革。配合農會改組和農業改良，創造四十年代以後的高生產力農業，累積生產剩餘和出口，而帶動臺灣的快速經濟成長。環顧多數開發中國家之佃農，大多數僅純為受僱之勞工，而中華民國在實行土地改革前，我國的佃農已具有自行經營農場與負擔風險之能力，因此最後授予土地所有權，完成耕者有其田時，農民們卽可有效經營農田與耕作，進而大幅提升農業生產力。反觀其它許多國家的佃農則沒有這樣的條件，故卽使有土地改革，也不會成功。

中華民國經驗顯示：人口迅速成長之小型農業，只要策略適當並循序發展，先由各項最基層的建設著手，接著改良農業生產技術，增加農業生產投資再配合各項制度與組織之推展，則未必有礙高生產力農業之發展。如果我們採行循序漸進的發展策略，那麼，首先必須充實各項最低限度及最基層的公共建設，然後再研酌改良品種、改善農業技術及增加生產性的投資、以及肥料與其它資本之投入等，待一切就緒後再推行土地改革、研究行銷技術、增加信用融資及農業推廣等，以資配合，唯有循序按步整合而發展才能奏效。

中華民國締造經濟成就之技藝，自然可供其它國家借鏡，惟若欲引用全盤發展過程則必深受限制。因為各國之國情、制度及組織等不盡相同，完全套用恐不相容，務必針對個別文化制度等，審慎研酌，俾擇取有助該國之制度加以運用，才能事半功倍。

四、經濟發展過程中的問題

鑒於過去四十年來世界經濟發展成功之例子有限，或許成功實例中必有令人難以理解之訣竅與理論，同時失敗案例亦必有若干問題存在。本人深信僅憑傳統方法與智慧，勢難窺見經濟發展過程中的問題，誠然

我們一致認為經濟發展仍為一門未臻成熟且需要精湛藝術操作的學問。謹就本人過去卅年來在亞洲從事開發業務工作之經驗與中華民國經驗，指出兩項主要問題。

1. 經濟發展過程中第一項問題: 循序按階段發展策略之問題

一般而言，多數開發中國家缺少循序發展及對各項經濟發展政策作最適當組合的經驗。以農業發展為例而言，提升農業生產力有三項要件: (1)最基層與必要之公共建設，諸如灌溉、防洪、農村道路系統等; (2)高生產力農業技術，諸如高報酬率生產業務和多樣化農業生產、主要生產因素的投入，包括使用肥料、殺蟲劑、農耕機器等; (3)農民組織、農業推廣、農產運銷及農業專業訓練等。這三項要件必須循序且全面整合逐步推展，換句話說，必須依循適當順序並配合各項措施，才能提升農業生產力。舉例而言，在各項基層建設及改良農業技術尚未有效實施以前，即著手從事農業推廣與行銷，則必事倍功半難有成效。此外，鑒於人力與財源之限制，各項發展措施宜分階段實施，最重要者，初期須提升農業生產力，增加生產所得以孕生第二階段發展所需之資本及財源。中華民國經驗顯示: 我們正是遵循適切的順序於1950至60年期間先從建立高生產力的農業部門著手，進而扶助工業與貿易之成長。中華民國經驗同時證明: 循序漸進發展策略之第一優先順序為建立高生產力的農業部門，繼之發展消費品及輕工業和進口替代工業，然後再行發展出口導向工業及其它重工業與高科技工業，因此創造了臺灣的經濟奇蹟。

2. 經濟發展過程中第二項問題: 生產要素及各產業部門的調配整合問題

經濟發展就理論與實務而言，係一門錯綜複雜且牽涉廣泛之科學，循序推動各項開發與投資業務，並加以適切整合統一為經濟發展成功之重要關鍵。此外，農業與工業為國家經濟發展之兩大支柱，尚須適度輔之以服務業。因此農業、工業和服務業三者實相輔相成，在經濟發展階段中，三者能否適切整合甚為重要。在推動各項投資工作時亟宜先行從

事各項實體與社會公共建設，將生產投資導向工業、農業與服務業部門，並配合各項制度及組織。鑒於開發中國家財源大抵有限，如何在這三大主要部門間合理配置資源，並加以協調整合、循序發展各項投資及人力訓練計畫實為重要課題。同時，政府部門、民間部門和學術界在經濟建設計畫之制訂與推動過程中亦須充分協調整合。誠然，制度與組織之協調與整合，說起來簡單，卻難以實際有效執行，開發中國家情形更是如此。在其經濟發展過程中，儘管致力發展仍然失敗，主要原因係整合不當，此為其缺失之主因。舉例而言，一項投資開發計畫，成功之要件繫之於工程、經濟、財務管理及融資、行銷及科學管理等能否密切整合，這是眾所公認且經常探討者。然而許多開發中國家迄今仍有所謂「白象開發計畫」，推行時無條理且不切實際，花費雖然鉅大，但對生產力提升及產業發展的成效卻不彰著。

五、從歷史及經濟觀點看戰後臺灣經驗

中國是世界文明古國之一，歷史悠久、文化博大精深，綜觀四、五千年來歷史發展的過程，無論就文化、政治、經濟、和社會各方面而言，可以說都是多層面的；或歷經富強盛世，或歷經動盪不安，一治一亂，常在治亂循環中，而歷史上漢朝文景之治，唐朝貞觀、開元之治，史家咸認為是流傳千古不朽的美談。盛世期間，由於經濟繁榮，社會富庶安定，人民的聰明才智也能充分發揮，因此文學、藝術各方面的成就亦相當輝煌，其中尤以唐詩和宋詞更是登峯造極，傳諸後世。自二次世界大戰結束後，四十多年來臺灣的經濟發展，舉世稱羨，不僅經濟快速成長，且物價穩定，同時從農業經濟得以順利轉型為工業化國家，並朝向躋身為先進工業國家之目標邁進，創下了空前紀錄。臺灣是一個小島，資源貧瘠，何以能締造令人讚譽之經濟成績？無論國民所得、進出口貿易總額、就業人口及高儲蓄率等均馳名世界，同時工業轉型、服務

業發展、農業在維持糧食生產及綠化農村，交通發達、教育普及，成爲二次世界大戰以來，世界許多國家的發展經驗中和教科書理論上少有的突出成功個案，其關鍵與秘訣實在值得我們深入探討。分析其原因，我們可以肯定地說，臺灣之所以能締造經濟奇蹟，最重要的莫過於各方面因素互相配合，加上政府適當的政策引導，循序逐步發展所致。以下謹就各項因素等略作說明如後。

1. 中國人固有的美德 ── 勤儉

臺灣人民大多數係來自內陸各省，秉承中國傳統的勤儉美德，篳路藍縷，以啓山林，「民生在勤，勤則不匱」，在全民辛勤耕耘、勤奮工作下，奠定了塑造臺灣經濟新紀元的穩固基石。

2. 中國傳統的儒家倫理

1983 年 3 月間香港中文大學召開「中國文化與現代化」的國際會議，其中有一主題係探討儒家倫理與經濟發展之關係。德國社會學家麥斯韋伯（Max　Weber）在其名著《中國的宗教：儒家與道家》一書中，判定儒家倫理不能推動社會經濟秩序之變革，對資本主義的產生具有負面的影響。然而過去三、四十年來東亞（包括日本及亞洲四小龍）經濟奇蹟的驚人成就，使韋伯的學說漸受嚴厲的考驗，許多社會學者或經濟學者曾先後撰文盛讚儒家傳統對東亞經濟奇蹟之貢獻。諸如康恩（H. Kahn）、艾勒塔斯（S. H. Alatas）和勃格（P. Berger）等皆肯定儒家倫理對東亞經濟的貢獻。勃格指出：東亞現代化之動源爲儒家思想，卽老百姓日常生活中的工作倫理，稱爲通俗的儒家思想（Vulgar Confucianism），這是一套引發人民努力工作的信仰和價值，其中包括：尊重上、下之別（來自傳統的長幼有序和遵守禮法），獻身家庭以及克己、勤勞與節儉的美德。也有學者認爲日本、南韓、臺灣、香港和新加坡在組織上的成功，主要是由於大多數的組織成員皆受儒家傳統之薰陶而具有一些共同特質，構成東亞文化的共同遺產。四、五十前，臺

灣經濟開始邁步發展之初，眞可謂百廢待興，艱險重重，能創造出今天每人國民生產毛額達一萬美元的成果，所憑恃的固然是中國人勤儉刻苦的奮鬥精神，而另一方面亦應歸功於一羣受儒家傳統薰陶、來自大陸及省籍的菁英分子，他們記取大陸失守前物價飛漲的慘痛教訓，在關鍵時刻，作了明智決策，運用金融財政政策穩固經濟，抑制物價上漲，推動經濟大力向前，功不可沒。儒家思想對經濟發展的正面貢獻或需配合動態的科技創新、資本的累積、市場的誘導和科學的管理及企業組織和制度，才能有效發揮其效果。

3.社會安定、政治安定和教育普及

環顧世界各國的經濟發展，甚少有政治動盪、社會不安，而經濟得以繁榮發展的成功案例。今天在臺灣的中華民國，四十多年來之所以有這樣的成就，最重要的因素之一就是社會安定和教育普及。1950年6月25日爆發的韓戰，乃是美國對臺灣態度轉變的轉捩點。6月27日杜魯門總統發表聲明，派遣第七艦隊巡防臺灣海峽，1950年8月，美國重新開始對中華民國進行武器運送。1951年1月和2月，復同意提供軍事援助和顧問團到臺灣。於是在政治與社會穩定之下，加上政府的安定中求發展的政策領導，由中美兩國政府聯合設置的中國農村復興聯合委員會 (The Chinese-American Joint Commission on Rural Reconstruction 簡稱農復會 (JCRR))，開始運用美援，展開臺灣地區的農村復建工作，協助農業發展，進而提供資金和生產技術，帶動輕工業的發展，逐步推動臺灣邁向工業化國家。此外，臺灣的九年國民義務教育和學生素質的提高，職業和技術教育的普及，專科及大學教育都是臺灣人力素質對經濟發展的重要貢獻。

4.美國經濟援助

二次大戰後，許多國家遭受嚴重破壞，亟需復建工作，當時美國為世界第一強國，其 GNP 占全世界50%，日本不到2%，美國適時伸出

援手，提出馬歇爾計畫援助歐洲各國從事戰後重建。我國與德國、日本一樣同為受援國家，從1950年到1965年，每年平均從美國獲得6、7千萬美元的援助，該筆援助提供臺灣約35%的資本形成、協助許多基層建設得以順利進行，而原先因短缺外滙致無力進口的原料與生產設備亦得以進口，我國乃能由農業生產之經濟型態轉型為勞力密集工業之生產型態，帶動諸如民生消費性工業與進口替代性工業之發展，使經濟逐步起飛。

5.後來者的優勢 (the Advantage of Late Comers)

中日甲午戰爭後，臺灣被割讓給日本，受日本殖民統治五十年。在日本殖民政策下，臺灣以供給日本食糧砂糖和原料為主，同時自日本輸入肥料和其它工業品，當時政府在基本公共設施方面曾大量投資，諸如農村交通及運輸系統、港口、農村電氣化、義務敎育之普及、一般公共衛生、應用化學肥料及農業上的防洪與水利設施灌溉水路等，另一方面行政制度、地權制度、金融制度、度量衡的標準化及鄉鎮農會、青果運銷合作社等，也予以制度上的改革及組織。二次世界大戰結束後，臺灣重回中華民國政府，隨政府遷臺的技術官僚們，得力於日人在臺發展建立的各項基礎建設，配合土地改革，農會改組，加強技術改良和推廣，增加農業投資，改善農產加工及運銷，擴展農產品出口等，使農業生產力快速提高。此外，並汲取美國及先進國家之經驗，認為改進農業為維持社會安定及發展工業與擴大貿易的基礎，積極運用日人留下的應用科技，並發展新進技術，使之與生產活動互相結合，努力推動農業發展，為經濟現代化奠定良好的基礎，因可享受後來者的優勢，故在引進發展經驗及科技方法等，均可較為便利而成本也較低廉。

6.循序發展與整合策略之正確導向

經濟學家依據人類經濟活動發生的先後及創造效用之過程的繁簡，傳統上將產業分為初級、次級及三級產業等三大類。所謂初級產業是指農林漁牧採集等事業；所謂次級產業是指加工製造業及以提供物品效用

之改良爲主要活動之事業；而所謂三級產業則係指提供商業勞務及執行公共服務之活動而言。各級或各種產業的範圍，實際上是難以截然劃分的，更不是相互獨立的； 它們之間具有相互依存的密切關係，相輔相成。臺灣經濟能快速成長乃是受益於循序漸進和因素間適當整合的發展策略。政府遷臺後，初期從提升農業部門生產力著手，接著發展消費性產品工業與進口替代性工業，然後再發展出口導向工業與重工業，目前更朝向發展高科技工業邁進，開創了前所未有的「臺灣經驗」與史無前例的「富裕社會」。

7.臺灣土地改革成功的特殊案例

臺灣在1949年至1952年時實施的土地改革，分成三階段進行，卽三七五減租、公地放領和私有地轉移的耕者有其田。此項政策的成功和對農業生產力的大幅提高，是全世界很少有的案例。其主要原因是土地改革前，農村的基本設施如水利灌漑等、農民的耕作管理技術、農業生產技術及生產因素如肥料等大致完備，故農民擁有土地所有權後，其生產誘因，自然可以發揮出來。更重要者爲1949年時，臺灣的土地所有權及政府權力分屬在不同類的社會領袖及政治人物的手中，同時，在耕者有其田私有地轉移前，已很成功地辦好全省地籍總歸戶的工作，使所有權的轉移，有很好的地籍根據，故要實施土地改革，比較容易。在其它多數國家，這兩種權力多屬於同一羣的社會領袖及政治人物手中，故要實行土地改革，就困難多了。

六、臺灣經驗的成就及未來的挑戰

綜合以上的分析和探討，無論就歷史面或經濟面來看，戰後臺灣地區經濟快速成長，主要應歸功於政府和全民共同的努力，加上各項時、空、人三方面因素之互相配合，始能締造舉世讚譽的經濟奇蹟。然而國際政經情勢時在變化中， 展望未來， 我們勢將面臨各項新的問題與挑

戰。臺灣經驗中，許多層面和現象固然是值得推崇的，更可作爲其它開發中國家的楷模，不過也有不甚理想的層面，堪爲經濟發展之隱憂。如何從歷史經驗中得到啓示以資借鏡，俾妥善審愼因應當前經濟情勢，爲我國經濟開創更美好遠景，實爲當務之急。

臺灣經濟發展歷程中，特別值得推崇者，約可歸納如下：

1. 經濟結構之改變與轉型

臺灣光復後，短短的四十年間，在政府睿智政策之正確導向下，毅然先致力提高農業生產力，改進農業技術，俾增加農民所得，產生農業剩餘資本及勞動力，並引導使其轉用於非農業部門，支援工業成長，成果十分卓著，達成「以農業培養工業」的成功策略。1951年農業部門占 GNP 之比重爲40％，爲初期經濟發展之重心。自1965年起，工業逐漸起飛，不僅追平農業，其後更超越農業部門所占比重（詳表1），被譽爲新興工業化國家，並向已開發國家之林邁進。檢討此種經濟結構之改變，並不表示農業在衰退之中，事實上臺灣的農業仍在穩定生產，不過其成長率已甚微小，故其在國民經濟中之地位，爲工業所超越及取代。國際上經濟已開發國家，亦大都經過此一歷程，爲一項共同的發展經驗。另外，值得一提的是，日本在西元1868年至1904年卽推行西化運動 —— 明治維新，然而百餘年後始成爲經濟強國，睽其原因，主要是日本西化運動係從政治、軍事、司法、教育制度著手，並兼從經濟面推行改善，與許多國家在嘗試現代化時，往往從經濟面著手推動有所不同。

2. 由低所得國家提升爲中高所得國家，同時兼顧富與均

經濟發展的目標，除加速成長、穩定物價及達成充分就業外，最終目的在於經濟成果由全民所共享，改善生活品質。臺灣光復初期，臺灣地區每人平均國民生產毛額僅100多美元，至1991年增加爲 8,813 美元（詳表2），預估今年更將跨過一萬美元的門檻。一般用以衡量所得分配平均與否的指標，係以吉尼係數及五分位法爲主。所謂五分位法，卽

表 1　中華民國臺灣地區經濟結構之改變──1951年～1991年

年　別	合　計	農　業	工　業	服務業
1951	100.00	32.28	21.33	46.39
1953	100.00	34.46	19.39	46.15
1955	100.00	29.08	23.23	47.69
1956	100.00	27.45	24.41	48.14
1957	100.00	27.32	25.26	47.42
1958	100.00	26.77	24.82	48.41
1959	100.00	26.35	27.10	46.55
1960	100.00	28.54	26.87	44.59
1961	100.00	27.45	26.57	45.98
1962	100.00	24.97	28.22	46.81
1963	100.00	23.25	29.95	46.80
1964	100.00	24.51	30.37	45.12
1965	100.00	23.63	30.21	46.16
1966	100.00	22.52	30.55	46.93
1967	100.00	20.61	32.96	46.43
1968	100.00	19.02	34.44	46.54
1969	100.00	15.89	36.86	47.25
1970	100.00	15.47	36.83	47.70
1971	100.00	13.07	38.94	47.99
1972	100.00	12.21	41.64	46.15
1973	100.00	12.11	43.83	44.06
1974	100.00	12.42	40.69	46.89
1975	100.00	12.70	39.92	47.38
1976	100.00	11.37	43.17	45.46
1977	100.00	10.60	43.96	45.44
1978	100.00	9.38	45.18	45.44
1979	100.00	8.55	45.34	46.11
1980	100.00	7.68	45.75	46.57
1981	100.00	7.30	45.51	47.19
1982	100.00	7.74	44.36	47.90
1983	100.00	7.30	44.98	47.72
1984	100.00	6.33	46.17	47.50
1985	100.00	5.78	46.28	47.94
1986	100.00	5.54	47.64	46.82
1987	100.00	5.31	47.43	47.26
1988	100.00	5.02	45.69	49.29
1989	100.00	4.89	43.60	51.51
1990	100.00	4.13	42.53	53.34
1991	100.00	3.63	42.26	54.11

資料來源：《中華民國臺灣地區國民所得統計摘要》

　　　　──民國40年至80年

　　　　行政院主計處，民國80年12月

表 2　中華民國臺灣地區平均每人國民生產毛額之改變
——1951年～1991年　　　　　　　　單位: 美元

年　　別	平 均 每 人 國民生產毛額	年　　別	平 均 每 人 國民生產毛額
1951	145	1973	695
1953	167	1974	920
1955	203	1975	964
1956	141	1976	1,132
1957	160	1977	1,301
1958	173	1978	1,577
1959	131	1979	1,920
1960	154	1980	2,344
1961	152	1981	2,669
1962	162	1982	2,653
1963	178	1983	2,823
1964	203	1984	3,167
1965	217	1985	3,297
1966	237	1986	3,993
1967	267	1987	5,275
1968	304	1988	6,333
1969	345	1989	7,512
1970	389	1990	7,954
1971	443	1991	8,813
1972	522		

資料來源:《中華民國臺灣地區國民所得統計摘要》
　　　　——民國40年至80年
　　　行政院主計處，民國80年12月

是將全國家庭按所得大小依序排列，分成五個等分，每個等分包括20％家庭；而以收入最高20％家庭的平均每戶所得，與收入最低20％家庭的平均每戶所得之比，代表高低所得的差距；比例愈大表示所得愈不平均，比例愈小表示愈平均。我國在1966年（民國55年）以五分位法表示的高低所得差距是5.25倍，至1980年（民國69年），降至 4.17 倍的最低水準，其後漸回增至1989年（民國78年）的4.94倍。根據世界銀行1990年世界開發年報所刊資料: 在眾多國家中，除日本、比利時及瑞典高低所得差距與我國相近外，其它無論低收入、中收入及高收入國家，其所得分配均較我國不平均。如美國為8.9倍，西德為5.7倍，英國為6.8倍，

土耳其為16.1倍，巴西高達26.1倍。足徵我國實施民生主義追求經濟發展與均富平衡政策的成功，在世界各國經濟發展史上，是少數能兼顧富與均的成功特例，而過去三十餘年臺灣經濟快速發展過程中，很重要的一點就是中產階級的茁壯和興起，成為社會階層的主流。

3.生活水準的提升

戰後的臺灣，農民收入相當低，佃農終年辛勤耕作，佃租卻高達生產量的50％以上，農民生活僅求溫飽，只能維持最低的生存水準。幸賴政府正確政策的領導，結合國人智慧及農民辛勤耕耘下，歷經四十餘載歲月，從農業國家邁向工業化國家，國民生活水準及素質隨經濟發展而提高，在食、衣、住、行、育、樂及衛生保健各方面都有顯著的改善，達到中華民國有史以來的最高水準。再者，國民在消費型態上亦有相當大的改變，食品所占之比率由1953年（民國42年）之54.3％，降為1989年（民國78年）之25.4％，而教育與休閒保健方面的支出則有較大幅度的增加，由8.3％提高為20.0％（詳附表３）。

4.生產力與科技水準的提升

臺灣經濟發展歷程中，農工生產快速增加，生產力不斷提高，除政府採行許多獎勵措施與方案，配合人民之勤勉努力外，科技水準不斷地提升，亦為重要因素之一。初期，農業為經濟發展之重心，農業生產技術有顯著的進步；在工業方面則偏重於紡織、合板、塑膠製品、電子及機械等簡單的加工裝配技術。接著逐漸發展石化、人纖、塑膠、電子等中間原料及零組件的生產，生產技術亦隨著全面性提高。目前則朝向高技術層次、高附加價值、自動化及低污染的工業方向發展。政府對於推動科技發展，極為努力且全面推展。早期於1959年（民國48年）成立國家長期科學發展委員會，現改組為國家科學委員會，負責全國科學與技術研究工作之策劃推動；復於民國62年將政府原有之各種工業研究所合併改組成立工業技術研究院，負責有關工業技術與新產品之研究開發及

表 3: 消費形態的改變（％）

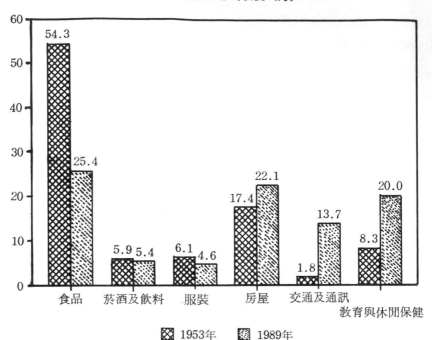

1953年　　1989年

資料來源：《中華民國臺灣地區經濟現代化的歷程》
　　　　　行政院經濟建設委員會經濟研究處編印
　　　　　中華民國80年 2 月

對民間企業提供技術服務。民國68年，行政院下設有科技顧問組，並在各部成立科技顧問室，以推動全面性科技發展工作。此外，經濟部規定國營事業單位，每年提出營業額的一定比率作研究發展之用，以期科技創新帶動產業之升級。

5.工業結構的改善

製造業和高科技工業是我國今後經濟進一步發展的基石，要維持國力不墜，必須維持具高度國際競爭力的製造業。重化工業占製造業的比重不斷提升，表示重化工業在工業生產的重要性愈高，也顯示產業結構改善的程度。臺灣光復初期，工業建設重點在於從事復建工作，此階段

內，優先發展工業動力來源的電力工業、農業生產必需的肥料工業以及民生必需的紡織工業，奠定農工生產基礎。自民國42年第一期經建計畫開始，著重優先發展需要資金不多、技術不高的勞力密集工業；至民國60年代開始推動重化工業的發展，諸如鋼鐵、造船、石化工業等，屬於資本密集、能源密集性工業。其後因受兩次石油危機之衝擊，自民國70年代起，政府乃選擇市場潛力大、關聯效果大、附加價值高、技術密集度高、能源係數低及污染程度低的工業作為策略性發展工業，以促進產業升級，改善產業結構。民國50年，輕工業占製造業的比重為68.9%，重化工業比重為31.1%，及至民國78年，輕工業比重降為45.7%，重工業比重則升為54.3%。

6.世界行銷網之建立

臺灣幅員狹小，自然資源貧乏，先天上就具備了依賴對外貿易的特質。過去數十年來，臺灣之高度經濟成長固然打破中國歷史上經濟發展的紀錄，而臺灣之快速對外貿易成長在世界各國中更屬罕見。從對外貿易發展的歷程來觀察，多年來政府一直擔負相當重要的任務；除於不同的經濟發展階段採行不同的策略，因勢利導外，對於協助廠商拓展海外市場，亦不遺餘力，經濟部、外貿協會等在海外均設有辦事處或貿易中心，適切地提供貿易推廣服務，並協助廠商設立海外行銷據點，拓展海外市場，排除貿易障礙，解決貿易糾紛等，進出口貿易遂能快速成長。對外貿易總額，自民國41年之三億美元，增為80年之1,390億美元。

然而，鑒於近年來我國經濟成長的步伐過速，經濟社會和文化等許多層面亦衍生了若干問題和缺失，謹概述如下：

1.經濟成長迅速，惟工業技術升級速度較慢

在臺灣經濟發展中占相當重要地位的中小企業，所占百分比高達90%以上；近年來由於經濟環境劇烈變化，遭受新臺幣升值、地價及工資上漲、勞力短缺、環保污染等問題之衝擊，面臨經營困境，諸如資金融

通、技術升級、生產力改善、市場推廣等。四十年來臺灣地區經濟平均以 8.8%的年成長率發展，相形之下，技術升級速度顯得較爲緩慢。衡酌當前國際經濟情勢，我國刻正面臨產業升級的關鍵時刻，已開發國家挾其進步的技術和區域整合來從事競爭，而開發中國家，或憑其豐富的天然資源，或憑其廉價的勞力等來進行競爭，我國產業發展所依賴的傳統競爭優勢已漸消失。而新的科技產業，由於研究發展成本高，且成效及市場不能確定，長期以來普遍不受業界的重視，以致影響產業升級之推動。爲確保國際市場，技術密集產業仍待積極開發。

2.環境保護及社會成本問題

經濟發展取決技術創新、資本累積和利用自然資源的生產力，而工業生產的過程會耗用自然資源，破壞自然環境。以往由於過分重視經濟發展，決策者和工商企業普遍不重視環保工作。企業界一向未將環境污染等社會成本計算在內，享有較低之私人生產成本，因此在國際市場上較具競爭力。 目前環保意識普遍提高， 企業界不得不致力做好環保工作；如果計算環保工作之費用，生產成本勢必會提高，恐將降低國際競爭力。 事實上， 由於忽視環保工作，全國上下已付出了龐大的社會代價，空氣污染和水質污染等十分嚴重，影響生活品質。同時近年來，各項重大建設屢次因環保因素，引發民衆自力救濟抗爭事件，成爲限制經濟持續成長的因素之一。

3.土地問題失控，快速致富的心態和好逸惡勞惡習逐漸成爲經濟發展的隱憂

行政院長郝柏村先生在本（民國81）年3月7日至9日召開的全國經濟會議中，曾毫不諱言地指陳：臺灣土地問題失控，是當前臺灣經濟發展之最大隱憂，大多數與會學者亦抨擊我國幾乎無土地政策，政府一直沒有全盤的國土規劃，導致地價狂飆，爲貧富差距擴大的主要原因。另外由於貿易持續順差，貨幣供給增加，引發金錢遊戲盛行，衍生股市

和房地產的狂漲，致財富和所得的分配愈趨不均，工作的努力和報酬失去合理的關係，產生負面效果，整個社會瀰漫著投機風氣，過去臺灣經濟發展賴以成功的勤奮及耐勞習性漸失。近年來，情況雖略為好轉，金錢遊戲及投機心態較趨緩和，但如何激發勞工務實、勤奮的工作態度，及社會上與企業界誠信經營勤儉的倫理道德，實為今後刻不容緩的重要課題之一。

　　誠然，中華民國臺灣之經濟發展，近四十多年來確實有奇蹟式的成就，為舉世所讚譽。預估我國即將成為全球人口在一百萬以上國家中，第25名的高所得國家。這將是我國有史以來最富裕的時代。然可惜的是：過去三十餘年來，臺灣的社會道德、文化水準、倫理觀念和生活品質等，並沒有隨著經濟的快速發展而快速提高，反有下降的趨勢，這種不平衡的發展，實為我國社會的最大缺失。今後如果我國要向經濟大國的目標邁進，我們應改善這個缺失，並要：(1)經濟結構與基礎要堅強、具潛力和有彈性；(2)政治要廉能公正；(3)社會要安定祥和；(4)人民要有高度的生活素質與良好的生活環境及(5)達成適度的經濟成長並將臺灣改造為一個富而好禮的社會。由過去的紀錄證明，臺灣地區正邁向民主、自由、繁榮均富的現代化社會，如何將以往經濟發展的成就累積轉變為向前推進的動力，並努力改善我們的缺失，成功地邁向經濟大國，應是全國上下共同努力的目標。為期建設中華民國成為一個富裕而有尊嚴的國家，有賴政府各部門與全民的共同努力，務須從建立「均衡發展的觀念」、提高「國際競爭能力」、落實「研究與發展工作」、加速「改善生產結構與產業升級」、加強「駐外機構功能」、確立「健全的法令與規章制度」及積極「重回國際經濟組織」等各方面著手；並應兼顧經濟、政治、社會、文化、自然生態等多層面之健全發展，則深信實現邁向經濟大國之理想，自可循序漸進，順利達成目標。

參 考 書 目

汪彝定《日本明治維新回顧》，《天下雜誌》1983年8月號。

李登輝《臺灣農業經濟論文集Ⅰ》，臺北：作者自印，1983年。

金耀基《儒家倫理與經濟發展：韋伯學說的重探》，《聯合月刊》1983
　　年8月號。

邵宗海《評估韓戰前後杜魯門對華政策》，《問題與研究》第三十卷第
　　五期，1991年5月。

張憲秋《農復會回憶》（行政院農委會研考專刊第二號），臺北：行政院
　　農委會，1990年2月。

黃俊傑《臺灣農村的黃昏》，臺北：自立晚報文化出版部，1987年。

黃俊傑《農復會與臺灣經驗 (1949年～1979 年)》，臺北：三民書局，
　　1991年。

黃俊傑《中國農村復興聯合委員會史料彙編》，臺北：三民書局，1991
　　年。

廖正宏、黃俊傑《戰後臺灣農民價值取向的轉變》，臺北：聯經出版公
　　司，1991年。

賴澤涵、黃俊傑編《光復後臺灣地區發展經驗》，臺北：中央研究院中
　　山人文社會科學研究所，1991年。

蔣碩傑《臺灣經濟發展的啓示》，臺北：天下文化出版社，1985年。

蔣夢麟《 農復會工作演進 原則之檢討 》（ 行政院農委會研 考專刊第一
　　號），臺北：行政院農委會，1990年2月。

謝森中〈經濟發展的迷思 —— 循序策略與整合做法〉，劉大中先生逝世
　　十二週年紀念演講會，1987年8月14日。

行政院經建會《中華民國臺灣地區經濟現代化的歷程》，臺北：行政院
　　經建會，1991年。

《邁向經濟大國之路研討會實錄》，東海大學經濟學系、逢甲大學商學
　院與經濟部聯合主辦，民國78年12月16、17日。

《三十年來臺灣之農業經濟》（農復會叢刊第一號），臺北: 農復會，1978
　年。

Brown, Lester R. *Seeds of Change: The Green Revolution
　and Development in the 1970's.* Praeger Publishers,
　New York, 1970.

Fei, John C. H., Ranis, Gustav and Kuo, Shirley W. Y.
　Growth with Equity: The Taiwan Case. Oxford Univ-
　ersity Press, 1979.

Froehlich, Walter *Land Tenure Industrialization and
　Social Stability: Experience and Prospects in Asia.*
　The Marquette University Press, 1961.

Ishikawa, Shigeru *Economic Development in Asian Pers-
　pective.* Kinokumiya Bookstore Co., Ltd., Tokyo, Japan,
　1967.

Lee, Edwards "Development Aid: What Works, What
　Doesn't?" a Paper for International Conference Held
　on 21-22 January, 1990 at Tamkang University,
　Taipei, Taiwan, ROC.

Lee, T. H. "Inter-sectoral Capital Flows in the Economic
　Development of Taiwan, 1895-1960", Ph. D. Thesis,
　1968, Cornell University Press, Ithaca, New York.

Hsieh, Sam C. "A Sequential and Integrated Approach
　to Economic Development—The ROC's Experience,
　Its Relevance to Other Developing Countries and

Some Missing Links." *Industry of Free China,* Oct. 1986.

Hsieh, S. C. "Application of Linear Programming to Crop Competition Study in Taiwan." Joint Commission on Rural Reco nstruction, Taipei, Taiwan, 1957.

Hsieh, S. C. "Importance of Getting Rural Development into Sequence." *The World Economy,* VOL. 7, No. 4, Trade Policy Research Center, London, December 1984, pp. 435–442.

Hsieh, S. C. "JCRR/ADB Experience and Approaches to Economic Development in LDCs." Paper presented at a seminar held at the Department of Agricultural and Applied Economics of the University of Minnesota on Septe mber 26, 1990 at St. Paul, Minnesota, USA.

Hsieh, S. C. "Management-Decision of Small Farms in Taiwan." *Industry of Free China,* Taipei, Taiwan, 1963, and Published by Agricultural Development Council in New York.

Hsieh, S. C. "Rice and Sugarcane Competition in Central Taiwan." Joint Commission, onRural Reconstruction, Taipei Taiwan, 1950.

Hsieh, S. C. *Taiwan's Model of Agricultural Progress.* Agrarian Policies and Problems in Communist and Non-communist Countries, University of Washington Press, Seattle and London, 1969, pp. 381–395.

Hsieh, S. C. "The Asian Development Bank and Its Operations in the Field of Agriculture." Regional Seminar on Agriculture: Papers and Proceedings, Asian Development Bank, Manila, 1969, pp. 69-81.

Hsieh, S. C. and Lee, T. H. "Agricultural Development and Its Contributions to Economic Growth in Taiwan." *Economic Digest Series,* No. 17, JCRR, Taipei, 1966.

Hsieh, S. C. and Lee, T. H. "An Analytical Review of Agricultural Development in Taiwan—An Input-Output and Productivity Approach" *Economic Digest Series,* No. 12, JCRR, Taipei, 1958.

Hsieh, S. C. and Ruttan, V. W. "Environmental, Technological, and Institutional Factors in the Growth of Rice Production: Phillippines, Thailand, and Taiwan." *Food Research Institute Studies*, VOL. VII, No. 3, Stanford University, 1967.

Hsieh, S. C. and Tang, H. S. *Land Reform and Agricultural Development in Taiwan,* Land Tenure, Industrialization and Social Stability, Marquette Asian Studies, The Marquette University Press, Wisconsin, 1961, pp. 114-142.

Shen, T. H. "Agriculture's Place in the Strategy of Development: the Taiwan Experience" Joint Commission on Rural Reconstruction, Taipei, July, 1974.

Asian Development Bank *Asian Agricultural Survey,* University of Tokyo Press, 1969.

Asian Development Bank *Rural Asia: Challenge and Opportunity*, Praeger Publishers, New York and London, 1977.

殖民經濟發展與階級支配結構

——日據臺灣米糖相剋體制的危機與重構
(1925-1942)

柯 志 明

一、導　言

　　日據臺灣米糖相剋問題的研究指出米、糖部門之間在結構上存在著不平均發展（uneven　development）的特性，兩部門有不平等的分工關係存在而且發展上造成米部門相對落後的現象（柯1990）。1925 年之前米部門的相對停滯被利用為糖業獲取利潤的關鍵。在 1925-39 年期間免於日資滲透的米部門卻一反前期產生了特異的發展現象。不只隨著日本市場對米需求的劇增而加速地擴大生產，和早期那種持續的停滯形成強烈對比的是，米生產和出口的擴大不但增加土著生產者的收入，也提高了農民的生活水準。本文探討 1925-39 年間以米部門為中心（有別於一般殖民經濟）的均惠式發展其背後的結構因素為何 —— 特別著重的是階級結構因素 —— 並將之與1925年以前以日資支配之蔗糖部門為中心典型的不平均（或雙元性）發展模式作對照。除了分別以糖、米生產為中心先後相異之發展模式間的比較與說明外，我們還探討米部門的發展如何加深米、糖間的矛盾，及其如何引發以日本糖資本為中心的殖民剩餘榨取機制的危機。

　　在30年代晚期，為了挽救以糖業資本為主體的剩餘榨取機制，創造

有利工業資本積累的條件（有利工業的投資環境），殖民地官員使用全
面的政治強制力來抑制農作物的交易條件，爲達到此目的，殖民政府也
不得不一併處理成爲殖民剝削機制障礙的土著社會經濟結構。除了加緊
其對米流通的控制，到最後（1939）獨佔了米的貿易，殖民政府更著手
重塑土著的社會經濟體系，削弱米部門中的土著支配階級（地主及其階
級同盟：土壟間資本），加速家庭耕作式農業的自耕化。我們探索殖民
經濟結構內米糖相剋體制與不同部門內之階級支配結構兩者間的關係，
並考慮對抗階級間力量的平衡與消長，以理解殖民政經結構重塑的原因
與過程。

二、臺灣作爲殖民發展的異例？

1918年日本發生的米暴動顯示了急劇工業化和都市化中食物短缺問
題的迫切性（山本 1976）。日本農業產品的邊際成本較高且在上昇中
（Myers and Yamada 1984, 八木 1932: 405-64, 涂 1975: 74-
77）。與其以較高的成本擴大本土的米生產，日本寧願獎勵由殖民地進
口稻米來應付第一次世界大戰後快速工業化下與日俱增的糧食需求、壓
低竄昇的米價以及避免外滙的流失（八木 1932:405-64, 東畑 1939,川
野 1941, Hayami 1970: 563, 567-68,570）。更重要的是，殖民地廉價
稻米的充分供應減少城市工人的消費成本有助於工業生產成本中勞動成
本的降低（Hayami 1970: 563,567-68,570, 川野 1941, 涂 1975:74-75）。
爲因應母國資本積累的問題，臺灣和韓國的殖民官員遂透過水利工程的
公共投資以及行政上對新科技發展和轉移的資助與輔導，鼓勵殖民地的
米生產與對日出口（農林省米穀局 1936:158-95, 川野 1941:11-80, 殖
產局 1938a, 臺灣銀行 1953）。

從1915至1935二十年間日本每年從韓國進口稻米的淨額自 1,870 千
公石上升至 8,246 千公石（一公石糙米約144公斤重），同期從臺灣的進

口淨額則自636千公石上升至4,505千公石（見表1）。由於殖民地進口米
的數量遽增，其進口淨額對日本本土米產量的比率也自1915年的４％上
升至1935年的25％（見表1）。第一次世界大戰後大量湧入的殖民地進口
米非始料所及竟對日本農業造成極大的衝擊，農業生產停滯而日本農民
的收入受到威脅（Hayami 1970，石川 1969）。日本的交易條件對農產
品轉趨不利，日農米作的實質收入下降（Hayami 1970:563, 567-68）。

表 1　日本的米消費與供給

（單位: 千石）

年　度	總消費 (1)	總產出 (2)	殖民地米淨輸入 臺　灣 (3)	殖民地米淨輸入 韓　國 (4)	(2)/(1) %	(3)/(1) %	(4)/(1) %
1915	58,921	57,008	636	1,870	96.75	1.08	3.17
1920	62,318	60,819	637	1,641	97.60	1.02	2.63
1925	67,046	57,170	1,852	3,682	85.27	2.76	5.49
1930	68,910	59,558	2,178	5,089	86.43	3.16	7.38
1931	72,978	66,876	2,692	7,959	91.64	3.68	10.91
1932	66,374	55,215	3,338	7,153	83.19	5.03	10.78
1933	72,414	60,390	4,210	7,489	83.40	5.81	10.34
1934	76,750	70,829	5,117	8,906	92.29	6.67	11.60
1935	70,553	51,840	4,505	8,246	73.48	6.39	11.69
1936	73,034	57,457	4,818	8,924	78.67	6.60	12.22
1937	79,066	67,340	4,850	6,703	85.17	6.13	8.48
1938	80,022	66,320	4,962	10,127	82.88	6.20	12.66
1939	79,320	65,869	3,957	5,583	83.04	4.99	7.04

附註: 蓬萊米１石（糙米）＝142.8公斤。
　　　在來米１石（糙米）＝139.8公斤。
　　　日本米１石（糙米）＝145.8公斤。
　　　韓國米１石（糙米）＝141.0公斤。
資料來源: 《經濟年鑑》各年（東京: 東洋經濟新報社）。

　　三〇年代早期的經濟不景氣雖然多少冷卻了日本本土對米需求的增
長，但因為日本米價格偏高，殖民地米比較起來顯得更經濟實惠是以進
口仍然持續增加。結果導致昂貴的日本米供給過剩，交易條件惡化。日

本農民在米豐收時（例如1931年）反而更蒙其害。自殖民地自由進口稻米雖然有助於壓抑日本米價的上升，但卻損及日本的農業。甚者，日本農民在二次大戰前佔約60％的人口，對其利益的漠視不可避免地觸發廣泛的農民抗議，造成30年代前期政治的不安定（山本 1976，石川 1936：7-11，總督府 1939：7，川野 1941：1-2,9-10，高橋 1937：191-96）。

　　為了因應造成政治不安定的農業危機，日本政府以保證價格收購市場上過剩的日本米以求拉高米價保障日本農民的收益（太田 1938：723-1062，八木 1932：490-545，高橋 1937：195-98，東鈿 1939：117-31，殖產局米穀課 1938：13-26）。政府對日本米的價格支持轉而鼓舞一般米價的上漲及誘引殖民地米的進口（大間 1939：12-13，高橋 1937：199，貝山 1934：3）。結果，日本米價格的上漲到頭來還是延伸到進口米的市場，使得殖民地的米生產者得 以分享日本政府米價 保護政策的好處。 隨著日、臺之間市場關係的擴大與單一化，蓬萊米的價格與日本米價的波動日漸一致（見圖1）。雖然兩種米之間仍有價格差距存在，但這個差距也

表 2　臺灣與日本米價

（單位：圓/100斤）

	(1) 臺　灣 在來米價	(2) 臺　灣 蓬萊米價	(3) 東　京 蓬萊米價	(4) 東　京 日本米價	$\frac{(1)}{(2)}$	$\frac{(3)}{(4)}$
1927	8.30	11.49	12.00	15.10	0.72	0.79
1928	8.22	9.59	10.69	13.18	0.86	0.81
1929	8.39	9.48	10.43	12.26	0.89	0.85
1930	7.08	8.81	9.61	11.49	0.80	0.84
1931	4.55	5.58	6.06	7.76	0.82	0.78
1932	5.85	6.89	7.42	8.69	0.85	0.85
1933	6.17	7.10	7.70	9.00	0.87	0.86
1934	6.89	8.00	8.69	10.42	0.86	0.83
1935	9.08	9.98	10.80	12.55	0.91	0.86
1936	9.47	10.53	11.33	12.90	0.90	0.88
1937	8.98	10.68	11.51	13.33	0.84	0.86
1938	9.92	11.35	12.49	14.31	0.87	0.87

資料來源：《臺灣米穀要覽》各年。

在縮小當中，從20年代末期20％降到 1935-38 年間低於15％的比率（參見表2與圖1）。

圖 1　臺灣與日本米價

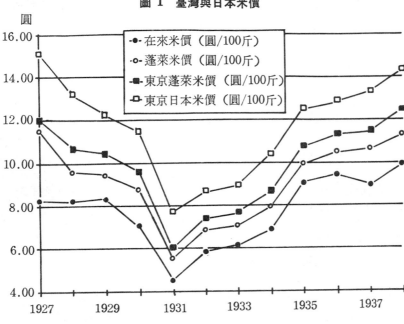

資料來源：表2。

　　蓬萊米外銷迅速的增長造成米生產進一步的商品化。蓬萊米變成純種的外銷商品，80％（1930s）左右銷到日本（表3）。較高的收益雖然

表 3　蓬萊米與在來米出口百分比（年平均）

（單位：百萬公石）

	(1) 蓬萊米 年產量	(2) 在來米 年產量	(3) 蓬萊米 出口數	(4) 在來米 出口數	$\frac{(3)}{(1)}$ ％	$\frac{(4)}{(2)}$ ％
1926-30	2.63	7.33	1.87	0.81	71.06	11.10
1931-35	6.16	6.88	5.08	0.53	82.58	7.76
1936	8.37	6.32	6.55	0.20	78.28	3.15
1937	8.63	6.39	6.77	0.31	78.48	4.87
1938	9.52	6.51	7.42	0.27	78.00	4.15
1939	8.65	5.99	5.48	0.31	63.35	5.23

資料來源：《臺灣米穀要覽》各年。
附註：1 公石蓬萊米＝79.16公斤。　　1 公石在來米＝77.50公斤。

提供農民轉作蓬萊米的誘因，但是較高的生產成本（肥料、勞力、及租金）卻阻礙了貧農的加入（表4；川野 1941:38-39）。缺乏足夠資金與勞力的農民只好在較為貧瘠的田地上生產在來米，部分提供自家消費，部分銷到島內市場。

表 4　臺灣米生產成本
（1930年二期作，10月至次年1月）

（單位：圓）

	勞動成本	肥　料	地　租	其　它	每公噸稻穀生產成本	每甲稻穀生產成本
在來米	27.11	8.58	26.22	8.42	70.33	213.97
蓬萊米	25.44	14.05	29.77	8.07	77.33	238.82

資料來源：殖產局，《農業基本調查書》，第27號 1931:1-25。

附註：
1. 調查農戶68戶：36戶在來米農（其中18戶自耕，18戶佃耕），32戶蓬萊米農（16戶自耕，16戶佃耕）。
2. 自耕農戶雖然不用付地租，但地租（根據當時行情估計）仍然算在生產成本內。

　　在來米微薄的收益或許會如以往作為壓抑蔗價的參考收益一樣繼續產生壓抑蓬萊米價上升的作用（請參考柯 1990）。不過，處於一個比較能免於壟斷干預的米市場（相較於蔗糖市場）下，蓬萊米價格的上升及帶來的生產收益終能帶動在來米價的提升。外銷米的生產佔用了許多本來生產維生米的田地（圖2）。較為肥沃的土地都投入蓬萊米的生產。外銷米生產的擴展取代了一大部分的維生米生產，遂導致島內維生米供給的減縮（圖2與圖3）。蓬萊米生產者出售絕大部分他們生產的高品質外銷米，而就島內市場取得低廉的在來米食用。島內對在來米的市場需求隨而提高，也促使在來米生產更加商品化脫離自給色彩。為求彌補

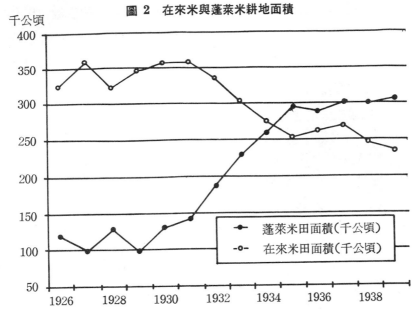

圖 2　在來米與蓬萊米耕地面積

千公頃

蓬萊米田面積(千公頃)

-o- 在來米田面積(千公頃)

資料來源:《臺灣米穀要覽》各年。

圖 3　在來米與蓬萊米總產量

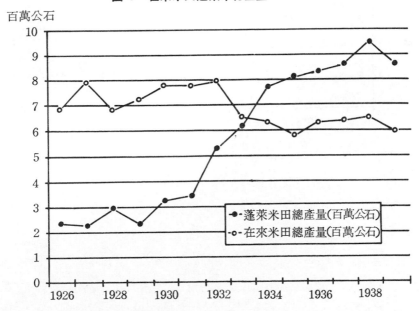

百萬公石

-•- 蓬萊米田總產量(百萬公石)

-o- 在來米田總產量(百萬公石)

資料來源:《臺灣米穀要覽》各年。

轉作蓬萊米的米田及滿足島內市場的需求，在來米的生產力也有顯著的
改善（圖4）。可是，在來米總產量似乎免不了減少（圖3）。市場需求
增加而供給減縮，造成在來米價上漲，而且不難想像得到其價格變動與
蓬萊米亦步亦趨（見圖1）。我們的資料顯示蓬萊米與在來米生產者的
收入顯現上升的趨勢，而且兩者的相關非常顯著（r＝0.96）（參照圖
5）。

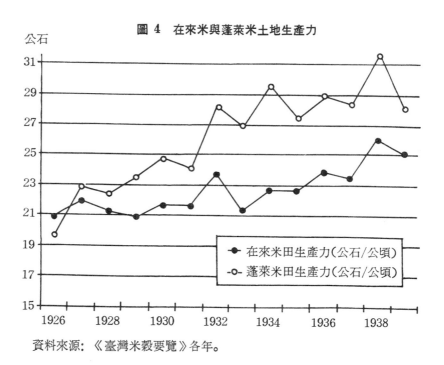

圖4　在來米與蓬萊米土地生產力

資料來源：《臺灣米穀要覽》各年。

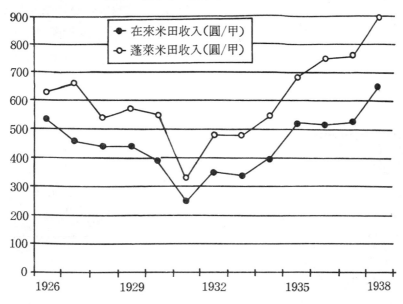

圖 5 在來米與蓬萊米田每甲收益

資料來源:《臺灣米穀要覽》各年。

附　　註: 各年米作兩期。

　　溝口敏行依據他整理的消費者指數歸結臺灣工人的實質工資在1918
年後持續成長，與日本實質工資的年成長率比較起來，臺灣的部分毫不
遜色（表5；Mizoguchi 1972:47-49，表3）。及至 1925-35年間，臺

表 5　實質工資年成長率（％）

		日　　　本	臺　　　灣
製造業	男	5.1	5.6
	女	2.8	5.0
木工	男	3.9	2.8
苦力	男	2.7	1.9
農業工人	男	1.2	2.8
	女	2.5	1.2

資料來源: Mizoguchi 1972:49。

附　　註: 年成長率自1915-17年平均與1931-33年平均計算而來。

灣實質工資顯著上升，日本卻下跌(表6；溝口 1975:22)。雖然臺灣工
業工人的薪水僅及日本在臺工人的 50-60%(尾高 1972:166-67)，實質
工資快速的成長顯示了在兩次大戰之間經濟成長整個來說還是有惠及受
殖民者的趨勢。在缺乏有關農民收入之全島性資料的情形下，溝口對農
業工人實質工資的估計多少提供了臺灣農民收入水準的間接指標。

表 6 農業實質工資的成長率（%）

	日　　本	臺　　　灣
1925-30	- 7.9	15.0
1930-35	-22.1	6.6

資料來源: 溝口敏行 1975:22。

總督府（殖產局）為求了解農家的經濟狀況曾在 1931-32 期以及
1936-37 期分別調查50戶及 189 戶米作標準農戶的收支（農業基本調查
書，第30號1934; 第37號 1938）。這些調查資料最常被使用來估計30年
代臺灣農民的生活水準。根據這兩次的調查，張漢裕發現 1931-37 年間
農家每戶實質家計支出成長16%（Chang 1983:74-75，張 1974:244-
45，250）(注1)。同期，農民每人分得年家計費實質增加12%（Chang
1983:79）。由於1931-32年調查農家平均耕地面積為3.27甲，比1936-37
年調查的平均面積多34%（農業基本調查書，第30號與 37 號），農家實

注1　張漢裕對農家實質家計支出的估計是根據臺灣商工統計內臺北市消費者
　　　物價指數（當時唯一完全的物價指數資料）(1974：245)。溝口敏行的
　　　消費者物價指數源自同一資料，但利用 1934-35 年都市工人家計支出組
　　　成予以加權(Mizoguchi 1972：42，溝口1972)。使用溝口估計的農家
　　　實質家計支出必須小心，因為農民糧食自給的部分仍然接近一半，與都
　　　市工人的家計支出形態有差異。溝口認為將之用於農業工人身上不會有
　　　大差誤（Mizoguchi 1972：47）。不過張漢裕估計的消費者物價指數
　　　在1931-37年期間比溝口的低4-5%，張懷疑溝口由於過度高估了物價膨
　　　脹的影響而低估30年代農業工人實質工資的成長率（張1977：192）。

質家計支出的成長可能還被張漢裕低估了。其它張漢裕、R. Myers、
及 Yhi-min Ho 對家計費各主要項目內容及組成比率以及食物支出之
所得彈性（遞減）的研究（同樣使用農業基本調查書的資料）也間接指
出臺灣農民消費水準在30年代有上升的趨勢（張1974:256-298，Myers
1970,Yhi-min Ho 1971）。溝口、張漢裕、Myers 等人的發現多傾向
認為 30 年代臺灣農民的生活水準有顯著上升的跡象。有許多指標顯示
1902-25 年間對農民的剝削不斷強化：農民的生產力快速成長，而他們
生活水準改善的速度卻相對遲緩；換言之，臺灣農民變成日本資本剝奪
相對剩餘價值（relative surplus value）的對象。農工產品交易條件
可以作為重要指標之一，它一直持續對農產品不利的趨向直到20年代才
獲得改善（李登輝 1972:附表 4 ）。與1925年以前以糖業為中心的經濟成
長成明顯對比的是，1925年後以蓬萊米生產與外銷急速擴張為動力的經
濟成長，不只帶來對農業有利的交易條件，更重要的是，米出口帶來的
利益得以分享農民，而不至於像前期(1925年以前)典型的(外銷／維生)
雙元性經濟下的不平等分配，由支配階級（糖業資本）獨占所有利益。

　　刻意突顯日據後期農家生活水準顯著改善的現象，不少強調殖民地
「平順」的納入日本帝國經濟體系的學者聲稱，由於與日本同樣以米作為
傳統基本的農作物，故臺灣得以免於西方熱帶農業殖民地被迫劇烈轉換
為外銷取向之特區經濟（enclave）的衝擊（Peattie 1984:8，Naku-
mura 1974:350）。順著近似的思路，何寶山認為臺灣（與韓國）事實
上避開了殖民地雙元性經濟的一般特性：現代（出口）部門與傳統（維
生）部門間 生產力不平均（uneven）的發展、經濟體系的扭曲脫節
(disarticulated) 等 (注2)。他的解釋是稻米作為殖民地與母國共同的
主食，可以同時滿足自家食用及商品售賣的目的，農業發展因此不限於

注 2 　請參考 Amin (1974) 對邊陲資本主義（peripheral capitalism）
　　　的討論就上述問題有比較詳盡的解說。

特定的純現金作物而得以延伸到維生部門，有更多的人口可以加入發展的過程，而且避開雙元性經濟部門劇烈摩擦、不平均發展的現象（Ho 1984:384-85）。他視臺、韓發展爲雙元性發展模式（Paauw & Fei 1973）或依賴模式（Frank (1969) 與 Baran (1957) 等）外的特例（Ho 1984:380-83）(注3)。

然而，晚近對日據臺灣的研究指出，日據前期（1925 年以前）以糖爲中心的殖民經濟清楚的呈現出不平均發展的特性。出口產品的糖與維生產品的在來米間有「敵對」的關係存在：日本糖業資本的積累建立在米作相對遲滯的發展以及低落的生活水準上（請參見 Ka 1991，柯 1990）。此時期實在很難套用何寶山所謂的「平衡而又均惠式」（balanced and broadly based）(1984:385) 的日本殖民地發展模式。此外，我們前面的資料也顯示何寶山籠統的論斷沒有考慮到出口米與維生米之間的分化現象。何寶山輕忽了 1925 年後蓬萊米生產的專門化，這種日本種專爲日本人口味而培育的作物一開始就是純粹的出口作物。1925-39 年間80%的蓬萊米出口到日本，其它20%提供島內日本人

注3　Ho 原文爲 "The development experiences of the Japanese colonies did not conform in all respects to the model of colonial development based on dualistic economy. Most importantly, economic development in the Japanese colonies was not restricted primarily in the Japanese-dominated enclave while the subsistence sector lanquished …When the Japanese promoted rice, a crop widely grown in both colonies for subsistence as well as for cash, agricultural development in Korea and Taiwan was extended to the subsistence sector, and nearly the entire agricultural population in Korea and Taiwan were drawn into the development process. More than anything else, the development of peasant agriculture improved the economic conditions for Korean and Taiwanese and prevented the two economies from becoming as strictly compartmentalized as our (dualistic) model predicts (Ho 1984:384-85)."

及高收入人口食用與一般農民生產者無緣；同時期在來米則逐漸退出外銷市場，重新回到它本來維生式及島內消費品的角色（參見表3；《臺灣米報》1932,12月，第32期；《臺灣農事報》1933,3 月；川野 1941: 35-36）。作爲純粹出口作物太昂貴而不適於島內維生用途的蓬萊米，其生產的擴張用何寶山的邏輯來看非常可能造成殖民地經濟的「雙元性發展」(Ho)。Ho 把殖民地後期特異的發展模式擴大解釋日據全期，再將之歸因於作物的特性 —— 米既是維生作物又是現金作物 —— 因此是站不住腳的，不僅無法說明日據前期與他理論抵觸的現象，也誤導對日據後期特異發展模式的了解。

何以蓬萊米生產的擴張沒有像蔗糖生產的擴張一樣，造成不平均的發展及資本獨占經濟成長成果的情形呢？難道沒有可能像蔗糖部門一樣強加制度性的障礙（例如原料採集區制度及米糖比價辦法 (Ka 1991)）來限制農民分享出口生產擴張所帶來的利益嗎？答案顯然不應該往（如 Ho 所建議的）作物的特性裏面找，比較有力的解釋面向是由社會／經濟結構入手，這裏特指的是米與蔗糖生產內部不同的階級支配結構。個別部門內階級支配的形式與強度決定了經濟發展成果分配的方式，以及出口與維生部門間不平均發展的程度。我們以下的部分要仔細說明與本地人米生產相關連的階級支配結構，以對照於日資控制的蔗糖生產關係，並進而說明這種差異如何解釋日據前、後期分別以糖、米爲中心的經濟發展模式內部所得分配形式的變化。

三、土地分配的長期趨勢

總督府殖產局分別在 1921,1932 及1939年進行全島性的耕地調查以求了解其分配與使用的狀況（《農業基本調查書》〔農業基本調查書〕第 2 號1922；第31號1934；第41號1941）。根據 1921 年的調查，擁有耕地超過一百甲的雖然只佔所有者戶數的0.05%，卻擁有 94,072 甲的耕

地，爲全島耕地的 13.06%（《農業基本調查書》，第 2 號 1929）。這
次調查沒有區分臺灣人和日本人的所有者。但是，其它間接的資料顯示
大地主內日本人佔了相當大的數目，而且其佔有的土地面積比率持續上
升。在1921年時，擁有100甲耕地以上的臺灣人大地主112戶共持有42,000
甲(涂1975:485)；24個百甲以上的日本土地所有者卻擁有更多，51,500
甲，其中39,800甲屬於 9 家新式製糖公司，2,860 甲屬於兩家日資的改
良糖廠，8,850甲則分屬13個日資栽植農場（總督府1929:230,256-57；
《臺灣糖業統計》〔糖業統計〕1921:44,46；涂 1975:484）。正如這些
資料指出的，臺灣人百甲以上的大地主雖然人數多些，日本人百甲以上
的土地擁有者（不少以公司的形式擁有）卻擁有更多的土地。1939年的
調查顯示日本人擁有的土地多在南部種蔗的旱田以及嘉南三年輪作區單
期作水田，總共佔了全島耕地的12.96%（表 7；羅明哲 1977:266-68，

表 7　日本人所有耕地佔臺灣總耕地的比率（1939）

地　區	日人所有耕地		日人所有水田		日人所有旱田	
	甲	%	甲	%	甲	%
臺北州	5,045	5.39	1,927	3.28	3,118	8.94
新竹州	4,119	2.79	1,015	1.16	3,104	5.14
臺中州	17,549	10.95	8,622	8.22	8,927	16.13
臺南州	41,900	15.80	26,668	14.13	15,232	19.94
高雄州	29,148	23.41	12,156	16.56	16,992	33.25
臺東廳	3,580	23.85	782	10.73	2,798	36.22
花蓮廳	9,603	45.91	2,796	26.53	6,807	65.58
澎湖支廳	2	0.02	—	—	2	0.02
全島	110,943	13.29	53,966	10.17	56,978	18.76

資料來源：殖產局，《農業基本調查書》，第41號1941:2-3。

275-76；《農業基本調查書》，第 41 號1941），與縮減中的政府所有地
(2.5%)加起來，日人共擁有全島耕地的15.45%（《農業基本調查書》，

第41號 1941)。光復後收集的土地資料發現公有地（沒自日本人土地所有者及接收自殖民政府公產）在1946年時佔了全島耕地的21.66％（14.3％的水田及33.6％的旱田）（《臺灣省統計提要》1947:7,49)。

可惜三次土地調查中只有1921年那次調查依耕地所有面積別分類，除列出土地所有者、戶數外還加入其所佔面積，其它兩次並未附上所佔面積，單單戶數的資料不能充分說明土地所有分配長期變化的趨勢，有時甚至誤導。我們現在只能依靠其它間接的資料來推斷。根據 1921 年與 1932 年兩次調查，研究者可以輕易地發覺擁有五甲以上的土地所有者戶數增加，其佔總戶數的百分比也上升；同期小於五甲的所有者戶數及百分比則大幅下降，土地所有面積愈小者下降幅度愈大(詳見表 8)。1931-32 年期總耕地從 721,252 甲增為 782,000 甲，但耕地所有者戶數

表 8　依耕地所有規模別土地所有者的數目及比率

所有規模	1921		1932		1939	
甲		%		%		%
- 0.5	172,931	42.68	130,732	38.37	186,423	43.22
0.5- 1.0	86,711	21.40	71,181	20.89	90,024	20.87
1.0- 2.0	70,739	17.46	63,851	18.74	74,151	17.19
2.0- 3.0	28,412	7.01	27,673	8.12	32,114	7.44
3.0- 5.0	23,276	5.74	22,641	6.65	24,238	5.62
5.0- 7.0	8,989	2.22	9,181	2.69	9,801	2.27
7.0-10.0	5,902	1.46	6,143	1.80	6,210	1.44
10.0-20.0	5,454	1.35	5,852	1.72	5,416	1.26
20.0-30.0	1,353	0.33	1,594	0.47	1,489	0.35
30.0-50.0	842	0.21	1,051	0.31	845	0.19
50.0-100.0	376	0.09	514	0.15	383	0.09
100.0-	196	0.05	261	0.09	272	0.06
總　數	405,181	100.00	340,674	100.00	431,366	100.00

資料來源: 殖產局，《農業基本調查書》，第 2 號 1921; 第31號 1934; 第41號 1941。

卻由405,181戶減為340,674戶(《農業基本調查書》，第2號與31號)。學者們(例如羅明哲與川野)普遍相信上述的資料代表土地集中的現象，認為1921-32年間在米生產景氣的情形下土地集中在本地人米作區加速進行(川野 1941:113-14；羅明哲 1977:250)。

但是這樣的結論仍然存有許多疑點。1921年共同持份的土地難以判明持份比率者是用持份者的人數去除，1932（及1939年）的調查卻改變成把共同持有者一起算成一戶(《農業基本調查書》，第2號：凡例頁2；第31號：要綱頁3；第41號：123)。由於在家戶計算單位上因共同持份現象引起的混淆，導致對土地分配趨勢的了解也受到扭曲。到底因共同持份是否算成一戶的前後不一致所引起的偏差大到什麼程度，現在已經無法估算。我們注意到從農業經營者的戶數來看（包括佃農經營戶數在內），調查資料竟然顯示有下降的現象，自1921年的 423,278 戶到1932年減為 384,152 戶(《農業基本調查書》，第2號與第31號)。土地集中在臺灣（尤其在本地人稻作區）大部分是在租佃關係下分散給佃農家庭式經營，而不是合併成大規模雇工農場。同時期需用勞動力的工業化也相當有限(只有資本密集的製糖工業)。在人口快速成長之下，即使有土地集中也應該不會導致經營者戶數的減少。事實上，《臺灣農業年報》所記載的農戶數目，自1922年至1932年反而有5％的成長（表9）。因此，1921年與1932年調查測量單位的不一致可能造成嚴重的扭曲。

表 9 自、佃耕別農戶數及比率

	自 耕 農	半自耕農	佃 農	農 戶 總 數
	%	%	%	戶
1922	30.3	28.9	40.8	385,279
1932	32.7	29.5	37.8	404,202
1939	32.7	31.3	36.0	428,492

資料來源：　1.《臺灣省五十一年來統計提要》1946:513-14。
　　　　　　2.《臺灣農業年報》各年。

其它間接的資料也不支持 1921-32 年間土地集中的論斷。最明顯與土地集中的論斷相互抵觸的是同一批農業基本調查資料顯示 1921-32 年間佃耕地的比率顯著降低，自全島耕地的58.16％降至53.55％（表10）；

表 10　佃耕地面積及佔全島耕地比

年度	(1) 水田 總數	(2) 旱田 總數	(3) 水田 佃耕地	(4) 旱田 佃耕地	$\frac{(3)}{(1)}$	$\frac{(4)}{(2)}$	$\frac{(3)+(4)}{(1)+(2)}$
	甲	甲	甲	甲	％	％	％
1921	337,810	353,557	233,466	168,580	69.12	47.68	58.16
1927	388,732	397,198	257,279	184,857	66.18	46.54	56.26
1930	401,923	401,153	265,421	174,306	66.04	43.45	54.76
1932	396,226	384,001	264,026	153,799	66.64	40.05	53.55
1939	536,383	317,179	328,770	152,029	61.29	47.93	56.33

資料來源：　1.殖產局，《農業基本調查書》，第2號 1921；第31號1934；第
　　　　　　　41號1941。
　　　　　　2.《臺灣農業年報》1936：11。
　　　　　　3.殖產局1928，《本島耕地の自小作別面積調查》：2-3。

以水稻田為主的中北部地區也同樣呈現佃租率下降的趨勢，中北部三州（臺北州、新竹州與臺中州）的佃耕率自67.40％降為63.34％，區內水田佃耕率下降幅度為2.14％與全島水田佃耕率的降幅（2.48％）接近（《農業基本調查書》，第2號，第31號）。同時期，自耕農（自耕地佔80％以上的農戶）與半自耕農（自耕地在 80％-20％之間的農戶）增加了，佃農（自耕地小於20％的農戶）的戶數則減少了（表9）。總而言之，認為在20年代下半期及30年代初期米外銷擴展之下土地大量集中的說法是缺乏事實根據的。雖然在外銷米生產擴張的時期有地價急速上漲的跡象（注4），但在農民竭盡可能取得土地的情形下，以自耕為主的農戶還是

注4　水田價格換算成實物（米量）在 1924-27 年間從123公石／甲漲至287公
　　　石／甲（羅明哲　1977：271，表20）。

逐漸增加。

1939年調查的測量方法與1932年的沒有變化，在比較上應該較可信賴。學者的看法也比較一致，那就是，土地分配趨向零散化。1932-37年間所有者戶數自340,674戶增至431,366戶，成長26.6%，而全島耕地面積不過增加 6.7%（《農業基本調查書》，第31號，第41號）。所有者戶數增加比率最大的是 1 甲以下（0.5 甲以下增加 42.6%，0.5-1.0甲的增加 26.5%）的小農民所有者，成長率 36.9%大過平均成長率（26.6%）。最明顯增加的0.5甲以下的所有者，其佔全體所有者的比率從38.4%（1932年）增為 43.22%（1939年），0.5-1甲的比率未變，1 甲以上的則下降（表 8 ）。

1932-39 年間，10甲以下的所有者數目大幅增加，土地所有面積愈小者增加比率愈大；10甲以上則呈現剛好相反的趨勢，土地面積愈大者減少的比率愈大（羅1977：表 4 ，250）。100甲以上之所有者卻為例外，增加了11戶，但是我們不清楚其所有耕地的平均面積是否減少（註5）。如果我們細分地區來看，則中南部百甲以上的土地所有者增加了，但北部卻減少（表11）。我們同時注意到同期水田佃耕率從 66.64%降為61.29%，而旱田卻從40.05%上升為47.93%（表10）。在30年代末期蔗作區（以旱田為主）土地零散化有逆轉的趨勢，而種米的水田區則繼續其零散化的過程（註6）。1932-40年間（缺1939年資料，故用 1940 年代替）新式製糖廠所有的旱田（主要集中在臺南、高雄兩州）增加了 55.56%（27,252甲），水田則減少 9.93%（2,014甲）（糖業統計各年）。日資糖廠，30年代末期在南部旱田擴張土地所有權導致旱田土地集中的現象。

注 5　涂照彥比較 1921、1932 年臺北州 100 甲以上所有者時發現戶數雖然增加，但所有土地的平均面積卻下降（涂1975：467；臺北州內務部勸業課《臺北州の小作事情と其の改善施設概要》，1937: 12-13）。

注 6　1932-39 年間臺中州水田區佃耕率下降 1.5%，而旱田區則上升 6.3%（《農業基本調查書》，第31號與41號）。

表 11　百甲以上大土地所有者數目

地　　　區	1932 (A)	1939 (B)	(B-A)
北部			
臺北州	36	30	- 6
新竹州	55	41	-14
中部			
臺中州	47	58	11
南部			
臺南州	74	90	16
高雄州	37	37	0
東部			
臺東廳	8	8	0
花蓮廳	4	8	4

資料來源: 殖產局,《農業基本調查書》, 第 2 號 1921; 第31號 1934; 第
　　　　41號 1941。

　　自1936年米穀自治管理法通過要求依配額減產米穀, 同年小林躋造
就任臺灣總督積極從事米穀統制。殖民政府不只抑制米穀產量（透過禁
止增設水利設施及土地改良投資等措施）而且獎勵轉作（殖產局1938a:
26-27; 川野1941:14）。種植稻米的面積隨而減少, 而甘蔗及其它作物的
種植面積卻大幅上升（表12）, 同時造成上述土著米作區土地零散化趨
勢的加速進行的現象。綜觀之, 臺灣土地分配（尤其是指稻作水田區）
長期而言是屬於零散化的趨勢, 即使在1920年代末及30年代初米作大幅
擴張時也是如此, 而不是羅明哲等人所說的先集中（1921-32）後分散
（1932:39）（1977:251）。土地零散化的趨勢在1939年後仍然持續進行。
當時雖無可靠資料, 但戰後土地改革前（1948）的資料顯示自耕率達

表 12 作物別耕地面積

	1931-33 年平均		1937-39 年平均		1942		1942年指數	
	面積	%	面積	%	面積	%	1931-33 =100	1937-39 =100
糧食	831	64.82	821	62.75	830	56.81	100	101
米	678	52.88	656	50.16	636	43.53	94	97
甘藷	135	19.53	137	10.51	156	10.68	116	114
其它	18	1.40	28	2.14	38	2.60	211	135
農企業原料	182	14.20	257	19.61	275	18.82	151	107
甘蔗	97	7.57	142	10.86	161	11.01	166	113
茶	46	3.59	46	3.51	42	2.88	91	91
花生	29	2.26	32	2.41	19	1.30	66	59
黃麻	3	0.23	13	0.99	14	0.96	467	108
棉	—	—	4	0.31	6	0.41	*	150
其它	6	0.47	20	1.55	27	1.85	450	135
水果	33	2.57	43	3.29	92	6.30	279	214
香蕉	17	1.33	21	1.62	21	1.44	124	100
鳳梨	6	0.47	10	0.75	9	0.62	150	90
柑橘	4	0.31	5	0.38	6	0.41	150	120
其它	6	0.47	7	0.54	56	3.83	933	800
蔬菜	34	2.65	42	3.21	44	3.01	129	105
綠肥	202	15.76	146	11.14	220	15.06	109	151
總耕地	1,282	100.00	1,308	100.00	1,461	100.00	114	112

資料來源: 1.《臺灣省五十一年來統計提要》1946。

2.《臺灣農業年報》各年。

3.奧田《臺灣の農業》1937: 48-53。

55.88％（陳誠1960:79-80），比1939年多了 12.21％。日資雖然在日據全期（尤其是30年代末期）集中大量土地，但整體而言其規模仍不足以逆轉土地零散化的趨勢。

四、階級支配結構：米、糖部門比較

日據初在烽火不停軍費支出沉重，以及日本資本（由於尚處於工業化初期階段）資力不足以澈底改變臺灣的前資本主義生產關係這兩種情形下，殖民者爲了鞏固支配權選擇了保留小租所有權，從而與小租戶形成階級聯盟的妥協策略。這個策略同時有它經濟上的意涵。它幫助殖民政府在短期內恢復生產以及達成財政上的獨立，解除了母國國庫的負擔。保護土地的實際經營者 —— 小租戶 —— 並在這個基礎上推展商品化，作爲權宜之計實大有助於殖民政府解決燃眉之急的財政以及社會治安問題。殖民政府倚仗土著地主階級作爲社會安定的支柱，允許傳統小租戶地主與佃農之間的租佃習慣持續下去。在稻作區，實物定額租是通行的形式。租期往往很短（3-6年甚至更短），而且往往是口頭約定，租率得以輕易變更（殖產局 1926:4-20,100-17,154-71,283-91,324-42；殖產局1930:73,76-77；殖產局 1936a:7,11,50-52；劉英漢 1939a,1939b）。普遍情形下，租率約爲年收成的 50％上下，與 19 世紀末時沒有什麼變化。上則田租率多少會隨土地生產力提高及地價而浮升，而下則田則在蓬萊米登場後有略微滑落（表13）。整個來看，自 20 年代到30年代期間水田租率大致維持在49％的土地收成（表13）。就此而言，土地生產力所帶來的收益是由地主與佃農均分，地主並未能透過地租上漲的方法獨吞農業成長的好處 。 土著地主階級 主要仰賴租佃 手段取得農業剩餘，在上面提及的長程土地零散化的趨勢下，力實不足以阻止佃農分享1925年後米生產擴張所創造的所得，與 1925 年以前糖業資本運用市場控制的手段壓抑甘蔗收購價格的上升，而得以阻隔蔗農分享糖業超額利潤的

情形恰成明顯對比。

表 13 地區及等級別之水田地租率（％）

	1924	1927	1937
臺北州			
上等田	53.08	53.3	50.54
中等田	52.60	54.3	50.70
下等田	51.88	53.9	50.34
新竹州			
上等田	53.59	50.7	54.97
中等田	53.67	50.6	53.76
下等田	53.92	50.6	53.76
臺中州			
上等田	52.45	49.6	52.80
中等田	51.93	48.8	50.17
下等田	51.43	49.0	49.55
臺南州			
上等田	46.53	43.5	56.53
中等田	46.15	45.0	42.74
下等田	40.77	46.0	43.31
高雄州			
上等田	45.71	45.4	47.79
中等田	44.99	44.1	47.23
下等田	44.12	45.8	41.32
全島			
上等田	—	49.3	52.43
中等田	—	49.1	48.45
下等田	—	49.4	45.29
平均	—	49.25	49.01

資料來源：　1.殖產局，《各州小作慣行調查》1926:39-40。
　　　　　　2.殖產局，《農業基本調查書》，第25號1930。
　　　　　　3.殖產局，《臺灣に於ける小作事情とその改善設施》1936:52-53。
　　　　　　4.殖產局，《農業基本調查書》，第39號1939。

附註：
1.1927的資料只有兩作水田的地租率。中、北部基本上是兩作田，南部則非。
2.在1937年的資料裏，1-5 等則的水田被歸類爲上等田，6-10 等則爲中等田，11-15等則爲下等田。
3.1937年上等田的地租率可能有偏誤，因爲樣本數奇少，只有11戶。
4.「一」表示無法取得精確的數目。1937年的資料有說明各地區的調查戶數（共1507戶受調查），但1927年的資料只有鄉庄的平均地租率。1927 年全島的地租率因此可能有偏誤。1924年的資料更粗糙，只有州的平均地租率，我們更不敢以之推估全島平均地租率，只好留白。

　　碾米的工作本來主要是由農家自己處理，隨著商品化的擴展，米的加工碾製也逐漸脫離農民的掌握。在1914年時，只有 16.89％的米是由土壠間（土著碾米業的通稱）處理；及至1933年，土壠間已包辦73.38％的米穀（《臺灣商工統計》1937，第17號: 54-55; 根岸1936:31; 《臺灣米穀要覽》〔米穀要覽〕1935:7）。土著的碾米業不若製糖業竟得以免於日本資本的滲透。於1932年時 3,051 家碾米廠中只有37家屬於日本人所有（根岸1935:67）。至1939年，日本人控制的碾米廠佔 7 ％，不過，與韓國54％受日本人控制的情形比較起來仍算輕微（Mizoguchi and Yamamoto 1984:419）。

　　米的商品化與加工過程的分化基本上是由土著的土壠間兼米商所負責。但是土壠間（兼米商）在工業及商業活動上所擁有的支配權卻遠遜於日資糖業。土壠間絕大部分是住宅卽工廠式的小本經營，碾米的設備及廠房資本額甚少，平均職工人數少於 3 人，約爲全島工廠平均職工人數的四分之一，而且多爲自己家人，雇工只是作爲輔助性質（根岸1936:39,62; 川野1941:131; 《臺灣省五十一年來統計提要》1946:763）。絕大多數的土壠間係獨資經營，佔71％。卽使以共同經營或合股方式行之，也多有親戚家族關係，不脫個人式的經營色彩（根岸1936:38-39）。

　　1935年時，百斤蓬萊米的加工費用是 0.605 圓，只佔臺中州、臺北州蓬萊米批發價的6.06％（臺中州及臺北州米穀商同業公會成本調查，引自甲本 1935:20; 米穀要覽1936:34）。甚者，加工的主要成本不是工資及電力費用（兩者加起來只佔6.5％的生產成本），而是麻袋費用，佔了 61.2％的生產成本（同上米穀商同業公會調查）。從剝削雇工勞動所取得的利潤可見非常微小，大致上仰賴的是對自家成員無酬勞動的「自我剝削」（self-exploitation [Chayanov 1966]）。土壠間面對的是一個高度競爭的市場（根岸稱之爲「無統制的競爭」（1936:39）），卽使有無酬家工勞動，他們當中有許多在米加工上仍是虧本經營（甲本1935:

19-20)。土壟間賺的不是加工生產的利潤，他們的收益主要來自米交易的買賣差價及放債的利息。

土著經營的土壟間身兼米穀商的角色，自農民及地主（收實物地租）處取得稻穀後碾製出售。在1936年時，土壟間共有 3,304家，在彼此激烈競爭的情形下，經營者仰仗個人的人際網絡及市場知識以取得稻穀及避開市場風險（穩定貨源及買賤賣貴）。決定交易所得的主要因素是在個人的人際關係及市場判斷的正確與否，而無法像糖業一樣透過政府力量以制度來保障，而得以維持比較穩定的利潤。

土壟間另一重要的經濟活動及收入來源是金融借貸。農民，特別是缺乏資力及現金的貧農，往往仰仗土壟間為耕作資金、納稅及作物生長期間生活費的簡便來源。土壟間的金融貸放通常以預先貸款的方式行之，並以買青形式為多（殖產局1936b：17-25，33-216；1927；三浦1932；甲本1935：16-19；根岸1936：42-51，54-62）(注7)。民間借貸的利息在1937年時近乎日資勸業銀行（臺灣農村最大的信貸提供者）貸款利息的兩倍(涂1975：479-80)。雖然利息如此之高，土壟間高利貸仍然頑存下去。部分原因是它提供的方便。更重要的原因是，愈窮的農民愈沒有辦法提供抵押品來借款。土壟間高利貸只要求很少的抵押品，甚至沒有抵押品純靠人際的信賴與關係來擔保，因此雖然30年代銀行對農村的信貸已經日漸普及，貧農卻依然難以擺脫對土壟間高利貸的依賴（請參考表14；三浦1932：11-12）。

土壟間採取的是小規模經營及仰賴家庭成員（而不是雇工）作為主要勞動力來源的生產方式（基本上是所謂的「小商品生產」（petty commodity production））。只是，碾米(工業活動)就土壟間而言不過

注7 買青係以低價預購仍在生長中的農作物，實質上是趁農民於作物成長期間急需現金及生活費時以貸款方式壓抑米穀賣價並取得高利息的手段。

表 14　農村負債來源別（%）

	年度	銀行	農村合作社	高利貸	糖廠	總共
地主	1933	—	—	—	—	—
	1940	62.99	6.73	20.11	9.92	100.0
自耕農	1933	33.43	12.55	49.30	4.73	100.0
	1940	42.57	25.96	20.76	10.21	100.0
半自耕農	1933	24.33	16.12	53.12	6.42	100.0
	1940	34.63	26.77	15.67	15.21	100.0
佃農	1933	2.59	14.00	73.87	9.54	100.0
	1940	6.37	32.99	57.97	16.48	100.0
平均	1933	21.37	14.32	56.60	6.71	100.0
	1940	36.55	23.38	26.98	13.09	100.0

資料來源：殖產局，《農業基本調查書》，第33號1935:4-5,82-83,116-17,
　　150-51；第43號1941:4-5,62-63,70-71,86-87。

附註：

1.銀行包括勸業銀行、普通銀行、信託會社。

2.農村合作社包括農會及產業組合（合作社）。

3.高利貸包括私人借貸業、地主、米商、肥料商、雜貨商、豬商、其它等。

4.部分地主取自銀行的貸款又被轉借給貧農以取得更高的利息（涂1975：
　　483）。

是附屬於商業及信貸的經濟活動，其本身並不構成重要的收入來源，稱
之爲副業並不爲過（根岸卽如此稱之〔1936：62〕）。土壟間利潤的主
要來源是商業投機及高利貸利息，特別是來自手頭上老是缺乏現金以應
付生活支出、賦稅、及耕作資金等緊迫壓力的貧農階層。土壟間比較精
確地來說應該被視爲米穀交易的仲介業者及高利貸資本家而較少工業家
的特性。

　　不少土壟間是由地主所設立，用以處理自己以實物租方式取得的稻

穀，同時也接受自己的佃農及鄰近村民的稻穀。有一些土壟間還兼營雜
貨店，供應民生用品、肥料、農具以交換稻穀；同時也不乏把這些商品
當作預先貸款的一部分交給農民的情形（甲本 1935：11；根岸 1936：
62）。在利益互通及重疊之下，不難預期土著地主、米穀商、高利貸者、
以及米加工業者溶合為一的現象。至少，他們之間基於共同的利益構成
堅強的結盟關係。即便如此，他們在土地集中、交易額、及工廠規模上
與日資糖業比較起來仍然相當懸殊。而且在「無統制」（根岸）的市場
下不免陷入惡性競爭的窘況（根岸1936：39，64-66；甲本1935：11）。

　　彼此爭奪市場，缺乏現代經營的觀念與能力，土壟間迅起迅落不免
被譏評為「缺乏責任概念」「濫設」（甲本 1935：11）。儘管如此，由於
熟悉與無數小農之間的交易並提供其生活及生產上便利的信貸，在兼有
碾米業者、仲介商、高利貸者三位一體的角色下，土壟間方能長期免於
日資的滲透兼併。包攬臺灣米出口的4家日本大商社還是選擇託付 700
家左右的土壟間收購及加工處理米穀，而避開直接面對40萬戶米生產者
的繁瑣事（殖產局 1938b：48-50；川野 1941：129）(注8)。島內米穀
的流通實質上是由土著土壟間所掌握。

　　就資本主義經濟轉型過程來看，近代工廠制度(factory system)
把小商品生產摧毀並逐出工業的生產。然而，我們卻同時發現，在某些
經濟部門內小商品生產不是想辦法在資本的滲透兼併下頑存，就是撤往
其它部門繼續生存下去。令人感到禍福難測的是，1906年之前總督府曾
積極扶助的土著改良糖廠，終不免為日資兼併的命運（森久男 1980），
而總督府一向消極對待的土壟間碾米業卻因利潤率低而被忽略，經長期
努力發展自存之道與商業及金融業等多種經濟功能結合起來，反而得以
頑強的抗拒外資免於瓦解。日本資本對糖業生產的侵入與控制非常徹

注8　1936年時只有732家土壟間（總數的22％）處理出口米，其它則在品質
　　　上無法符合要求（殖產局1938b：48；川野1941：128）。

底，充分反映了資本集中化與密集化的特色（centralization and concentration of capital）。米的加工業卻能保留在土著手上，免於在日資控制下集中大規模生產。妨礙土壟間走向現代工廠經營的因素——與商業及高利貸資本的結合——結果變成抗拒日資的有力手段。

與米的生產及交換成明顯對照的是日資支配下的糖業。1937-38年期臺灣、大日本、鹽水港、明治四家製糖公司佔全島產糖量的83％（《糖業統計》，第29冊1943：82）。壟斷性的製糖公司控制了絕大部分的砂糖生產及出口。這些日資大製糖公司透過原料採集區制度、米蔗定價機制、資金貸放（生活資金為其主要部分）、獎勵金以及技術轉移、運輸及灌溉系統的投資與管理，甚至配合政府（以糖業利益為優先考慮）的水利工程和行政協助（包括警察的強迫）得以控制甘蔗的交易，更進而督導契作蔗農的生產過程（Ka 1991）。製糖公司同時也自營雇工式大規模的栽植農場，生產小部分（20％）自己所需的原料，並透過租佃契約掌握承租公司土地耕作之佃農家內的勞動力（矢內原 1929：240-41）。製糖公司的壟斷能力在生產過程上穿透了農產品的生產與加工，在流通的過程上則統合了島內交易與外銷的網絡。其結果，正如矢內原點出的，在甘蔗生產者與日本砂糖消費者之間幾乎只剩下一層的中介者，那就是少數幾個糖業壟斷資本（1929：212-218）。

比較起來，土著米作部門的階級支配相形失色。地主所收之地租從十九世紀末以來，一直維持在土地收穫量的百分之五十上下。佃農得以依同樣比率分享生產力增長所帶來之利益。長期來看，土地所有傾向零散化，土地的經營維持家庭耕作方式，而且自耕及半自耕的比率也逐漸增大。與日資糖業對農業生產的控制比較起來，土著地主不管在土地所有權的集中及農業經營權的控制上都相差甚距。堪為土著資本代表的土壟間，雖然兼併了加工、商業及信貸的活動，甚至與地主合為一體，但其經營的規模甚小，大多是屬於自雇性質的家庭企業。由於規模小數量

多，土壟間業者不免陷入彼此間激烈的競爭，無形中削弱其對米穀市場的壟斷能力，以及加工的利潤。在農業及農產品加工業上，不管從流通或生產的過程來看，土著米作部門內的階級支配程度均遠遜於日資支配下的蔗糖部門。

生產力成長所帶來的利益並不見得由社會每一分子均霑。階級支配程度之強弱決定了該分配平均之程度。倘使米作部門如蔗作部門一樣受制於強而有力的支配階級，在徹底的榨取之下恐怕不會有足夠的剩餘留給農民改善生活。值得農民慶幸的是，米作部門的階級支配與蔗糖部門比較起來，其壟斷剩餘能力的強弱立現。米作部門農民生活水準的提高是以受到比較少的阻力。米作部門的土著支配階級一開始就無力如糖業資本對蔗農一般壓抑蓬萊米農的收入水準使向（主要為自家消費及有限的島內市場而生產的）在來米農看齊。接著又沒有辦法阻止在來米的收益跟隨蓬萊米收益之增加而上升。米生產擴張所帶來的利益在分配上因此並沒有侷限於出口商品的生產者及支配階級。米農因倖免於壟斷性控制而得以自米生產力及價格之提高上分享一些利益。

與西方殖民地比較起來，臺灣米作部門內部在1920年代中期以後均衡並且均惠式的發展模式是一個特例。什麼因素促使 1920 年代中期以後臺灣以米生產及出口的擴張為中心的經濟發展得以擺脫一般殖民地及 1925 年以前臺灣典型的（出口與維生部門）雙元性發展模式呢？這個問題的解答同時也涉及 1920 年代中期以後米糖相剋問題尖銳化的背後根源。筆者以為從部門內部階級結構的比較而不是從米這種作物的特性（如前述 Ho (1984) 等人的論法）入手方能幫助我們解答上面的問題。土著農業社會的階級結構在此被突顯為重要的解釋因素。家庭農場的普遍存在，長期趨向分化的土地所有關係，固定在49%的地租率，以及土壟間的小商品生產特性都被引用來說明土著所支配的米作部門中支配階級與農民的相對力量。正如上面一再點出的，土著支配階級 —— 地主及

土壟間的聯盟 —— 在米作部門所施加的階級支配遠較日資支配的蔗糖部門爲弱，以至於兩部門在徵用農民所創造的剩餘上也有多寡之別。這使得臺灣人所支配的米作部門的經濟利益能夠比較平均地擴散。隨著米生產的擴張，米農的生活水準也跟著上昇。

　　米農收益的增加鼓勵蔗農改作稻米或要求較高的蔗價以便賺取與米農相當的收入。這些都是拉高糖業成本的作法，打擊到日資糖業公司的利潤，並對原料供給的穩定也有所危害。在原料採集區制度及米糖比價辦法下糖業原本藉由米（在來米）、蔗田單位面積收益比較的定價機制來壓低甘蔗收購價格並保障甘蔗供給，這一套運用市場控制搾取農業剩餘的機制，在1920年代中期之後卻面臨破解的威脅。

五、日本帝國內資本積累的政治性與日、臺間不平等的勞動報酬

　　受殖民者從勞動所獲得的報酬不用說一定會低於殖民母國勞動報酬的水準，明顯可見的是臺灣、日本勞動者在生活程度上的差異。兩地的農民生產同樣的商品 —— 稻米 —— 可是在日本生產成本比較高而勞動生產力卻較低（在1931-33年期比臺灣低17.3%）（《農業基本調查書》，第27號1931，第28號1932；殖產局1938c；帝國農會1961；奧田 1937：99）。較高的生活程度及生產成本使日本農民在米生產上缺乏競爭能力。如果要有競爭能力的話，日本農民非得要削減其生活水準，最少要到與殖民地近似的地步。

　　殖民地進口的廉價米威脅到日本米農迫使其生活程度下降而引發30年代早期農民抗議的風潮（山本1976；米騷動1968；石川1936：7-11；陳逢源1937：160）。爲求安撫政治上的動亂，日本政府花費大筆政府預算在收購過剩米穀以防米價滑落（東畑1939：117-131；太田嘉作 1938：723-1062；八木1932：490-545）。可是，日本米價格在政府支撐下上升

後卻使得殖民地進口米更顯得物美價廉，反而引致更多的進口。進口米商還趁機擡高進口米的價格（圖1；《臺灣米報》1934，第1期：2-4；1934，第4期：1；第9期：1；大間知治雄1939：12-3；八木1932：405-64）。據此，日本政府視殖民地進口米價的攀升爲米價保護政策下不勞而獲的利益（大間1939：12-13，15；高橋1937：198-200；總督府1939：8）。更糟的是，因高米價而流入日本的殖民地米使30年代初期米供給過剩的問題更加惡化（高橋1937：191-96；石川1937：7-37；久山文明1937：1-4；大間1939：6-7；總督府1939：6-8）。更多的日本米被廉價進口米逐出市場代表政府必須花更多的經費去收購過剩的日本米以維持保證價格。收購過剩米穀的費用自1928年的2億日圓上升到1932年的11.5億日圓，政府愈來愈負擔不起，而且，倉儲能力也到達飽和的程度（東畑1939：121-22；陳逢源1937：163；八木1932：490-545；太田1938：723-1062）。日本國內米穀過剩的情況無法改善，而殖民地進口米的數量又繼續增加，這樣下去米價保護政策遲早要被拖垮。面對上述問題，日本政府在30年代一反過去20年代獎勵殖民地米穀增產的政策，要求殖民政府改採壓抑措施，限制米的生產與對日出口，以因應日本本土因殖民地米進口而加劇的米穀過剩及併發的相關社會經濟困擾（殖產局米穀課1938：4-6）。這個政策具體化於1936年正式通過的「米穀自治管理案」，爲求降低過剩米穀而強迫規定日、韓、臺三地的配額，殖民地被迫承擔大部分減產的配額（約近80％）（殖產局米穀課1938：43-56）。臺灣與韓國兩地的總督府接受中央政府的指示分別採取壓抑米穀生產的政策。政府的投資及發展研究的補助都被撤銷（殖產局1938a：28-29；米穀局1940a：2-3；總督府1939：8-9；大間1939：9-10，13）。臺灣總督府甚至撥經費去獎勵轉作並貼補農業倉庫的設立以求調節米穀供需（殖產局米穀課1938：29-43；殖產局1938a：26-27；《米穀要覽》1938：49-51；大間1939：7-9）。

　　韓國在米穀壓抑政策下所受到的打擊較大：水利投資停頓(1934)，農業發展倒退 (Ho 1984：364)。但是壓抑政策對臺灣農業的影響並沒有那麼大。米生產仍然持續增長。在早先透過大規模公共投資完成的水利系統（主要是為了糖業增產的目的）及農業基本建設已經就緒下，加上土著資本自己的資力，臺灣仍有能力維持米的增產(Mizoguchi and Yamamoto 1984：411)。臺灣總督府雖然很不情願，但也只好仰賴貼補轉作的辦法來勸誘農民放棄生產稻米。易言之，殖民當局透過貼補甘蔗及其它農作物種植的辦法來與米作競爭。然而貼補轉作對殖民政府而言終究是經費上的一大負擔。從1934至1937年間，總督府花了 110 萬圓設法勸誘稻米減產，而政府自1906到1937年為米穀增產在研究及行政上所投入的經費也才不過68萬圓（殖產局1938a：26-27）。

　　臺灣出口廉價米生產的擴張不只威脅到日本農民與地主的利益，也威脅到島內日本資本的利潤。糖業資本仰賴原料採集區制度所給予的市場壟斷權制定米糖比價辦法，以米、蔗田收入作為收購甘蔗定價的比較基準 (Ka 1991)。自 1925年後米生產擴張以來，更重要的是，米農收入水準上升以來，日資糖業資本自陷於早先設置的市場控制機制。原本糖業資本利用因供應自家消費及有限的島內市場而成長遲滯的在來米生產者為參考團體，以保障接近米農之收入水準為交換條件，決定甘蔗收購價格，並輔以預先貸款（前貸金）的手段勸誘農民種蔗，而得以自蔗農處取得穩定而廉價的原料，安穩的保有政府行政及關稅保護下的超額利潤。可是，過度依賴於米作部門相對的落後與停滯作為利潤的來源，使糖業資本在1925年後米生產大幅擴張及交易條件(terms of trade)顯著改善的情況下，陷入窘境。除了甘蔗原料收購因米收入提高而被迫提升造成成本的加重以外，糖業還苦於種蔗農民因米作利益提高而頻頻轉作所造成的原料供應不足及不穩定（宮川次郎 1937 糖業，1 月號：2；1938 糖業，9 月號：2；石川悌次郎 1937 糖業，3 月號：20-21；

石川悌次郎1936：63-66）。

　　在上述的情況下，糖業公司試圖減少依賴收購的辦法取得原料，而以增加自營農場生產來替代，或透過出租耕地用租佃契約來約束農民，以求對原料的生產與供應有更大的控制能力。為取得穩定而充足的原料，糖業公司因此必須擴大自己能掌握的土地，也就是增加自有地或承租更多土地（殖產局1935：39-41；川野1941：91-92；平山1935：82-88；糖業1915，2月號：9）。不巧的是，由於米收益的提高而導致的土地投資卻拉高了地價及地租（高橋1937：157-63）。地租維持在49%的年產量，租金事實上是隨著米田生產力之提高而上升（參見表13）。地價升得更快，自20年代中期到30年代末期（1924至1938-40）水田地價漲了兩倍多，旱田則漲了三倍有餘（表15）。同期，物價指數不過上

表 15　水、旱田買賣價格

（單位：圓／甲）

年　　度	水　　田		旱　　田		物價指數
	買賣價	指　數	買賣價	指　數	
1924	1,469	100.0	547	100.0	100.0
1938	3,163	215.3	1,486	260.7	110.1
1939	3,553	241.9	1,795	328.2	118.5
1940	3,579	243.6	1,867	341.3	131.9
1941	3,244	220.8	1,732	316.6	145.7
1942	2,953	201.0	1,630	298.0	155.4

資料來源：　1.《臺灣農業年報》1924：129-30。
　　　　　　2.臺灣銀行調查部鑑定課《1944本島田釦賣買價格及小作料調》：
　　　　　　　1-2。
　　　　　　3.《臺灣省五十一年來統計提要》1946：896。
附註：
　1.1924年爲普通水田與旱田的實際買賣價。
　2.1938-42年爲中品水田（7-8等則）與旱田（9-10等則）買賣價。
　3.物價指數係臺北市批發物價指數。當時只有臺北市的物價指數的資料比較完整。

升了 20％（表15）。土著土地買主的競爭加上工業投資被日資獨攬，土著資本不得其門而入只得投資在田地，造成地價飛漲，使糖業資本擴大控制地的意圖無法逐行，糟的是，這種情形發生時正值糖業資本困擾於甘蔗原料供給的問題，最需要擴大控制地的時候。

既然取得更多的田地種蔗有實際上的困難，爲維持利潤糖業資本剩下來的選擇只有提高旣有蔗田的生產力及改善甘蔗的品質（以提高製糖率）。每單位砂糖的原料成本主要是受甘蔗的收購價格及品質所決定。提高蔗田生產力可以增加每單位蔗田的甘蔗產量，在米、蔗收入的比較辦法下（保障蔗田收入＝米田收入）；單位蔗田以同樣的支付額可以取得較多的甘蔗原料，表示每單位甘蔗原料的價格就可以降低。甘蔗品質的提高則可以使製糖率增加，減少甘蔗收購的需求量。在1925年後米作的競爭壓力下，糖業資本透過技術的改善及生產獎勵引導蔗農把甘蔗品質改善，使製糖率自1925年以前的10％提升爲1930年代的13％（《糖業統計》各年），同時原料採集區內蔗田生產力也大幅提高，有助於減低單位甘蔗的價格（見圖6）。

促進蔗田生產力及甘蔗品質的措施在 1932-33 世界價格大蕭條前是糖業抒解1925年後原料供給困難的主要方法，也有助於蔗農跟上米農在1925年後持續上升的收入水準。只是，30年代不景氣悲觀的前景以及在蔗作生產改良上投資報酬率遞減的情形下，糖業資本對增加農業生產投資表現出猶豫的態度（殖產局1935：40-41）。受到米價上升的威脅及米生產對甘蔗生產的不斷進逼，日資糖業最後竟然逃避經濟上的競爭直接訴諸政治的手段，要求殖民政府抑制米作的發展。

除了糖業資本以外，其它在臺日本工業資本亦有不少認爲米價上升及農民生活水準的提高與他們的利益相抵觸。因爲，高米價會提高勞動成本，使工業生產成本提高（高橋 1937：390-93, 402-03），而農民收入水準的提高使他們不願意離開農業部門，工業將無法取得充足而廉價

圖 6　蔗田生產力與甘蔗收購價格

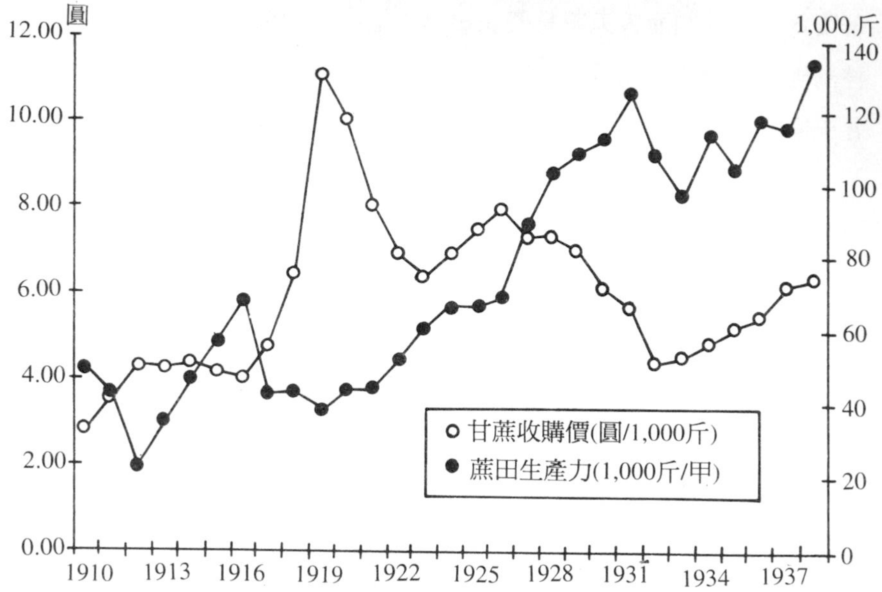

　　○ 甘蔗收購價(圓/1,000斤)
　　● 蔗田生產力(1,000斤/甲)

資料來源:《臺灣糖業統計》各年。
附　　註: 蔗田生產力指的是新式製糖廠原料採集區內之蔗田收成。

的勞動力。爲了準備日漸可能來臨的對外戰爭以及增強殖民統治，工業化成爲30年代末期臺灣重要的政策目標，總督府亟思誘引更多日本資本來臺投資 (高橋 1937: 397, 400-01, 410-11; 張宗漢 1980: 33, 43-45)。正如以前一樣，日本資本要求總督府介入解決「投資環境」的問題，那就是，拿出辦法來抑制米價及米生產的擴張(陳逢源1967: 199; 劉明電1940: 103-07; 川野1941: 87-91; 石川1936: 62-66; 蔡培火等1971: 538-39)。保護母國資本家最能立即見效的辦法就是殖民政府直接介入。

　　由於日本1935及1936年農作物歉收，接著發動對中國的戰爭 (1937年)，稻米供給過剩已經不再是問題，相反的，食糧供應不足變成中央政府主要的關切。第七十四次 (1939) 日本國會有關米穀輸日法規的會

議上岡野龍一衆議員質詢點出自1936年以後的米穀問題早已不是生產過剩威脅到日本米農的生活水準，而是米生產開始不敷所需，對華戰爭刺激米穀需求的上升,而農業勞力卻因戰爭徵調而不足（《第七十四回帝國議會臺灣米穀移出管理關係議事錄》《帝國議會議事錄》1939: 2-4）。抑制米穀生產及對日出口的政策變得非常荒謬。抑制政策在1936年後仍然持續下去更加彰顯出殖民政府對日資糖業的偏袒。拜日本重新增長的米市場之賜，米價及農民生活水準卻仍然繼續上升，總督府的抑制政策並未收到預期效果。新到任的小林躋造總督（1936-40）認係政策不夠有力及徹底所致，而著手擬議更強烈的管制措施，那就是「臺灣米穀輸日管理法案」。

　　相應於抑制米穀的政策，臺灣米業者（包括日本米商）組成「臺灣米輸日限制反對同盟會」（1932年成立，林獻堂為主席)結合臺籍知識精英（如吳三連、劉明電、楊肇嘉等）要求放棄對臺灣米穀的管制，讓農民有生產誘因以滿足日本米穀需求。日本學者，如石川悌次郎、高橋龜吉及川野重任等人，則採截然相反的立場，要求防範臺灣米價跟隨日本米價上漲，建議總督府加強對於米流通過程及米價的行政管制，甚至直接接手米的出口（米專賣）（石川1936: 75-101，高橋 1937: 73-86）。這些建議成形於總督府對日本國會所提「臺灣米穀輸日管理案」，要求賦予總督府對日、臺米穀貿易的壟斷權（總督府 1939）。根據此案，總督府有權接手米穀對日輸出，而且，作為島內出口米唯一的買主得以自行決定米穀的收購價格。總督府不只得以利用米價的控制來規約稻米產量，而不用像過去一樣訴諸獎勵轉作等耗費財政經費的手段，甚者，壓低島內收購價（以低於市價購買）後在日本以時價出售的買賣價差將為政府賺進大筆收入。對糖業的好處是，米作收入下跌後原料成本將因之大幅下降，而且更方便製糖公司勸誘農民轉回蔗作，同時地價及地租伴隨下跌也有助於糖業取得更多耕地。

　　總督府如何正當化「米專賣」呢？其宣稱的理由是爲了要矯正米價「不自然」的騰貴（總督府1939：8-9）。較低的「適當」米價可以達成以下幾個目的：（1）阻絕臺灣輸日米利用日本本土米價保護政策擡高售價，（2）防止「不自然」的高米價造成米作過度擴張，（3）減輕政府獎勵米田轉作的財政負擔及廢止原先爲防止米作擴張而限制農業發展的措施，如禁止水利設施的修改、增設及土地改良等，（4）壓低農民的生活水準促成農業人口的移出轉業並減輕工業成本的負擔，（5）刺激農民更有效率的經營，轉作其它「有用的」作物，例如：甘蔗、棉花、黃麻、苧麻等（總督府1939：8-10；大間 1939：12-16；田端幸三郎 1939a：27；田端幸三郎1939b：2-6；川野1941：169-72；高橋1937：79-84）。

　　以上主要由田端幸三郎殖產局長（1939a；1939b）所提供的說明雖然非常詳盡卻沒有照顧到兩個重要面向：

　　首先，米專賣事實上是過去殖民政府保障日本在臺資本積累（尤其是糖業資本積累）政策的延伸。每當日本資本的利益受到威脅時，殖民當局必然介入保護（通常是透過控制市場的手段）以土著利益爲犧牲。在這種情形下，殖民政府慣常採取對米價不利的政策。1918年第一次世界大戰期間，臺灣米對日出口急遽上升，米價大漲，造成糖業收購原料的困難與成本的提高。應在臺日本糖業資本家之請，總督府突然於1919年1月發佈「米穀輸日限制令」，除非政府特許外不得輸日，引致米價暴跌，緩和了甘蔗價格跟隨米價上升的趨勢（杉野嘉助 1919：129；竹市鼎1941：437-38；江夏英藏1930：103；根岸1935：75；川野 1941：8-9，77）。爲了同樣的目的，總督府曾多次限制米出口（殖產局米穀課1938：13-28）。限制出口及其它抑制米作的措施，如前面曾經提及的，在日本需求殷切及島內自行設法應付變通之下，並不見得能夠貫徹（杉野嘉助1919：130-31）。1939 年殖民政府的米專賣與上述臨時性的辦法比較起來可說是非常大膽而徹底，政府替代了市場機制直接經手米的流

通，擁有完全控制米價的能力。掌握了米穀買賣的絕對控制權，殖民當局得以自由決定出口米的價格，強加對臺灣農作物（從蓬萊米到連鎖反應的在來米及甘蔗）不利的交易條件，從而得以壓抑農民的收入水準。

　　就米專賣問題被官方的解釋及日本學者（如高橋及川野等人）的學說刻意掩飾起來（或視而不見）的另一個重要面向是日、臺農民間勞動報酬的不平等。官方認為「適正」的米價其實是在把日、臺間勞動報酬不平等視為當然的前提下，運用行政手段取代市場強迫、壓抑米價，以阻止臺灣農民的生活水準與日本農民同步上升。所謂的「適正」米價如何決定並沒有被攤開來說明，實際上最後是由總督府專斷決定。所以說，在米專賣以後，米價以及農民的生活水準其實是被殖民政府政治地決定的，而不是經由市場機能經濟地決定的。

　　川野（1941）的市場均衡模型可說是日本學者研究臺灣米穀經濟上最完整的理論模型（柯 1990）。川野認為，米、蔗土地生產力發展不一致，又轉作容易，所以很難形成均衡價格，因而在價格上有強烈不穩定的現象。他一再說明米、糖之間的衝突其實是米、甘蔗之間適當之價格比率難以形成的問題。就此觀點而言，米與糖之間並非矛盾、敵對的關係，而毋寧是一種不穩定、不容易達成協調價格的關係。雖然兩者間因為部門生產力的發展速度不均而產生強烈的摩擦，但這是要達到新的均衡狀態前的過渡性現象，終有達成調和的可能性（1941：84）。

　　但何以米糖之間的關係被稱為「相剋」或「敵對」呢？川野以為，多半是導因於日本在臺糖業壟斷資本把這個問題「政治化」的結果（1941：85-89）。川野真正的意思是，米糖所以「相剋」乃是民族差別待遇的問題被壟斷資本利用所致，否則就只是單純「競爭」的關係（1941：1-10）。當時糖業資本以日資壟斷資本為主，往往透過政治手段的運作影響政府，致將糖業發展「政治化」，妨礙了純粹市場自由競爭的運作，造成米糖間有政治意含的「敵對關係」。由於種族支配，殖民政府在經

濟上採取了差別待遇。政府的農業投資及政策其實是以蔗糖發展爲重心
（川野 1941：13）。用川野的話來說，殖民政府對土著家庭耕作式的米
作部門之發展採「消極」的態度，而對外資支配下採行企業經營方式的
蔗作部門則頗爲「積極」（1941：11-14），遂在政治意義上造成「米糖
相剋」問題，否則就只是部門生產力發展不一致，以致均衡價格形成過
程中過渡性的摩擦比較大的問題而已。

只是，川野對政治面向持逃避與妥協的態度，在提到「政治」時，
大多把它含糊帶過〔放在附註中，甚至「請讀者自行判斷」（1941：
89）〕。政治干預是他用來補充說明自己的市場均衡模型在殖民地的運作
爲什麼會摩擦性比較大，並據以說明米、糖之間所以被稱爲「相剋」的
原因。三十年代末期「準」戰爭時期的政治敏感可能多少限制了他思考
的空間。也因此，川野無法就問題的政治面（或者說「政治經濟面」）
作進一步的分析，只停留在想像的市場均衡理想下，去探討殖民地部門
間均衡形成的過程如何因爲政治因素的干預而在程度上呈現出比市場自
由運作的情形下更劇烈的摩擦現象。

殊不可解的是，在市場均衡的理想下，川野竟然贊同「米專賣」。他
所持的理由是臺灣米價跟隨受政府貼補的日本米價「不自然」上漲，而引
致米生產無效率的過度擴張。不適當的高米價因此需要調整，以免浪費
資源無效率的生產，日、臺間自由的米穀市場是導致臺灣米價受日本高
米價影響的原因，因此應該透過政府更多的行政介入予以管制（1941：
169-71）。川野以上的解說與他一貫堅持的自由市場理念相互抵觸，他
不僅自我質疑市場經濟透過自發性調整供需達成均衡的可能性，而且竟
然建議用一個新的政府干預（米專賣）去糾正另一個政府干預（日本米
貼補）的後果，這樣的過程最後的結果就是政府完全取代市場。在市場
經濟理論邏輯上的不一致也顯示出川野視生產力發展不平均造成經濟部
門間不平衡發展爲過渡性現象而終會在市場機制下達成均衡的理論模型

在分析上是自我擊敗的。從日本中央政府以行政介入保護日本米農的生活水準免於殖民地進口米的市場競爭，到殖民政府以行政介入取代市場以阻止殖民地米農生活水準的上升，都明白顯示日、臺間有不平等的勞動報酬存在，而且這種不平等不是由經濟理性決定的，而是用政治強制決定的。

六、階級的結盟與衝突

殖民地臺灣主要農作物的交易條件以及相關生產者的收入水準並非市場經濟下運作的結果，而是透過政治決定的。正因如此，階級間的結盟與衝突及相對力量的消長，都會透過殖民政府對上述的交易條件及收入水準造成影響，而政府採取的立場又反過來影響階級間相對的力量，甚至引致社會結構（此處特指土地所有關係及階級關係）的轉型。

1925年後米出口及生產的擴張以及米農生活水準的上升導致蔗農與糖業資本間的矛盾激化。日據臺灣的農民運動集中在蔗農與糖業間的衝突，主要是由收購的辦法及價格或土地所有及利用的爭議所引發（蔡培火等1971: 493-534; 陳逢源 1942: 483-85; 宮川次郎 1927: 94-95, 131-60, 111-114; 山川均 1966: 268-70; 矢內原 1929: 180-83; 警務局 1939: 987-1190）。受壓迫民族的意識與階級的意識往往夾揉在農民運動裏（矢內原 1929: 169-84; 蔡培火 1971: 495-534），土地所有者與佃農通常一起防禦共同的利益，抗拒以糖業資本積累為中心的殖民剝削。但是，雖然有左派組織參與，農民運動仍然只是零星而不是全面性的抗爭，而且受到殖民政府用反共的名義無情鎮壓。

1929年時，農民組合領導的有組織抗爭已接近尾聲（警務局1939: 1102-06; 蔡培火 1971: 533-34; 史明 1980: 637-39）。面對30年代外面日本米利益者及島內糖業資本日益沉重的壓力，土著地主及其島內同盟，包括土壟間資本及日本米商，是護衛米穀交易條件及米作發展僅存

唯一有組織的力量。

在30年代時，能否維持對米作發展有利的價格及抗拒對米作生產的行政抑制，端視土著地主階級與其同盟的政治力量以及他們與日本糖業資本家之間相對權力的消長而定。日據臺灣米田區土著地主收的是實物租，其所得與米價的高低有絕對的關係，因爲這個緣故而與仰賴低米價以取得超額利潤的糖業資本有矛盾。我們要小心避免把土著地主逕自視爲殖民者的同謀，米、糖經濟利益上敵對關係的激化，大有可能造成土著地主階級被排擠出統治團體之外的結局。

正如前面點出的，米生產本來基本上是維生式的生產，主要爲了滿足自家消費及有限的島內市場，因爲利潤微薄，日資棄而不顧，才得以留在土著手上。及至第一次世界大戰以後，日本對米的需求竄升，米作變得有利可圖時，日資已經來不及對其生產及交換施予完全的控制。僅只在外銷上因土著不熟悉日本市場故由日資掌握。1935年時四家日本人大米商控制了91.7％的臺米出口（殖產局 1938b：49-50）。認識到土著對米生產及島內流通的掌握已經牢固不可動搖，日人米出口商選擇與土著地主及土壟間資本形成結盟關係。和米作利益密切關連的日人出口米商與他們的土著聯盟一樣採取支持米作部門發展的立場，而與蔗糖部門的母國人在利益上起衝突（陳逢源1937:212-13；蔡培火1971:534-42；吳三連 1991：88-89；臺灣米報各期）。米利益者發行的刊物《臺灣米報》（日人貝山好美爲社長兼臺灣正米市場理事長）恰與糖利益者的刊物《糖業》立場針鋒相對。不只是日資糖業與土著地主、土壟間資本有利益衝突存在，日本在臺資本由於分別與米、糖生產利益的關係也分裂成不同陣營。

由於，兩大利益團體間的衝突 ── 日本人米穀商及土著地主、土壟間資本在一邊，糖業資本家在另外一邊 ── 又牽涉到在臺日本資本家彼此分裂爭執，總督府在 1925-39 年間一時也兩面爲難無法對米、糖利益

者間的爭端採取決定性的對策。正因爲兩大利益團體間相持不下，總督府又有所顧忌、方向把持不定，方才有 1925-39 年間的過渡現象存在，使臺灣經歷到與 世界大多數殖民地不一樣的 殖民發展經驗 。 就日本殖民地間的比較來看， 在韓國的日本資本 家集中在米作部門（東畑精一 1939）。殖民者沒有面對像臺灣那樣的兩難局面(陳逢源1937：195-98)，因此也沒有像臺灣那樣偏離典型殖民剝削模式的情形發生。

　　日本米農在冬季（11月～次年 2 月）售賣他們的收成，通常在來年稻米生長期間的後半段（6月～10月）存糧就所剩無幾，必須向米穀商或地主購買糧食（東畑1939：18-19）。臺灣蓬萊米一期作（1～6月）輸出期（6～10月）正值日本青黃不接的時候，有助於解決生長季節糧食短缺的問題(《臺灣省五十一年來統計提要》1946:536-37；米穀要覽1939：72-73；根岸1936：78-79；陳逢源 1937：166-67)。川野稱之爲「補充」關係，以相對於韓國稻米成長期完全與日本米重疊而一起上市的「直接的相剋關係」（川野 1941：154）。蓬萊米的生產與輸出因此主要集中在一期作，不只有助於解決日本大都市的糧食需求 (注9)，同時減輕日本農村米穀青黃不接時的糧食壓力（《臺灣米報》1930， 1 月號： 4 ； 7 月號： 3 ； 1932， 6 月號: 3 ，12； 7 月號: 10-14）。

　　啓人疑竇的是，何以與日本米直接相剋而且佔日本進口米大部分的韓國米在30年代末並未受到有如臺灣那般嚴厲的米管制措施 —— 米專賣—— 呢？(帝國議會議事錄1939：14-18；陳逢源1937：176-89，198)。臺灣米作與日本、韓國比較起來利潤率偏高往往被拿來作施加嚴厲抑制性政策的理由。根據當時官方調查，1933年每石米的生產費在日、韓、臺分別爲23.34圓、21.70圓、17.81圓（引自陳逢源 1937表10：178）。然而韓國的生產成本可能被故意高估（陳逢源 1937：172-89）。根據同

注 9　五大都市消費80％的臺灣輸日米（《米穀要覽》1939：91），川野估計東京市民米消費約有1/3到1/4是臺灣米（1941：152）。

一官方調查報告，1石蓬萊米的勞動成本（包括畜工）才5.93圓，只有韓國的80％（韓國為7.15圓，日本為8.53圓）；同時，農舍費及農具費共為0.6圓，為韓國的41％（韓國為1.45圓，甚至比日本的1.06圓還高）（引自陳逢源 1937 表10：178）。可是，溝口敏行的資料卻與之很不一致，在 1932 年時，臺灣農業工人實質工資（按日計）比韓國高25％（1975：25）。居住的成本則幾乎是韓國的兩倍（同上：24）。宣稱臺灣米的生產成本較低，故利潤率較韓國米高，因此是不符事實的說法。陳逢源懷疑在韓日本米業資本及日人地主為防範政府採取壓抑米作的措施，刻意影響韓國米生產費的調查，致產生偏誤（1937：179-80，198）。

與在臺日本資本不同的是，在韓的日本農業資本絕大部分投資在米作。他們控制了最肥沃的土地，構成大地主的主體：1932年時30公頃以上的大地主所佔有的水田中有62.7％是日本人的（東畑1937：10-11）。（請參考表7，日人在臺擁有的田地以旱田為主，水田擁有之比率遠比韓國小）。在1932年時，日本人擁有韓國水田的16％（東畑1937：10）。日資米業資本也佔支配性的地位。日本人設立的碾米業在1931年佔全韓工廠數的56.3％（東畑1937：117）。事實上，在韓日本米業資本的控制能力遠超過他們所擁有的工廠數目所顯示的。日本人佔韓國碾米業投資額的65％（1929），且多為現代大規模的工廠，馬力數佔全韓碾米業的80％（1931）（東畑 1937：117-118）。既然日資能有效的控制韓國米的生產與流通，殖民政府沒有必要介入管制米市場（帝國議會議事錄 1939：18；涂 1975：124）。

與韓國成明顯對照的是臺灣土著不只掌握米的生產與加工；還控制著島內流通。在臺日本糖業資本與米作利益者之間的衝突不僅止於前者無緣分享利潤，更重要的是兩者之間實際利益的衝突。土著地主收取的是實物租，其大部分的收入來自米的出售，其追求高米價本屬自然，但在30年代時卻不可避免的破壞了糖業資本用來壓抑原料成本的制度設

計。在不能兩全其美下，殖民政府必須有所選擇。土著地主及土壟間資本由於與日資糖業利潤抵觸日益擴大，在政治上的處境漸趨不利。

1930 年末期，日本米穀過剩的問題已不復存在，來自中央政府要求抑制米穀生產及出口的壓力大爲減輕。米價上升及受殖民者生活程度「比預期還快」的改善構成以糖業爲中心的日資在積累上的困難。這才是總督府當時主要關心的問題（帝國議會議事錄 1939：19；劉明電 1940：2-3，103-07，112-20）。在這時候施行更強的壓抑性米穀政策——米專賣——的主要原因早已不是外部因素（來自日本的壓力），而是內部因素，爲要保護糖業資本及相關日資的利益。

小林總督與糖業資本家及當時的日本臺灣研究學者不約而同的都一致認爲米價「不自然」的高已導致米生產「無效率」的過度擴張。完全無視米田生產力在30年代壓抑性政策及公共投資退出之下仍然顯著成長的事實（參見圖4）。另外，爲準備戰爭而一改以前「農業臺灣，工業日本」的政策，工業化被提出來作爲30年代末期重要的政策目標。高橋龜吉等總督府研究顧問明白點出米價造成農民生活程度提高，不利於工業勞力的取得，而且有助長工業成本負擔之勢，是工業化的障礙必須儘快矯正（高橋1937：73-86，386-89，391-96；楠井 1941：412-13；山口1942：163）。

在上述從總體性的經濟觀點倡言排除工業化障礙必須壓抑米作農業及農民生活水準的背後，我們注意到臺灣工業化的投資很大的一部分其實是仰賴糖業公司。8 大家糖業公司的投資佔 1940 年臺灣工業資本形成的65%（林益夫1943：356）。在糖業資本與工業資本雙重的（其實是重疊頗大近乎是合一的）壓力下，殖民政府只得採取更能直接見效的手段越過市場機制重新分配經濟資源。

除此之外，從財政利益的觀點來看，米專賣讓殖民政府得以運用價格操控來影響作物的選擇，而不用花費巨額財政經費獎助轉作，而且，

買賣價差會賺進大筆財政收入。原先，這筆財政收入原則上是承諾要用在改善農業生產力的投資上面，當然這回是由總督府決定如何分配及使用（總督府1939：20；大間1939：57；帝國議會議事錄1939：2，7，10-11）。

米專賣的計畫在1937年由小林總督提到中央政府。該案由臺、日官民所合組的「臺灣重要產業調查委員會」組成12人的特別委員會審查，結果受到強烈質疑（總督府1938）。要點如下：

(1) 完全用行政管制替代市場機能的可能性受到質疑。

(2) 壓抑米的交易條件會抑制米的生產與出口，對日本本土糧食供應問題產生不良作用。

(3) 偏袒母國資本家，以土著支配階級（一向是總督府仰為社會、政治安定之支柱）及農民利益為犧牲的政策會造成殖民統治的困難。

(4) 糖業將享受不少不勞而獲的利益。

中央政府各部會間對臺灣米輸日管理法提案的意見也不一致。農林省作為內地農業生產者利益之代表及米價貼補政策的執行者堅決反對任何可能妨礙及「圖利」日本保護內地米生產者政策的方案。拓務省（殖民部）及軍部基於殖民地統治的安定及帝國糧食自給自足的考慮則對該案可能造成的經濟打擊有比較多的顧慮。日本國會議員在臺米輸日的問題上也因其為都市選出的議員或鄉村選出的議員而立場相異。反對對臺灣米（之生產及交換）採取抑制性措施的政府部會主要是受到米穀商及都市工業資本家的支持，他們是以米穀販賣或透過廉價糧食降低勞動成本而獲利的那一批人（根岸1935：75-76；陳逢源 1937：189-95，205-07；蔡培火1971：535；吳三連 1991：88-90）。日本母國資本積累體系內不同利益團體間的矛盾事實上延伸到殖民地米管制的問題上，這也是造成總督府米專賣案一再延宕的原因。

　　在米糖相剋的結構之下，我們看到的不僅是日本資本與土著地主制之間的對抗，或外資支配部門與土著支配部門之間的衝突關係。蔗糖部門內的蔗農與米部門內的米農利益其實是一致的，因爲在米蔗收入比較的定價機制之下，他們的收入同升同降。米、蔗農生產者對糖業資本家在結構上都有敵對的關係。土壟間（兼營碾米及島內米穀販賣的土著企業）與掌握米出口的日本米商在市場上因爲糖業企圖打壓米價而在利益上同樣受到威脅。衝突甚至延伸到日本本土。日本農民與地主因殖民地廉價米的進口而遭受打擊，因而不斷向日本政府施壓，要求壓抑米進口並提供日本米保證價格與無限制收購。可是，日本沿岸工業城市企業的勞工大量消費殖民地進口米。引入廉價糧食使工業家得以降低工資成本，他們自然不情願支持受保護的昂貴本國米。米糖相剋的結構因此把本地人爲主的米利益者（地主＋農民＋土壟間）、蔗農、在臺的日本米商、以及日本沿岸都市的工業家串成結盟，而另一方面糖業加上日本本土的土地所有者與農民則形成對抗的結盟關係。這個結盟關係在日本政府內部則顯現在農林省對拓務省及軍部間以及都市與鄉村議員間的意見衝突上。

　　儘管爭議不休，總督府在1937年對華戰爭開始以來其實已逐步進入準戰時經濟，手頭上握有更大的權力，準備好要超越市場機制直接以行政手段調節米穀的生產與交易。即使可能造成拓務省所擔憂的社會不安也無法勸阻軍人總督小林躋造的決心。軍部則在小林總督答應把米專賣的壟斷利潤放在農業投資上保證米作增產支持帝國糧食自給自足下，也撤回反對的意見，米穀輸日管理法案遂於1939年爲帝國議會所通過。

　　由於害怕對農民的生產意願及經濟造成太大的打擊，帝國議會及中央政府官員要求以漸進的方式推動米專賣措施(帝國議會議事錄1939)。總督府承諾把計畫中每石以低於臺灣市價4圓買入的米穀收購價格(1939年5月時蓬萊米臺灣批發價爲29.73圓／石)，降爲每石以低於臺灣市價

2 圓收購(帝國議會議事錄1939: 6-7, 10-11; 劉明電1940: 7, 14)。
事實上, 米專賣於1939年 5 月執行時, 蓬萊米的買入價格低於島內批發
價3.97圓, 相差之比率達13.4% (劉1940: 7)。把島內政府收購的蓬萊
米在日本市場以時價每石36圓出售, 總督府每石淨利(扣除收購成本及
運銷費用) 達 7.392 圓, 有 20.5%的利潤率, 與早先對日本國會的承
諾不符 (許丙、林熊祥等〈移出米買上價格改定陳情書〉, 收於劉明電
1940: 12-14)。政府米專賣的利益爲民間正常利潤率的兩倍(民間每石
蓬萊米淨利爲3.63圓 (10.1%) (劉 1940: 7))。殖民政府1941-44年間
從米專賣取得的利益爲4,310萬圓, 比同期政府土地稅的收入 (3,750萬
圓) 還多 (《臺灣省五十一年來統計提要》 1946: 985, 996)。自從強
行實施米專賣以來, 米價上升的幅度遠落於其它物價之後(《臺灣經濟
年報》1941, 12月: 21; 1942: 16; 涂1975: 133)。以 1933 年爲基期
 (1933=100), 臺北市在來米批發價指數在1942年時爲 111.7, 而總批
發物價指數卻已上漲爲 131.1 (《臺灣省五十一年來統計提要》1946:
897, 914)。透過米專賣, 總督府刻意的壓抑米價上升, 並取得豐厚的
財政收入 (鹽見1941: 716-18)。

　　認識到對米作的壓抑及米 專賣可能帶給糖業 不勞而獲的利益, 國
會、重要產業調整委員會、及學者們都督促殖民政府要多少透過課稅或
價格管制、甚至糖業官營予以節制 (高橋 1937: 79-80; 臺灣銀行調查
課1936: 11-16)。當殖民政府實施米專賣時, 它確實也同時頒佈了「糖
業令」, 擴大政府對制定糖價及甘蔗生產上的影響力(殖產局1939: 13-
15; 田端幸三郎1939b: 4; 竹市1941: 460-62)。不過,正如我們預料得
到的, 殖民政府終究無法在米、糖之間保持不偏不倚的立場 (劉1940:
103-07; 涂 1975: 134-35)。糖業資本積累的障礙被排除後, 總督府對
之疏於節制致糖業趁機擴張謀利。經過1920年末以來長久的停滯之後,
蔗田面積再度大幅擴張, 米田則相對消退 (表12)。蔗田面積自 1936 年

（小林總督上任及米穀生產配額制通過）至1942年間成長了26%，米田則縮減了10%（《臺灣省五十一年來統計提要》1946：542，552）。糖業資本再次假殖民政府之手保障及恢復其壟斷的特權。

七、土著地主制的削弱及家庭耕作式農業之自耕化

低於市價13%以上的政府收購價馬上對米收益造成重大打擊，而大有助於糖業壓低甘蔗的收購價格。土著的地主及土壟間資本逐漸被削弱。日本學者及殖民政府官員一向把資本主義化臺灣的殖民地經濟視爲「歷史」任務。資本主義化不只包括殖民地農作物的商品化以及與內地市場更密切的關連，還包括了對土著既存「前資本主義」經濟特質的改造。在30年代時，資本主義化剩下的主要目標就是米作部門內殘存的土壟間小商品生產者、商業／高利貸資本、及收租地主（川野1941）。基於同樣的邏輯，米、糖利益間的衝突也時常被描繪爲日資領導下的資本主義發展（或「剝削」，用左派的名詞）與土著前資本主義殘餘之間的對抗（矢內原1929；川野1941；根岸1935；東嘉生1955）。實際的經濟運作卻不是這麼一回事。殖民地經濟不斷被調整、改造但卻不見得是去滿足經濟演化的目的。農村生產關係並沒有被轉化爲資本主義式勞資雇傭關係以大規模集中化的方式生產。家庭農場被保留爲基本的農業生產單位。日資大部分透過收購方式取得農作物，很少由自營農場供給。市場控制是以成爲以糖業資本爲主體的日資主要關切所在。更具體來說，糖業資本利用壓抑米價及米作收益來減輕自己的（甘蔗）原料收購成本。爲要壓抑米作生產者的收益，以糖業爲中心的日資尋求透過政府直接介入，以剝奪土著米生產者、買賣中介者及加工業者的市場權利。米作部門的抗拒，從農民運動開始到地主及其同盟 —— 土壟間及日本米商 —— 的「反對米穀統制運動」，迫使殖民者面對重新改造殖民地的社會／經濟體系以排除有組織反抗的挑戰。政府輔導下的農業合作社（日文

為「組合」，包括農會及合作倉庫）運動、銀行資本對農村地區信貸的滲透，加上政府擴大其對米交易的獨占至島內消費市場，重以政府直接介入租佃關係及地價、地租之決定，進一步削弱了土著支配階級的力量及米作部門的自主性。在30年代末期及40年代初這一段時期，殖民政府憑藉著戰時體制所賦予的絕對權力，著手推動社經結構的基本變革，臺灣社經體系事實上孕育著轉型的徵兆。

臺灣現代蔗糖經濟的奠基者新渡戶稻造博士，本其人道主義的關懷在其20世紀初的糖業改良計畫中曾大為推崇蔗農合作社的構想，可惜後來在糖業資本的反對抵制之下沒有機會實現(山根1969:84-87)。糖業資本一貫反對在蔗作部門的合作社運動，但對米作部門的合作社運動削弱土壟間資本的作用卻抱著幸災樂禍的心理。成明顯對比的是，1930年代的合作社運動在米作部門得到殖民政府大力贊助推展迅速。各地農會及合作倉庫紛紛設立以處理農產品及生產用品的買賣、倉儲、加工、信貸、甚至出口（根岸1936:66-68）。這些經濟活動顯然與土壟間及日本出口米商的業務相互抵觸。透過整合商業、加工製造、信貸等經濟活動，農業生產者有農會與合作倉庫作為集體的代表，不至於孤立的面對市場及資本的宰制，這事實上有助於米農抗拒高利貸、商業資本、農企業資本的控制及剝奪他們土地的意圖。農會及合作倉庫（包括農會經營的倉庫及產業合作社經營的倉庫兩種）設立之後有效地限制了商業／高利貸土壟間資本與日本出口米商的支配範圍（甲本1935:22-24；根岸1936:66-78；川野1941:140-42；入鹿山成樹1939:17-21）。土壟間加工處理的稻穀1933年佔全島的73.4％及至1937年降為57.25％（《臺灣商工統計》，第17號1939:54-55；第13號1935:50；《米穀要覽》1938:11-12）。由於缺少日本市場的資訊與關係，合作倉庫對於日本出口米商並不構成立即的威脅（根岸1936:76）。經由日本米商出口的米穀從1935至1937年只不過跌了３％（從91.7％降為88.7％）（殖產局1938b:49-50）。不過，合作倉庫在取代土壟間成為米生產者與日本出口米商間的中介者上獲得不少成就。在

1934年時只有2.66%日本米商出口的米穀是由合作倉庫提供，至1938年已經有22.9%係由合作倉庫直接交給進口商（入鹿山1939：17-21）。

保護米農免於受商資及高利貸資本剝削並不是農業合作組織設立及經營產銷信貸整合的主要目的（根岸 1936：66-68，75-76；石橋俊治 1942：84-85；陳逢源 1943：255-257）。從一開始，農會及合作倉庫的設立及經營就是由政府規劃及督導，以配合政策的目的：加強政府對米穀生產與流通的掌握與控制並削弱土壟間資本的控制。殖民政府肇始並大力補助農會的設立（根岸1936：68-69）。政府制定相關法令及提供行政協助支持並指導農業合作社（《臺灣農會報》1939年1月，創刊號：13-16；陳逢源1943a：252-258）。農業合作社實質上已變成半官方的組織，扮演支援及附從政府政策的角色。30年代初產業合作社在總督府贊助及貼補下逐漸從農會手上接手並擴大設立農業倉庫，配合殖民政府統制（regulate）輸日米穀的政策以紓解日本米穀過剩的問題，其後並成為總督府實施米專賣的重要工具（根岸1936：68-69；川野1941：142；陳逢源1943a：246-247）。雖然合作社運動有助於限制商資及高利貸資本對米農的剩餘榨取，農會及農村其它的合作組織最後卻不免被轉化為總督府的行政工具，在1939年進入戰時經濟後，這些合作組織都被併入政府統制米穀生產及流通的聯合組織內（陳逢源1943：252-58；石橋1942：86-89）。

除了合作社運動以外，銀行資本在30年代末也廣泛的滲入農村地區，削弱了土壟間作為農村信貸提供者的角色。日本勸業銀行農村貸款的利息遠比民間高利貸低，1937年時只有民間貸款利息的一半（涂1975：479）。根據負債來源分，自1933年至1940年欠銀行及農村合作組織（包括農會）的債其百分比分別提高了15%及9%，而欠民間放貸者（包括地主、商人等）的百分比則下降了30%（表14）。

殖民政府在30年代時也積極介入重塑租佃關係，以節制土著地主傳

統的土地權利。削減地主權力扶植自耕農成爲總督府的重要農政目標。此政策在30年代初期是以漸進的方式進行。政府提供人力及經費支援協助組成業佃會或農事組合並由地方官兼會長督導處理租佃糾紛（殖產局1936a）。截至1935年總督府撥付300,000圓的經費協助組織業佃會（殖產局 1936c：12）。這些改良租佃關係的組織促進了正式書面及長期租約的使用。至 1940 年時，72.54％的佃耕地是透過書面租約（殖產局1941b：13；陳逢源 1942：485-87）。上述的措施強化了佃農的議價能力也鼓勵他們做比較長期性的投資改善生產力。

　　1940年後米專賣延伸至島內消費的在來米，殖民政府除了留下農民自家消費的配額外徵購所有的米穀（《臺灣食糧年鑑》 1943： 45-48；石橋1942：81-82）。土壟間與合作倉庫一起被重組編入官方徵集米穀的組織內（《臺灣食糧年鑑》1943：48-123；石橋1942：79-80）。可是，地主卻被排除在米穀徵購的過程之外（陳逢源 1943b：142-43；1942：491-92；川野1941：175）。佃農在領取政府的收購款後才付租給地主，納租形式從實物租一變爲現金租，而且由於政府收購價低於市價，地租依公定價格折算地主的收入也減少了（陳逢源 1942：491-92；1943b：146；川野1941：175；王益滔 1964：55）。地主的收入起先由於政府米專賣壓低米價而受損，自從政府不經由地主中介直接自農民生產者處徵購米穀使實物租一變爲現金租後地主的經濟權力被進一步削弱。地主從米穀的賣主一變爲買主，必須從市場上取得米穀。

　　除了地租轉變爲現金租外，殖民政府於1939年12月10日頒布法令限定地租不得超過該年9月18日的水準（殖產局 1941a：235）。政府1941年後也介入決定作物的選擇，禁止生產「不重要」的作物，限制市場選擇的自由及農民利用市場機會改善收入的權利（石橋1942：60-62，66-83；陳逢源1943b：140-41）。殖民政府1939年起在臺中地區的水田強迫農民進行米、蔗輪作，而同時迫使地主降低租額以免佃農不堪負荷（劉

1940：89-102；根岸 1943：318-27），充分反應其影響農業生產的能力加大及偏袒糖業的態度。總督府更於1941年針對地價限制其不得超過現行地租的一定比例以上，等於是把地價也固定在1939年的水準（殖產局1941a：236；石橋 1942：63-64；陳逢源 1943b：140）。該年地價隨即下跌達10％以上（臺銀調查部鑑定課1944：1-5）。地租也因為地主力量的削弱而呈現下跌的趨勢（同上：5）。1941年後米穀的配給開始實施，政府更加緊其對島內米穀流通的控制（石橋1942：78-93）。

農民受苦於生產及市場條件的惡化，佃農發覺已經無力照付原來的租額。在這種情形下，租佃爭議事件急遽增加，交付調停的件數自米專賣前（1938）的241件一下子在1940年增為1,502件以上，增加6倍之多（殖產局1941b；陳逢源1942：487-88），主要為減租的問題。到頭來，由於越過地主及土壟間等中介者直接向農民者徵購米穀，政府為保障米穀的供應必須保護的對象其實是實際的生產者，尤其是佔耕地半數以上的佃耕者，而不是原來的統治同盟地主階級。（注10）

在佃農的議價能力因政府撐腰而明顯改善的情形下，弱化了的地主無法像從前一樣把農業生產及交易條件惡化的損失大部分轉嫁給佃農，遂不得不自己承受米專賣及伴隨的其它強化榨取農業剩餘的統制措施所造成的損失（臺銀1944：6；陳逢源 1943b：140-42）。隨著地主的經濟功能被取代及力量的衰退，我們也從當時報刊雜誌上散見主佃關係產生變化，地主不只收租困難、租額減少，還要懇求佃農繼續耕作不要轉業（當時工業因戰爭而勞力短缺），甚至自己耕作（陳逢源 1943b：140-42）。地主力量衰退最明顯的指標是佃耕地比率下降而自耕地比率上揚（參見頁7）。

正如前面資料明確點出的，臺灣米作部門土地所有長期而言趨向零

注10　陳逢源先生清楚的認識到這一點，在當時極力鼓吹扶植自耕農打擊地主一勞永逸的解決土地租佃問題（1943b：140-48）。

散化， 而農業生產方式則走向自耕的家庭農場經營。 殖民政府在 30 年代末期對米作生產及交易條件不利的政策更加快了向自作式家耕作農業 (family small holding agriculture) 的轉型。 行政上對地主力量的削弱使土地零散化加速進行， 總督府進一步透過合作社運動及銀行資本支持農民擺脫地主及其土壟間同盟在流通及信貸上的控制。 自耕農在當時的環境下逐步增加他們對土地的掌握， 戰後終於變成農業的主幹。同時， 30年代末及40年代初期的殖民經驗也提醒我們， 無組織行動能力的小自耕農其實最方便政府對農業的直接控制， 政府並得以獨攬農業剩餘省卻與中介者（地主及其同盟）分享及爭奪剩餘的麻煩。

八、 結　論

　　1920年代中期以後島內外經濟情勢起了根本的變化， 使原來建基於米糖相剋關係上的殖民積累體制出現了適應的危機。第一次世界大戰後日本工業化起飛， 都市工業人口劇增， 而產生糧食短缺的問題。在這個背景下， 日本種的蓬萊米成功的適應臺灣氣候而得以大量輸日。

　　在這個歷史夾縫下得以急遽擴張的臺灣米生產與出口成為20年代中期以後臺灣農業發展的主動力。更重要的是， 這個階段的農業發展從各方面的資料來看都展現出比前一階段更少的出口／維生部門經濟摩擦而且相對前期來說是比較均惠式的發展， 農民的生活水準有顯著的改善。這種發展的形態有別於一般熱帶殖民地的發展模式， 也與日據臺灣殖民發展前期以糖業生產為中心接近典型雙元性經濟的發展形態成明顯對照。

　　基於20年代中期以後臺灣殖民發展特異的現象， 學者通常歸因於日本帝國主義的特殊性， 認為日本殖民主義是個「發展取向」的殖民主義， 帶來殖民地的發展而不是「逆退式的發展」（development of underdevelopment）（Frank 1969）。本文仔細研究日據臺灣的殖民

政策發現的並不是一個以提高生產力為唯一職志的殖民主義。殖民政府一向偏袒日資部門，對土著維生生產採消極的態度。在30年代（以及以前）米生產威脅到糖業資本積累時，殖民政府總會介入壓抑米作部門的生產及強加不利的交易條件。

另一些學者則把臺灣特異的發展現象歸因於作物的性質，他們特指的是米這種作物，作為日本、臺灣共同的主食，既能滿足維生的需要又是一種商品。所以，以米作為中心的發展可以兼顧維生及商品化的需求，不致於對農民產生無法調適的衝擊，而且出口與維生部門間的衝突可以最小。這種看法不只忽略殖民發展前後期的差異，而且因其對出口米（蓬萊米）與維生米（在來米）間分化的無知，正如本文點出的，不僅無法解釋20年代中期以後臺灣特異發展模式發生的原因且誤導了對問題的了解（米、糖相剋關係好像不曾存在）。

本文試圖為以上的問題提供一個分析架構。從不同的角度來看，我們比較感興趣的問題是米作部門的發展作為一個沒有預期到的結果如何成為可能，又如何與原先以糖業為中心的殖民積累體制產生矛盾，在殖民者的壓迫下又如何為維護自己的利益而抗爭，在這個抗爭的過程中，成敗是由那些因素決定的？土著農業社會的階級支配結構被舉出來作為最關鍵性的結構因素。作者研究發現以家庭耕作為主的農業生產方式，土地所有傾向零散化的長期趨勢，以及地租率長期固定等是了解土著社會階級結構內地主與農民相對力量關係的重要特性，同時我們也一併分析地主的結盟——土壟間資本——點明其小商品生產及商業／高利貸資本的特性。綜合以上的探討我們試圖為土著社會階級結構內的支配關係描繪出一個較為完整的圖像，同時在相關的層面上與日資宰制下的蔗糖部門內的階級支配結構及階級間的相對力量作比較。結果，我們發現米糖兩部門的階級支配結構有明顯的差異存在，尤其表現在階級支配力量強弱的懸殊上。米作部門相對較弱的階級支配使受支配階級得以分享較

多的經濟成長成果，在自耕化的長期趨勢及固定地租率之下得以有比較平均普及的剩餘分配。並且出口米部門也缺乏像糖業那般有組織的力量及壓抑維生米部門跟隨提高收入水準，兩者間基本上是市場關係沒有像米、糖部門間有行政手段介入支持糖業的市場壟斷權。

問題是，以糖業資本積累為中心仰賴市場壟斷及低而停滯之米作收益而形成的殖民剝削機制在20年代中期以後卻受到根本的動搖。蔗農因米作收益提高也要求提高甘蔗收購價格以取得糖廠及政府承諾的（與米農相等的）收入水準，或者在失望之下乾脆轉作。兩種作法都直接威脅到糖業的利益。前者提高了糖業生產成本，後者則造成原料供需失調及糖廠生產設備閒置。原料採集區制度及米糖比價辦法規劃下的（米糖）相剋體制，本來用意是提供糖業資本市場壟斷權俾能把蔗作收益壓下至等齊於較低而停滯的米作收益（20年代中期以前在來米主要是供自家消費及有限的島內市場），在1925年後米作收益迅速提升的情況下，效果剛好倒過來，使米、糖關係間相剋的性質明顯化及尖銳化。

土著支配之米作部門「競爭性」的發展使原先殖民積累體制的持續變得相當困難。總督府在30年代末期終於認識到只有廣泛而更為徹底的延伸原先糖部門內的市場控制機制到米作部門才能整體解決殖民積累機制的危機。總督府執行此政策的決心與能力當然受到土著的反抗與挑戰，不只要面對底層的農民，還必須對付長久的結盟階級──地主及土壟間資本──甚至本國人米商，最後，日本國內的農工矛盾、城鄉衝突、資本與土地利益間的衝突等各種不同利益團體對殖民地廉價米進口立場不同的利害關係也摻雜在裏面。拜戰爭之賜，殖民政府在絕對的權力之下於1939年完全壟斷出口米市場，貫徹了原先的計畫。

既然建議的解決方式是以政治力量取代市場力量，不可避免的，它牽涉到階級間的衝突及力量消長，以及階級結構重構（restructuring）的結果。對米作部門交換及生產的控制過程是在克服土著的反抗下逐步

推展的。30年代唯一有組織的米利益團體是以地主及其結盟（土壟間資本與日本米穀商）為主。他們變成總督府主要的打擊目標，然而奇特的是，削弱土著支配階級的辦法卻部分是利用其本地的傳統對手 —— 農民。總督府的目的當然不是去扶植政治上有力的農民組織。它根本上的目的在把土著社會重塑為無組織、原子化的小農社會。以自耕農為主體的農業社會最容易在政治上屈服，而且最方便統治者運用市場控制的方式搾取農業剩餘。總督府贊助農村合作社運動，日資銀行對農村金融的滲透，加上政府直接介入納租之形式及主佃關係之形成，甚至地租、地價之決定，使得土著支配階級的經濟基礎被根本動搖，自耕式的家庭耕作農業的雛形逐漸浮現。當然，在社會階級結構重塑的過程中，總督府最重要的目的：解決殖民積累危機，也一併獲得解決。

參　考　書　目

統　計　書：

《臺灣省五十一年來統計提要》1946，臺灣省行政長官公署統計室。

《臺灣省統計提要》1947，第3號。

《臺灣米穀要覽》，臺灣總督府米穀局。

《臺灣糖業統計》1913-1943，臺灣總督府殖產局。

《臺灣商工統計》，臺灣總督府殖產局。

《臺灣農業年報》1925-1943，臺灣總督府殖產局。

期　　刊：

《糖業》1924-194?，臺北：糖業研究會。

《臺灣米報》1930-39，臺北：臺灣米報社。

《臺灣農事報》1907-40。

《臺灣農會報》，臺灣農會。

《臺灣經濟年報》1941-44，東京：臺灣經濟年報刊行會。

中文書目：

川野重任

　　1941《臺灣米穀經濟論》(林英彥譯1969)，臺北：臺銀。

王益滔

　　1964《臺灣之土地制度與土地政策》，臺北：臺灣銀行經濟研究
　　　　室。

史明

　　1980《臺灣人四百年史》。

矢內原忠雄

　　1929《日本帝國主義下之臺灣》(周憲文譯1985)，臺北：帕米爾書
　　　　局。

吳三連

　　1991《吳三連回憶錄》，臺北：自立晚報社。

柯志明

　　1990〈所謂的「米糖相剋」問題 —— 日據臺灣殖民發展研究的再思
　　　　考〉，《臺灣研究季刊》，第2卷，第3-4期。

根岸勉治

　　1935〈臺灣農企業と米糖相剋關係〉，《社會政策時報》，178 號
　　　　（7月）：36-66；179 號（8月）：61-72；張粵華譯《日據臺
　　　　灣之農企業與米糖相剋關係》臺灣經濟史七集，1959，臺北：
　　　　臺灣銀行。

陳誠

　　1960《臺灣的土地改革》。

張漢裕

　　1974〈臺灣農民生計研究〉，《經濟發展與農村經濟》，張漢裕博

士文集(1)：235-302。

張宗漢

1980《光復前臺灣之工業化》，臺北：聯經出版社。

森久男

1980〈臺灣總督府糖業保護政策之發展〉洪奠元譯，《臺灣史論叢》，黃富三、曹永和編：357-426。

羅明哲

1977〈臺灣土地所有權變遷之研究〉，《臺灣銀行季刊》，第 28卷，第 1 期：245-276。

蔡培火、陳逢源、林柏壽、吳三連、葉榮鐘等

1971《臺灣民族運動史》，臺北：自立晚報社。

臺灣銀行

1953《臺灣之水利問題》，臺北：臺灣銀行。

鹽見俊二

1954《日據時代臺灣之警察與經濟》，臺灣經濟史初集，中譯。臺北：臺灣銀行。

日文書目：

入鹿山成樹

1939〈臺灣における米穀檢查に就て（中の二）〉，《臺灣農會報》，第 1 卷，6 月號：11-26。

八木芳之助

1932《米價及び米價統制問題》。

三浦敦史

1932〈土壟間と籾の取引に就て〉，《農事報》，第307號（6 月）：2-9。

久山文明

1937《臺灣自治關理法に就て》，臺北：臺灣經濟產業叢書。

山口一夫

　　1942〈臺灣に於ける勞務統制〉，《臺灣經濟年報》：141-68。

山川均

　　1966〈殖民政策下の臺灣〉，《山川均全集》，第7卷：258-91。

山根幸夫

　　1969〈臺灣糖業政策と新渡戶稻造〉，《新渡戶稻造研究》，東京
　　　　女子大學新渡戶稻造研究會編：259-302。

山本おさむ

　　1976《昭合米よこそ運動の記錄》，東京：白石書店。

大間知治雄

　　1939《米穀管理と臺灣產業の新使命》，臺北：臺灣日日新報社。

太田嘉作

　　1938《米價政策史》，東京：丸山社書店。

石川悌二郎

　　1936《臺灣における米穀專賣論》，東京經濟情報出版社。

石川滋

　　1972〈日本領時期の臺灣農業の變化〉條原三代平、石川滋編，
　　　　《臺灣の經濟成長》，東京：亞細亞經濟研究所：1-56。

　　1969〈戰前における臺灣の經濟成長：農業發展の基礎〉，《經濟
　　　　研究》，第20卷，第1期。

石橋俊治

　　1942〈農業再編成の進展〉，《臺灣經濟年報》：52-90。

田端幸三郎

　　1939a〈臺灣米穀移出管理案に就て〉，《臺灣農會報》，第1

　　　卷，1月號：23-39。

　　1939b〈臺灣米穀移出管理事業の概要〉，《臺灣農會報》，第1
　　　卷，6月號：2-6。

平山勳

　　1935《臺灣糖業論》，臺北：臺灣通信社。

甲本正信

　　1935〈土壟間に就て〉，《臺灣農事報》，第343號（7月）：10-
　　　25。

米穀局

　　1940a《臺灣米移出管理關係法規》。

　　1940b《臺灣米穀移出管理に就て》。

江夏英藏

　　1930《臺灣米研究》，臺北：臺灣米研究會。

竹市鼎

　　1941〈臺灣農業の發展と米管及糖業令〉，《臺灣經濟年報》：
　　　423-64。

貝山好美

　　1935〈臺灣米四十年の回顧〉，《臺灣時報》，第182期1月號：
　　　26-38。

　　1934〈米穀統制法と臺灣米の動向〉，《臺灣米報》，第45期，1
　　　月號：2-4。

林益夫

　　1943〈臺灣工業化と資金動員〉，《臺灣經濟年報》：348-400。

尾高煌之助

　　1972〈日本統治下における臺灣の雇用と賃金〉條原三代平、石川
　　　滋編，《臺灣の經濟成長》，東京：亞細亞經濟研究所：105-230。

1969〈日本統治下における臺灣の勞働經濟〉，《經濟研究》，第
　　　20卷，第 2 期: 128-39。

杉野嘉助

1919《臺灣商工十年史》，臺北。

東畑精一、大川一司

1939〈米穀の自治的販賣統制〉,河田嗣郎編,《米穀經濟の研究》
　　　: 1-50，有斐閣。

1937《朝鮮米穀經濟論》，日本學術振興會。

帝國議會議事錄

1939《第七十四回帝國議會臺灣米穀移出管理關係議事錄》，總督
　　　府編。

帝國農會

1961《帝國農會米生產費調查集成》，大正11—昭和23，東京。

根岸勉治

1932〈臺灣における製糖原料甘蔗の獲得特にその買收價格〉，臺
　　　北帝國大學理農學部農業經濟學敎室研究資料第八號。

1935〈臺灣農企業と米糖相剋關係〉,《社會政策時報》,178號(7
　　　月):36-66; 179號(8 月):61-72; 張粤華譯〈日據臺灣之農企
　　　業與米糖相剋關係〉,臺灣經濟史七集,1959,臺北: 臺灣銀行。

1936〈垂直の米穀生產分化と土壟間階級〉，《農業經濟研究》，
　　　第12卷，第 4 號: 23-85。

1942〈臺灣農業問題〉，《南方農業問題》。

1943〈臺灣輪作農業と稻蔗相剋統制〉，《臺灣經濟年報》: 304-
　　　327。

宮川次郎

1927《臺灣の農民運動》，臺北。

涂照彦

　　1975《日本帝國主義下の臺灣》，東京：東京大學。

高橋龜吉

　　1937《現代臺灣經濟論》，東京：千倉書房。

陳逢源

　　1933《臺灣經濟問題の特質と批判》，臺北：臺灣新民報社。

　　1937《新臺灣經濟論》，臺北：臺灣新民報社。

　　1942〈臺灣における小作問題〉，《臺灣經濟年報》：461-92。

　　1943a〈臺灣における產業組合〉，《臺灣經濟年報》：237-259。

　　1943b〈臺灣の土地制度と小作問題〉，《臺灣文化論叢》第一輯，
　　　　臺北：清水書局。

　　1944《臺灣の經濟と農業》，臺北：臺灣新報社。

張漢裕

　　1977〈溝口敏行「臺灣、朝鮮の經濟成長」書評〉，《經濟研究》，
　　　　第28卷，第2號：190-92。

殖產局

　　1926《各州小作慣行調查》。

　　1927《臺灣糖業概觀》。

　　1928《本島耕地の自小作別面積調查》。

　　1930《臺灣における小作問題に關する資料》。

　　1935《臺灣の糖業》。

　　1936a《臺灣における小作事情とその改善施設》。

　　1936b《臺灣における農家の米販賣に關する調查》。

　　1936c《本島小作改良事業成績概要》。

　　1938a《臺灣の米》。

　　1938b《臺灣米穀移出管理令參考資料》。

1938c《臺灣米穀生產費調查》。

1939《臺灣糖業令解說》。

1941a《臺灣の農業》，臺北：臺灣農會。

1941b《本島小作改良事業成績概要》。

殖產局米穀課

1938《臺灣米穀關係例規》。

農業基本調查書，殖產局

第 2 號（1921）《耕地分配及び經營調查》。

第25號（1930）《耕地賃貸經濟調查，その一》。

第26號（1930）《耕地賃貸經濟調查，その二》。

第27號（1931）《米生產費調查，その一》，昭和 5 年，第二期作。

第30號（1934）《臺灣農家經濟調查，その一》。

第31號（1934）《耕地分配ならびに經營調查》。

第33號（1936）《農業金融調查》，昭和10年。

第37號（1938）《臺灣農家經濟調查，米作農家》。

第39號（1939）《耕地賃貸經濟調查》。

第41號（1941）《耕地所有ならびに經營狀況調查》。

第43號（1941）《農業金融調查》，昭和15年。

農林省米穀局

1936《臺灣米關係資料》，東京。

奧田或

1937《臺灣の農業》，臺北：農友會。

楠井隆三

1941〈臺灣經濟再編成の基本的動向〉，《臺灣經濟年報》：375-
　　422。

稻田昌植

　　1921《臺灣糖業政策》，臺北：殖產局。

溝口敏行

　　1975《臺灣と朝鮮の經濟成長》，東京：岩波書局。

　　1972〈臺灣の物價指數〉，條原三代平、石川滋編，《臺灣の經濟
　　　　成長》，東京：亞細亞經濟研究所。

臺北州內務部勸業課

　　1937《臺北州の小作事情と其の改善施設概要》。

臺灣銀行調查部鑑定課

　　1944《本島田畑賣買價格及小作料調》，臺北：臺灣銀行。

臺灣銀行調查課

　　1936〈統制問題と糖業〉，《糖業》，第23卷，第11期。

《臺灣食糧年鑑》

　　1943林肇編，臺北：臺灣食糧問題研究會。

總督府

　　1929《臺灣における本國民農業植民》。

　　1938《臺灣重要產業調查委員會會議錄》。

　　1939《臺灣米穀移出管理案概要》。

鹽見俊二

　　1941〈臺灣における戰時財政の進展〉，《臺灣經濟年報》：705-
　　　　64。

劉明電

　　1940《臺灣米穀政策の檢討》，東京：岩波書局。

劉英漢

　　1939a〈臺灣小作問題に對する一考察（上）〉，《臺灣農會報》，
　　　　第1卷，8月號：44-60。

　　1939b〈臺灣小作問題に對する一考察（下）〉，《臺灣農會報》，

第1卷，9月號：28-30。

警務局

　　1938《臺灣總督府警察沿革誌第一册》（許世楷重編改名《日本統治下の民族運動》）。

　　1939《臺灣總督府警察沿革誌第二册》（許世楷重編改名《日本統治下の民族運動》）。

蔡培火

　　1928《日本本國民に與う》。

英文書目：

Amin, S. 1974 *Accumulation on a World Scale* (New York: Monthly Review Press).

Baran, Paul 1957 *The Political Economy of Growth* (New York: Monthly Review Press).

Chang, Han-Yu 1983 "Development of Irrigation Infrastructures and Management in Taiwan, 1900-1940: its Implications for Asian Irrigation Development," *Economic Essays,* vol. IX, No.1 (May 1980). 〔Reprinted in *Economic Development and Income Distribution in Taiwan: the Essay of Dr. Chang H.Y,* vol. IV, by Chang H.Y. (Taipei, 1983): 33-64〕.

Hayami, Yūjiro, and Ruttan, Vernon W. 1970 "Korean Rice, Taiwan Rice, and Japanese Agricultural Stagnation: An Economic Consequence of Colonialism." *Quarterly Journal of Economics* 84 (November): 562-89.

Chayanov, A. V. 1986 *The Theory of Peasant Economy* (Wisconsin: The University of Wisconsin Press).

Frank, A.G. 1969 *Capitalism and Underdevelopment in Latin America* (New York: Modern Reader Paperbacks).

Ho, Samuel P.S.

1978 *Economic Development of Taiwan,* 1860-1970 (New Heaven and London: Yale University Press).

1975 "The Economic Development of Colonial Taiwan: Evidence and Interpretation." *Journal of Asian Studies* 34 (Febrary): 417-39.

1971 "Agricultural Transformation under Colonialism: Reply and Further Observation." *Journal of Economic History* 31 (September): 682-93.

1971 "The Development Policy of the Japanese Colonial Government in Taiwan, 1895-1945." in *Government and Economic Development,* edited by Gustav Ranis, pp. 287-328. (New Haven: Yale University Press).

1968 "Agricultural Transformation under Colonialism: The Case of Taiwan." *Journal of Economic History* 28 (September): 313-40.

Ho, Yhi-min 1971 "Taiwan's Agricultural Transformation under Colonialism: A Critique" *Journal of Economic History* Vol. 31, No.3 (September): 672-81.

Ka, Chih-Ming 1991 "Agrarian Development, Family Farm and Sugar Capital in Colonial Taiwan", *The Journal of Peasant Studies,* Vol. 18, No.2.

Mizoguchi, Toshiyuki

and Yamamoto, Yuzo. 1984 "Capital Formation In

Taiwan and Korea," in Ramon H. Myers and Mark R. Peattie ed. *The Japanese Colonial Empire,1895-1945* (Princeton: Princeton University Press, 1984), pp.213-239.

1979 "Economic Growth of Korea under the Japanese Occupation: Background of Industrialization of Korea", in *Hitotsubashi Journal of Economics,* Vol. 20, no. 1.

1974 "Foreign Trade in Taiwan and Korea under Japanese Rule." *Hitotsubashi Journal of Economics* 14 (Febrary): 37-53.

1973 "A Commodity Flow Estimate of Capital Formation in Korea and Taiwan under Japanese Rule." *Economic Journal,* 12 (December): 72-84.

1972 "Consumer Prices and Real Wages in Taiwan and Korea under Japanese Rule." *Hitotsubashi Journal of Economics* 13 (June): 40-56.

1973 "An Econometric Comparison of Farm Households"Economic Behavior in Japan, Korea and Taiwan." *Developing Economics* 11 (September): 231-43.

Myers, Ramon H.

and Yamaka, Saburo 1984 "Agricultural Development In the Empire," in Ramon H. Myers and Mark R. Peattie ed. *The Japanese Colonial Empire, 1895-1945* (Princeton: Princeton University Press), pp.213-239.

1970 "Agrarian Policy and Agricultural Transformation: Mainland China and Taiwan, 1895-1945." *Journal of the Institute of the Chinese University of Hong Kong* Vol. 3, No. 2, pp. 521–42 (December 1970).

Nakamura, James I. 1974 "Incentives, Productivity Gaps, and Agricultural Growth Rates in Prewar Japan, Taiwan, and Korea." *Japan in Crisis,* edited by Bernard S. Silberman and Harry D. Harootunian, pp. 329–73. (Princeton: Princeton University Press).

Peattie, R. Mark 1984 "Introduction," in Ramon H. Myers and Mark R. Peattie ed. *The Japanese Colonial Empire, 1895–1945* (Princeton: Princeton University Press), pp. 3–52.

Paauw, D. A. and John C. H. Fei 1973 *The Transition in Open Dualistic Economics* (New Heaven: Yale University Press).

「米糖相剋」問題與臺灣農民

柯　志　明

　　從事日據臺灣殖民發展研究的學者通常不會放過米糖「相剋」的問題，不少人如知名的臺灣研究學者川野重任一樣認為：「米糖相剋問題幾乎令人感到可以作為臺灣一切農業問題的代表」（1941: 149）。日據時代一般學者傾向於從生態學（ecology）的角度來了解這個問題，認為臺灣米作與蔗作之間由於轉作容易，以至於造成維生作物(米)與現金作物（甘蔗）相互爭地的問題，或者進而，如川野重任，從市場均衡理論出發來說明米糖相剋問題，指出糖業壟斷資本運用政治影響力干預市場自由運作以至於米蔗均衡價格難以達成。然而，令人不解的是，如果生態環境以及殖民統治是解釋米糖相剋最重要的影響因素，何以生態環境與臺灣近似並同為殖民地的荷屬爪哇其米糖關係卻以「共生（symbiosis）」（Geertz 1963; 柯1992a）著稱。晚近涂照彥（1975）的批評點出上述日本學者的經濟決定論及日本中心式的外在決定論不足說明，他強調殖民地內部社會經濟結構的重要性，試圖從土著資本（＝地主制）勢力與日本壟斷資本對抗的面向來了解，把米糖相剋問題重新界定為「蓬萊米時代」（1925-）土著資本勢力藉由日本資本主義再生產的內在矛盾對日本糖業資本展開反撲。筆者贊同涂照彥對經濟決定論及外在決定論的批評，以及他所強調的殖民地內在社會經濟結構，但對於他把米糖相剋問題偏限於蓬萊米時代，並狹隘的將之界定為土著資本（＝地主制）勢力反撲的說法存疑（柯 1990）。本文的目標放在進一步釐清臺

灣米糖關係具體明確的機制（mechanism）以及其與臺灣社會經濟結構間的關聯，希望能更完整的說明「米糖相剋」問題。

一、垂直集中式家庭耕作農業之確立

從社會經濟結構比較的觀點來看，西方殖民主義國家於十九世紀及二十世紀初期在拉丁美洲、爪哇、及其它地區普遍建立了大規模雇工經營的甘蔗栽植農場。令人好奇的是，日資糖業在臺灣卻主要向當地個別的家庭農場收購甘蔗，只有小部分靠自營的雇工栽植農場供給。針對這個現象，國際糖業研究權威 Sidney Mintz 曾問：「爲什麼日本人捨一般通行的大栽植企業方式不用，而就小農生產者收購甘蔗呢？」（1981：440-41）這種差異應該如何解釋，與米糖相剋問題又有何關聯呢？

在殖民初期由於日資不足以及土著農業生產者對集中土地雇工經營的栽植農業極力抗拒，殖民政府只好保留原有家庭耕作式（family-farming）的生產方式，加以商品化，而仰之爲財政收入及政治穩定的重要基礎。殖民者引入的現代土地私有制雖然大大擴展了農村的商品生產，但長程來看，卻成爲日本資本直接滲透臺灣農業生產的障礙。現代土地私有制只允許在一種情形下強制剝奪所有權，那就是不履行債務。只要土地所有者照規定繳賦稅納利息，他的田地是受到法律保障的。此外，要一個資本主義雇工農場能有效率營運，從各個小土地所有者手上剝奪而來的土地必須能連成一大整片。儘管資本可以從許多無法償還債務的農民手上取得土地，但要把零星分散在各地的小塊土地湊成一整塊以及驅離佃農從事集體經營實在相當困難。

保護土地私有權的法律體制建立後，日本農業資本家很難再使用市場交易以外的手段，乃至赤裸裸的暴力把農民逐離土地以建立大農場。這絕不是件輕鬆容易的事。少數幾件強制收買的事件都激起嚴重的政治後果（持地六三郎1912：122）。當日本糖業資本想要如矢內原忠雄說的，

單靠「純粹的經濟交易」（1988：24）來取得土地時，也不是那麼順利的。從資本家的眼光來看，農民購買土地的價格是偏高的。Kautsky提醒我們，農地的價格往往不是由經濟的規律所決定，而是取決於農民依附土地作爲維生工具的程度（1976：35）。農民對自己維生手段的依附是導致殖民地臺灣高昂地價的主要原因，同時也造成糖業資本透過購買方式取得土地的障礙。除農民依附土地愛惜如命之外，在這個人口稠密一地難求的島上，土地所有者所享有的特權也是促使地價高昂的原因之一。工業部門被日本資本覇佔以致投資機會受限則是另外一個重要原因。以日資爲主的製糖工業，在1932年時，佔了全島工業產值的75.7％（《臺灣省五十一年來統計提要》1946：778，786，802）。在缺乏投資管道之下土著資本過度投資於土地而拉高地價。

高地價再加上農民的抗拒使得製糖會社在掌握土地上倍增困難。會社所控制的土地（以購買或租用方式取得）或以資本主義雇工大農場的形式自營，或出租給佃農從事小規模的家戶生產（household production），兩者加起來其實爲數不多。從1925到1940年，會社控制地成長了44％，從81,912公頃增至117,945公頃。然而，其佔全島耕地的比率並沒有顯著增加。只不過從全島總耕地的10.56％增加到13.71％（詳見柯1989：表3）。長期來看，全島土地所有分配的趨勢也趨向零散化（Ka 1988：199-204；涂照彥1975：464-74）。

日據初在烽火不停軍費支出沈重以及日本資本（由於尚處於工業化初期階段）資力不足以徹底改變臺灣的前資本主義生產關係這兩種情形下，殖民者爲了鞏固支配權選擇了保護土地的實際經營者 —— 小租戶 —— 建立現代單一地權的土地所有制保障了小租戶所有權，並在這個基礎上推展商品化。這個策略同時有它經濟上的意涵。它幫助殖民政府在短期內恢復生產以及達成財政上的獨立，解除了母國國庫的負擔，作爲權宜之計實大有助於殖民政府解決燃眉之急的財政以及社會治安問題。然

而，從長遠來看，土地改革卻變成日資大農場發展的障礙。土地改革為家庭耕作式農場提供良好的發展條件，卻也製造出與雇工大農場競爭的對手。面對土著小家庭農場的抗拒，日資雇工大農場的擴展受到了限制。

除了上述歷史及社會的因素以外，從經濟面來看，小規模的家庭農場何以能在資本主義經濟下頑存呢？Chayanov (1966) 根據他對家庭農場的經濟理性及生產結構的研究認為家庭農場在面對資本主義雇工大農場時所呈現的生存能力遠超乎古典經濟理論所預料之外。小規模的家庭農場主要仰賴無酬的家庭勞力，資本主義栽植農場因為雇工卻一定得計入工資成本。家庭農場計算的是家人的生活成本而不是工資成本。他們往往生產自家所需的糧食，不像工人只能到市場買食物。資本主義企業無法長期在平均利潤率以下生產，家庭農場卻可以在無利潤之下繼續生產，家內生活成本也可以隨意彈性調整，而不是像資本主義企業的工資是由勞動市場外在決定的。家庭農場不以資本主義經濟理性計算工資及利潤，只要能滿足家庭成員生計上基本的需求就能繼續生產下去（Chayanov 稱之為農民的「自我剝削」（selfexploitation）），所以在不利的市場條件下比資本主義栽植農場具有更頑強的存活能力。

奇特的是，臺灣的蔗作家庭農場不僅頑存下來，在生產力及經濟競爭力上竟也絲毫不比糖業自營的雇工大農場遜色。糖業在政府水利投資、農業技術改良（包括品種、耕作方式及肥料）以及自身對蔗農的生產督導（透過預先貸款、獎助金及官警的強制）下改善家庭農場的生產能力並迫使其充分發揮家戶生產密集利用家庭勞力、不計算勞動成本、只求生存不求利潤的「自我剝削」特性。糖業自營的資本主義雇工大農場與原料採集區內蔗作家庭農場間土地生產力的差距，從1910年代40%左右降到1930年代10%以下，30年代時有時甚至還低於家庭農場（《臺灣糖業統計》各年）。甚者,糖廠在自營農場上生產甘蔗原料的單位成本

算起來竟然高於向蔗農小生產者收購的成本（Ka 1991: 231, 233）。

　　家庭農場頑強的存活力與抗拒，配合殖民政府在統治初期的保存政策，使得摧毀及替代家庭農場的代價變得異常地高昂。在臺灣家庭農場式農業難以動搖已成定局之後，對日本資本而言，關鍵的農業問題已經不再是剝奪農民田產並將他們轉化爲無產勞動者。眞正重要的問題是如何發揮資本壟斷的力量，把土著小農生產者的剩餘榨取出來以助資本積累。明確的說，是如何透過對農業生產外部條件的控制，迫使農民在低生活水準之下更努力且更有效率地生產更多的商品以供應市場，而又如何透過市場的控制使剩餘流入日本資本家的口袋。

　　糖業資本家協同殖民政府奠下技術的條件、發配肥料與種子、決定農作物的輪作方式；總的來說，把資本家的交易對象 —— 農民 —— 轉變爲製糖公司經濟設計之專業執行者。資本對農業生產過程的接管主要集中在農產品加工上，也就是那些比較有可能機械化的經濟活動。至於其它基本的農業活動，資本有無數種方法可以加以滲透及支配：比如典押、農家流動資金（主要爲生活資金）的貸放、在水利灌溉、運輸和貯藏等上面的投資、以及市場的控制。透過這些方法，農民雖然維持著分散及獨立生產的外貌，但實際上已被納入一個從上而下垂直集中（而不是水平〔土地〕集中）的大經營體內。

　　從以上的角度來瞭解，家庭農場生存的經濟基礎事實上是：在國家和壟斷資本的支持與督導下，家庭農場得以在更高的生產力層次上再生產（相對地，資本主義雇工大農場在生產力上卻沒有若一般所認爲的呈現出顯著的優越性）。在龐大的公共投資下，農業生產力獲得革命性的轉變，土地所有者因而與殖民政府之間有著近似聯盟的關係，而政府也明顯地仰之爲社會安定的支柱。除了上面一再提及的土著小農生產者的頑抗以及殖民政府在殖民初期由於資本不足及政治安定的考慮而採取妥協式的保存政策之外，從另一個角度來看，資本主義內部「謀取最大利

潤」（profit maximization）的運作原則，未嘗不是助成家庭耕作式農業存續下去的原因。只要被聯屬（articulated）的土著生產方式能提供讓外來資本滿意的利潤，這就構成它被保留下來的充分理由。

「殖民者一定得把殖民地非資本主義農業生產方式轉化為資本主義式雇工生產的方式才能有助於資本積累嗎？」就臺灣的例子來看，顯然並不見得如此。殖民者在有限的歷史選擇下，為日本資本主義之發展所提出的農業方案是保留可以把「自我剝削」發揮到極致，以及在毫無利潤的情況下仍然可以生產下去的小家庭農場。殖民地臺灣的例子顯示，國家與壟斷資本支配下的家庭農場，在重稅以及市場操控之下可以有效地幫助殖民者積累資本。日據臺灣垂直集中式的現代小農經濟，顯示出農業發展另一個可能的途徑（alternative）。

二、「米糖相剋」問題

在臺灣既存的社會經濟結構下，作為精打細算的企業家，日資糖業面臨一個兩難（dilemma）：到底要直接控制生產過程 —— 即擴大自營雇工生產的栽植農場 —— 以完全掌握原料的供給，還是運用市場壟斷從本地家庭農場收購廉價原料，避免因為剝奪土地而與農民直接衝突？如果要能完全掌握原料的供給，擴大糖業自營農場實有必要。然而，如此做則必須摧毀供應廉價原料的小家庭農場。從另一個角度來考慮，運用市場控制來獲取壟斷利益，意味著糖業必須面對農民對甘蔗生產的抗拒和杯葛，忍受原料供給不安定的可能性。在權衡利害得失之後，糖業還是選擇仰賴家庭農場提供大部分（80％左右）的甘蔗原料。因為甘蔗收購成本佔了製糖成本的主要部分（約60-70％），甘蔗收購價格對糖業利潤有決定性的影響。在這個選擇下，糖業面對的問題是如何壓抑農民的市場議價能力並穩定甘蔗供給，以取得廉價又充分的原料。

日據下，臺灣農村日漸商品化，蔗農逐漸與糖的販賣及加工等非農業

活動分離，成爲純粹的農業生產者。蔗農與糖業之間的關係也從分糖法（糖廠從砂糖製成品中抽出固定的比率給原料生產者）下的代工關係，轉變爲原料生產者與加工業者之間的現金買賣關係。然而商品化過程不僅帶來農業從事者的專業化與農工業之間的分化，同時也帶來原料市場的競爭。製糖廠間彼此爭奪原料而導致利潤的下跌及原料供給不穩定。一向小心呵護以日資爲主之製糖業的殖民政府遂於1905年頒布「製糖廠取締規則」。其要義爲：（1）產蔗區被劃分爲幾個原料採集區分屬各新式製糖廠。（2）爲貫徹上項要求，未經政府許可不得在原料採集區內設立其它製糖廠。（3）不得將區內之甘蔗運往他區出售，各新式製糖廠只能在各自的採集區內收購原料。（4）爲了補償蔗農因原料市場壟斷而蒙受的損失，各新式製糖廠承諾以相當之價格收購區域內生產的全部甘蔗並預告收購價格（殖產局1927：27-29）。在這些措施下一向使日資糖業頭疼的自由市場終於被驅逐。原料採集區制度保障了個別製糖廠在分割的甘蔗原料區內成爲唯一的買主，擁有蔗價的壟斷權，農民僅剩下拒絕與糖廠簽約而轉種對抗作物的自主權。在糖廠進一步利用從預先貸款（生活資金爲主）、貼補金，到其它非經濟（透過官警）的脅迫等種種直接、間接壓抑價格的手段下，蔗農作爲賣主其市場議價條件更加衰落。

雖然在嚴酷的市場壟斷下，但由於生產的最後決定權仍然操在農民自己手上，他在理論上至少可以在蔗作收入不及對抗作物（主要是糧食作物，尤其是米）收入之情形下轉作。然而，愈貧窮負債愈多的蔗農其自主的空間愈小。那些有幸免於淪爲糖廠債務奴隸的，則因爲對抗作物的生產主要是提供自家消費有剩餘才流入有限的島內市場，以致價格偏低而在選擇上受到限制（平山勳1935：58-59）。

由於在臺灣的生態環境下米蔗之間的轉作相當容易，農民在原料採集區制度下仍保有轉作的自由以致造成糖業仍然有原料供應不穩定的隱憂。稻田昌植先生在1921年時已經感受到土著農民與糖業之間的緊張關係而在《臺灣糖業政策》一書中點出米糖之間的「敵對關係」（1921：

92-100）。在這個背景下，臺灣的米糖衝突一向被認爲是導因於生態上
兩種作物轉換容易，農民比較米、蔗價格頻頻轉作，而造成甘蔗供給不
穩定及收購價格爭議不斷，川野重任所稱的：「均衡價格難以達成」的
問題（1941：188-93）。對川野來說，米、糖之間的衝突其實是米、蔗
間適當之價格比率難以形成的問題。就此觀點而言，米與糖之間並非矛
盾、敵對的關係，而毋寧是一種不穩定、不容易達成協調價格的關係。
雖然兩者間因爲部門生產力的發展速度不均而產生強烈的摩擦，但這是
要達到新的均衡狀態前的過渡性現象，終有達成調和的可能性（1941：
157）。只是，由於殖民發展的動力來自於外（母國）以及政府的積極介
入，使得殖民地經濟部門間生產力發展的速度很不一致。因此，經由市
場價格調整達成均衡的過程，往往呈現出激烈摩擦的特性。殖民地由於
政治上的臣屬地位而被迫必須在追求均衡的過程中多承擔些不平衡。

　　但何以米糖之間的摩擦被稱爲「相剋」或「敵對」呢？川野以爲多
半是導因於日本在臺糖業壟斷資本把這個問題「政治化」的結果（1941：
158-67）。川野眞正的意思是，米糖所以「相剋」乃是民族差別待遇的
問題被壟斷資本利用所致，否則就只是單純「競爭」的關係（1941：
158）。當時糖業資本以日資壟斷資本爲主，往往透過政治手段的運作影
響政府，以致將糖業發展「政治化」，妨礙了純粹市場自由競爭的運作，
造成米糖間有政治意含的「敵對關係」。由於種族支配，殖民政府在經
濟上採取了差別待遇。政府的農業投資及政策其實是以蔗糖發展爲重心
（川野 1941：27）。用川野的話來說，殖民政府對土著家庭耕作式的米
作部門之發展採「消極」的態度，而對外資支配下採行企業經營方式的
蔗作部門則頗爲「積極」（1941：23-29），遂在政治意義上造成「米糖
相剋」問題，否則就只是部門生產力發展不一致，以致均衡價格形成過
程中過渡性摩擦比較大的問題而已。

　　只是，川野在提到米糖相剋問題的政治經濟面向時，大多把它含糊

帶過（放在附注中，甚至「請讀者自行判斷」（1941：167））。三○年代末期「準」戰爭時期的政治敏感可能多少限制了他思考的空間。也因此，川野無法就問題的「政治經濟面」作進一步的分析，只停留在想像的市場均衡理想下，去探討殖民地部門間均衡形成的過程如何因為政治因素的干預，而在程度上呈現出比母國市場自由運作的情形下更劇烈的摩擦現象。

　　然而，這樣的觀點運用在日據臺灣的研究有其疑點存在。最根本的問題是，米、蔗之間均衡價格形成之基礎為何呢？川野及其它的學者不厭其煩地說明製糖公司如何因為土地轉作容易而必須透過一套米、蔗比價辦法機動的因應甘蔗收穫時期的米價而調整甘蔗收購價格。這種比價辦法似乎必須先假定米、蔗價之間有一個固定的比率才有可能。然則，這個比率決定的基礎何在呢？川野卻一直諱莫高深。他似乎將這個工作交給了一隻看不見的手 —— 市場 —— 去決定，認為市場終究會使價格達成均衡。奇怪的是，川野是不是忘記了，在原料採集區內並沒有「自由」市場。在那裏不是一隻看不見的手（市場）在決定價格，而是一隻看得見的手 —— 壟斷 —— 在運作。既然在原料採集區內只有一個買主，我們就必須問「他」（而不是市場）是怎麼決定米、蔗相對價格的。

　　雖然川野注意到由於殖民地臣屬的角色，日資支配部門與土著部門在政治上受到差別待遇，這使得市場機能的運作受到相當程度的扭曲。但是，川野似乎刻意迴避這個問題，以至於殖民地因為政治因素而致生的特異發展並沒有被有系統的研究。矢內原的說法似乎比較能在以上的疑問上給我們多一些啟示。

　　針對川野等人沒有圓滿解決的米、蔗比價問題，矢內原點出甘蔗收購價格的決定是：「以同面積的二作水田、看天一作田或旱田種植水稻、陸稻、甘藷（手民誤植為甘『蔗』—— 柯志明注）時所能收穫的生產物總價格為標準，決定收穫甘蔗總量的總價格，並據以決定每千斤甘

蔗的單價 (1988: 252)。」川野只看到價格相關的問題, 矢內原在此則進一步看到收入的問題, 點出蔗田與米田收入的相關性。

米蔗比價是以使單位面積之甘蔗收穫總價格與同樣面積的米作收穫總價格相等為基準; 即單位面積生產的米乘以米價會等於單位面積生產的甘蔗乘以蔗價。原料採集區制給予糖業資本壟斷市場的權力, 日資在這個基礎上建立市場控制的機制並發展出訂定蔗價的辦法 —— 米糖比價辦法, 其決定價格的原則是把出口作物, 甘蔗的單位面積收入等齊於維生糧食作物, 在來米的收入 (殖產局 1930: 14, 70-73; 1939: 19-21, 25-26)。在這個定價辦法下, 糖業可以避免如日據前臺灣傳統的分糖法一樣要從製成品 —— 糖 —— 的價格中抽出一定的比率給原料生產者。在米糖比價辦法之下原料收購價格終於可以與製成品的售價 (以及利潤) 切斷關係。筆者運用 1910-38 年全島性的統計資料就上面的論點加以檢證, 發現在來米田與蔗田收入之間的相關係數達 0.712; 同時期, 蔗田收入與糖價之間的相關係數僅只0.048, 幾乎毫無關係可言(見附圖及柯 1989 附錄)。這些資料顯示, 糖價與蔗田的收入無關, 蔗田的收入視米田收入而定, 與糖業利潤的多寡無關; 透過這套機制, 糖業得以獨占在關稅保護下高價售賣砂糖所得之超額利潤而不用分享蔗農。

米、蔗收入的比較而不是單純的米、蔗比價問題才是了解蔗價如何決定的關鍵。決定農田收入的兩大因素分別是農作物價格及單位面積的生產力。針對價格的問題, 矢內原衍申出米糖相剋的初步理論。他說: 「對抗作物 (米) 的市場一向限於本島, 而且大多係供給耕作者自家消費, 故其價低, 亦因如此, 所定蔗價 (原料費), 與糖 (輸出商品) 的市價不成比例 (1988: 252)。」我們仔細咀嚼這句話當不難發覺, 日據前期 (1920年代中期以前) 糖業低廉的原料成本固然與低米價有關, 但更根本的原因是, 米作農仍然大多從事生產自家消費用糧食的維生式經濟活動, 即使有商品生產也限於供給島內市場。落後的維生式生產與有

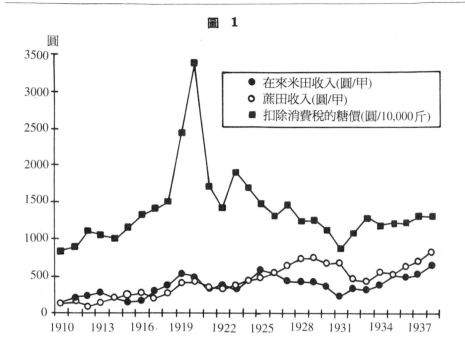

圖 1

限的本島市場需求使米價無從提高，而米田生產力的發展也陷入停滯的狀態。如果蔗價調整之機制乃在使蔗田收入相近於米田，則上述米作部門落後停滯的情況正好提供了壓抑蔗價的有利條件。糖業的原料成本也因此與米作部門的發展與否息息相關。一旦米價上漲或（及）米田生產力提高導致單位面積米田的收入增加，糖業的甘蔗收購成本必然跟著上升而致利潤下跌。糖業部門之利潤因此建立在壓抑米價以及保持米作部門生產力之停滯與落後上。糖業的利益因此在結構上是與米作部門的發展相互抵觸的。這才是米糖相剋問題的真義，而不是表面上顯現的一個均衡價格難以達成的問題。

三、殖民經濟下部門間的不平等分工及生產力不平均發展

　　1925年後開始大量生產的蓬萊米大部分（1930年代約80％）出口到日本，而變成一種純粹的出口商品。在來米則回復其維生米的角色。較

高的價格及報酬率提供了農民生產蓬萊米的誘因，然而高生產成本（肥料和地租）卻阻礙了貧農的投入。那些在較貧瘠的土地上耕作及比較貧窮的農民就變成在來米生產者，生產自家消費和島內市場所需的維生米（在 1930 年代，只有約 5 ％的在來米外銷）〔本段資料見《臺灣米穀要覽》各年〕。

　　低收入的在來米生產者很可能被用來作為抑制蓬萊米價上漲的參考團體（就如發生在蔗價的情形一樣）。然而，米的生產及交換基本上未受到壟斷干預，結果蓬萊米價的上漲不只導致蓬萊米產者收入增加，最後還引起在來米價的上昇。出口米的生產接收了許多原先用作維生米生產的土地，較肥沃的土地被納入出口米的生產。出口米生產的擴張，佔用了大量維生米的土地，減少了維生米的供應。當蓬萊米生產者將他們的高品質產品絕大部分都輸出到日本，他們被迫轉向島內市場取得維生用米——品質較差的在來米，這為在來米創造了新的市場需求。在來米的土地生產力相應的被提升，以彌補因蓬萊米生產佔用土地而減縮的產量。雖然如此，整個在來米的產量還是下降了。對在來米的需求增加而供給卻下降，在來米的價格遂隨著蓬萊米價而上昇了。我們的資料顯示蓬萊和在來米產者的收入有一起上揚的趨勢，且二種收入間密切相關（r＝0.96）。（本段資料請參見柯1990：93-94,96-97。）

　　相對於以上米作部門內部出口與維生作物之間，透過自由市場調節生產力及價格的差距自動達成均衡的發展過程，米糖之間呈現的卻是不平衡的成長,而且這絕不是暫時性的過渡現象,而是在外在的制約下所造成的結構扭曲。如前所述，米糖相剋的問題不是維生作物與商品作物爭地的問題,也不是表面上看到的比價問題,而是在來米田與蔗田收入比較的問題。甘蔗的收購價格（糖業的原料成本）透過米、蔗田收入比較而受米農的收入所決定。在來米農的收入水準成為決定蔗農收入的標準,目的在使蔗農無法分享糖業資本的利潤,正如工人只收到僅足以維生的

工資而不得分享利潤一樣的道理。就這一點，W. Arthur Lewis 對落後國家發展過程中農、工部門關係的研究裏，有一個有趣的觀點反映了相近的邏輯。他說：「所有導致維生部門個人生產力提高的情況都會促發資本主義部門實質工資的上升，從而壓低資本家的剩餘及資本積累率。」(1954: 432) 由此可見，在部門不平等分工的體制下，外資先進部門爲確保利潤，不是仰賴壓抑落後維生部門生產力的發展，就是要設法(比如透過政府介入市場控制，強加對農業不利的交易條件)拿走維生部門生產力增加所帶來的收入，目的在防止農民生活水準的提高，以免導致資本主義部門之勞動者比照提高生活水準而危及資本的利潤 (Lewis 1954: 432-34)。根據相同的道理我們也可以說，日據臺灣的米糖相尅問題非但是部門矛盾的問題，而且是農民收入與資本利潤相爭的問題。

日據時期，蔗田生產力快速成長，提供農民自食及島內消費用的在來米則呈現相對停滯的狀況，兩者形成強烈對比。1925年以前，米田面積的成長落後於全島耕地面積指數（1905＝100）之後，當然更遠落後於蔗田耕地指數之後。一直到1925年以後，由於米大量出口才促使米作耕地大增而大於全島耕地指數，從而威脅到糖業資本的利潤，使既存的米糖關係體制發生運作上的危機。蔗田面積的發展在 1920 年前相當迅速，但進入20年代後則由於米作的威脅而下挫，直到1936年以後，因爲米生產抑制及米專賣 (1939) 等政府干預才又再度快速擴張。

臺灣自20年代起米糖相尅問題的尖銳化，係導因於蓬萊米出口所帶來的米價上漲以及米田生產力的擴展，而米出口則導因於日本國內的食糧短缺及米價貼補問題。在殖民地臺灣，這導致甘蔗的對抗作物 ── 米 ── 的急速擴張以及米價的上漲，從而威脅到糖業資本的原料收購成本。米糖相尅問題的根源，簡言之，是糖業的利潤建立在米作部門的相對落後以及不利的相對價格上。米、糖間結構性的矛盾因二○年代末及三○年代日本糧食問題而尖銳化，這才明白顯露出它的本質來（詳見柯

1992b)。

四、結　論

在日據臺灣，農民與資本的矛盾並沒有直接導致農民分解成一無所有只剩自身勞力可供出售的無產者——英國古典式的資本主義轉型（transition to capitalism），反而是農民家戶生產的保存，而在這個基礎上，資本以更勞力密集的方式剝削他們。爲逐行這個目的，殖民者發展出一套米糖關係體制，使從事出口商品生產的農民（蔗農）向生產維生作物的農民（在來米農）的生活水準看齊，而避免農民分享資本利潤的可能。這套精巧的設計在 1920 年代中期米變成熱門的出口商品後，由於米作收入水準隨生產擴張而上升才逐漸露出破綻，終於揭發了米糖關係體制下外資與土著維生部門的發展是相互矛盾的事實。筆者試圖點出，殖民經濟體制下，外資出口部門發展的機制有很大的一部分建立在土著維生部門的落後上，以致在結構上造成前者對後者發展的敵視及不斷設法（包括透過政治力的運用）予以壓抑。筆者以爲從資本與農民的矛盾上衍生出來的部門不平等分工及不平均發展的視角入手，方能深入了解米糖相剋問題發生的原因和其在殖民發展過程上的意義。

參　考　書　目

中文書目：

柯志明

　　1989 〈農民與資本主義：日據時代臺灣的家庭小農與糖業資本〉，
　　《中央研究院民族學研究所集刊》，第66期：51-84。

　　1990 〈所謂的「米糖相剋」問題——日據臺灣殖民發展研究的再思
　　考〉，《臺灣社會研究季刊》，第2卷，第3、4期：75-126。

　　1992a 〈糖業資本、農民、與米糖部門關係——臺灣（1895-1940）

與爪哇（1830-1940）殖民發展模式的比較分析〉，《臺灣社會研究季刊》，第12期。

　　1992b〈殖民經濟發展與階級支配結構——日據臺灣米糖相剋體制的危機與重構（1925-42）〉，《臺灣社會研究季刊》，第13期。

《臺灣省五十一年來統計提要》

　　1946；臺北：臺灣省行政長官公署統計室。

日文書目：

川野重任

　　1941《臺灣米穀經濟論》；東京：有斐閣。

平山勳

　　1935《臺灣糖業論》；臺北：臺灣徵信社。

矢內原忠雄

　　1988《日本帝國主義下の臺灣》；東京：岩波書店。

涂照彥

　　1975《日本帝國主義下の臺灣》；東京大學。

持地六三郎

　　1912《臺灣殖民政策》；東京：富山房。

殖產局（臺灣總督府殖產局）編著

　　1927《臺灣糖業概觀》；臺北：總督府。

　　1930《臺灣の糖業》；臺北：總督府。

　　1939《臺灣の糖業》；臺北：總督府。

稻田昌植

　　1921《臺灣糖業政策》；臺北：殖產局。

《臺灣米穀要覽》；臺北：臺灣總督府殖產局。

《臺灣糖業統計》；臺北：臺灣總督府殖產局。

英文書目：

Chayanov, A. V. 1966 *The Theory of Peasant Economy,* ed. by D. Thorner, R.E.F. Smith B. Kerblay; Irwin.

Geertz, C. 1963 *Agricultural Involution: the Process of Ecological Change in Indonesia* (Berkeley and Los Angeles: University of California Press).

Ka, Chih-Ming

1991" Agrarian Development, Family Farm and Sugar Capital in Colonial Taiwan", *The Journal of Peasant Studies,* Vol. 18, No. 2.

1988 *Land Tenure, Development and Dependency in Colonial Taiwan* (1895-1945), PhD thesis; SUNY-Binghamton.

Kautsky, Karl 1976 translated by Banaji, J. "A Summary of Sellected Parts of Kautsky's 'The Agrarian Question'", *Economy and Society* (February).

Lewis, W. A. 1954 "Economic Development with Unlimited Supplies of Labour," *The Manchester School of Economics and Social Studies,* Vol. XXII, reprinted in A. N. Agarwala and S. P. Singh (ed.) *The Economics of Underdevelopment* (London: Oxford University Press, 1968): 401-449.

Mintz, Sidney W. 1981 "Afterward" in Emily Martin Ahern and Hill Gates (eds.) *The Anthropology of Taiwanes Society* (Stanford: Stanford University Press).

三民大專用書書目——國父遺教

三民大專用書書目——歷史・地理

書名	作者	學校
中國歷史	李國祁 著	師範大學
中國歷史系統圖	顏仰雲 編繪	
中國通史（上）（下）	林瑞翰 著	臺灣大學
中國通史（上）（下）	李方晨 著	
中國近代史四講	左舜生 著	
中國現代史	李守孔 著	臺灣大學
中國近代史概要	蕭一山 著	
中國近代史（近代及現代史）	李守孔 著	臺灣大學
中國近代史	李守孔 著	臺灣大學
中國近代史	李方晨 著	
中國近代史	李雲漢 著	政治大學
中國近代史（簡史）	李雲漢 著	政治大學
中國近代史	古鴻廷 著	東海大學
隋唐史	王壽南 著	政治大學
明清史	陳捷先 著	臺灣大學
黃河文明之光（中國史卷一）	姚大中 著	東吳大學
古代北西中國（中國史卷二）	姚大中 著	東吳大學
南方的奮起（中國史卷三）	姚大中 著	東吳大學
中國世界的全盛（中國史卷四）	姚大中 著	東吳大學
近代中國的成立（中國史卷五）	姚大中 著	東吳大
秦漢史話	陳致平 著	
三國史話	陳致平 著	
通鑑紀事本末 1/6	袁樞 著	
宋史紀事本末 1/2	陳邦瞻 著	
元史紀事本末	陳邦瞻 著	
明史紀事本末 1/2	谷應泰 著	
清史紀事本末 1/2	黃鴻壽 撰	
戰國風雲人物	惜秋 撰	
漢初風雲人物	惜秋 撰	
東漢風雲人物	惜秋 撰	
蜀漢風雲人物	惜秋 撰	

書名	著者		服務機關
隋唐風雲人物	王壽南	撰	
宋初風雲人物		撰	
民初風雲人物（上）（下）		著	
世界通史	王曾才	著	臺灣大學
西洋上古史	吳圳義	著	政治大學
世界近代史	李方晨	著	
世界現代史（上）（下）	王曾才	著	臺灣大學
西洋現代史	王曾才	著	臺灣大學
東歐諸國史	李邁先	著	臺灣大學
英國史綱	許介鱗	著	臺灣大學
德意志帝國史話	郭恒鈺	著	柏林自由大學
印度史	吳俊才	著	政治大學
日本史	林明德	著	臺灣師範大學
日本信史的開始——問題初探	陶天翼	著	臺灣大學
日本現代史	許介鱗	著	臺灣大學
臺灣史綱	黃大受	著	臺灣師範大學
近代中日關係史	林明德	著	臺灣師範大學
美洲地理	林鈞祥	著	臺灣師範大學
非洲地理	劉鴻喜	著	臺灣師範大學
自然地理學	劉鴻喜	著	臺灣師範大學
地形學綱要	劉鴻喜	著	臺灣師範大學
聚落地理學	胡振洲	著	臺中中興大學
海事地理學	胡振洲	著	臺中中興大學
經濟地理	陳伯中	著	前臺灣大學
經濟地理	胡振洲	著	中興大學
都市地理學	陳伯中	著	前臺灣大學
中國地理（上）（下）（合）	任德庚	著	前臺灣大學

三民大專用書書目——社會

社會學（增訂版）	蔡 文 輝	著印第安那州立大學
社會學	龍 冠 海	著 前臺灣大學
社會學	張 華 葆	主 編東海大學
社會學理論	蔡 文 輝	著印第安那州立大學
社會學理論	陳 秉 璋	著 政 治 大 學
社會學概要	張 曉 春等	著
社會心理學	劉 安 彥	著 傑克遜州立大學
社會心理學	張 華 葆	著 東 海 大 學
社會心理學	趙 淑 賢	著 安柏拉校區
社會心理學理論	張 華 葆	著 東 海 大 學
政治社會學	陳 秉 璋	著 政 治 大 學
醫療社會學	藍采風、廖榮利	著 臺 灣 大 學
組織社會學	張 笠 雲	著 臺 灣 大 學
人口遷移	廖 正 宏	著 臺 灣 大 學
社區原理	蔡 宏 進	著 臺 灣 大 學
鄉村社會學	蔡 宏 進	著 臺 灣 大 學
人口教育	孫 得 雄	編著 研 考 會
社會階層化與社會流動	許 嘉 猷	著 臺 灣 大 學
社會階層	張 華 葆	著 東 海 大 學
西洋社會思想史	龍冠海、張承漢	著 臺 灣 大 學
中國社會思想史（上）（下）	張 承 漢	著 臺 灣 大 學
社會變遷	蔡 文 輝	著印第安那州立大學
社會政策與社會行政	陳 國 鈞	著 中 興 大 學
社會福利行政（修訂版）	白 秀 雄	著 臺 北 市 政 府
社會工作	白 秀 雄	著 臺 北 市 政 府
社會工作管理——人羣服務經營藝術	廖 榮 利	著 臺 灣 大 學
團體工作：理論與技術	林 萬 億	著 臺 灣 大 學
都市社會學理論與應用	龍 冠 海	著 前臺灣大學
社會科學概論	薩 孟 武	著 前臺灣大學
文化人類學	陳 國 鈞	著 中 興 大 學
一九九一文化評論	龔 鵬 程	編 陸 委 會

三民大專用書書目——心理學